기독교교리사

History of Christian Doctrines

기독교교리사

History of Christian Doctrines

신학박사 박상경 목사

리폼드북스

차례

머리말 · 21

제1부 기독교 교리사 개론

제1장 기독교 교리사 서론 · 27
제1절 기독교 교리사의 역사 · 29
제2절 기독교 교리의 정의 · 30
제3절 성경에서의 기독교 교리 · 32
제4절 기독교 교리와 신조 · 32
제5절 기독교 교리와 교의신학 · 33
제6절 기독교 교리사 · 34
   1. 사도와 교부들의 전승 · 35
   2. 철학과 이교 사상의 영향 · 36
   3. 시대적 사상에 대한 교회의 변증 · 36
제7절 기독교 교리의 각 견해 · 37
   1. 로마카톨릭 교회의 교리관 · 38
   2. 자유주의 기독교의 교리관 · 39
   3. 개혁파 기독교회의 교리관 · 40
제8절 기독교 교리사의 분류 · 41
   1. 일반 교리사 · 41
   2. 특별 교리사 · 41
   3. 근대 교리사 · 41
제9절 기독교 교리사의 연구방법 · 42
   1. 수직적 방법 · 42
   2. 수평적 방법 · 42

3. 객관적 방법 · 43
4. 신앙 고백적 방법 · 43
5. 연대기적 방법 · 44

제2부 고대 교회시대

제1장 성경에 관한 규정들 · 49
제1절 성경 계시와의 관계 · 50
    1. 계시와 성경 · 51
    2. 계시와 말씀 · 51
    3. 계시와 예수 그리스도 · 51
    4. 계시의 완전성 · 52
    5. 계시와 신앙 · 53
    6. 계시의 완전성과 예수 · 54
제2절 성경의 정경성 · 55
    1. 에비온파 · 55
    2. 말시온파 · 56
    3. 구약성경의 정경성 · 57
    4. 신약성경의 정경성 · 59
    5. 신구약성경의 필사본과 역본 · · · · · · · · · · · · · · · 61
제3절 성경과 신조(신앙고백서) · 66
    1. 성경과 신조의 권위 · 67
제4절 종교개혁 이후 성경 · 67
    1. 하나님의 말씀으로서의 성경 · · · · · · · · · · · · · · · 68
    2. 성경의 형식원리 · 68

    3. 성경의 내용원리 · 70

    4. 성경 계시의 논쟁 · 70

제5절 개혁파 신조의 성경관 · 72

    1. 고대교회 신조의 성경관 · 72

    2. 개혁파 신앙고백서의 성경관 · 73

제6절 신학자들의 성경관 · 76

    1. 개혁파 신학자들의 성경관 · 77

    2. 자유주의 신학자들의 성경관 · 79

제7절 성경 비평학 · 81

    1. 종교사학파 · 81

    2. 양식사학파 · 83

    3. 전승사학파 · 83

    4. 편집사학파 · 84

    5. 구속사학파 · 84

제2장   속사도 교부들의 교리관 · 88

제1절 속사도 교부들의 저술 · 88

제2절 속사도 교부들의 교리적 가르침 · 90

    1. 하나님과 예수 그리스도에 관하여 · 90

    2. 그리스도의 사역에 관하여 · 91

    3. 성례에 관하여 · 91

    4. 신앙과 선한 행실에 관하여 · 91

    5. 교회에 관하여 · 92

    6. 내세에 관하여 · 92

제3절 기독교 복음에 대한 잘못된 사상 · 92

    1. 유대교 · 94

    2. 니케아 이전 이단 사상 · 104

  3. 헬레니즘 · 116
  4. 로마 제국주의 · 121
제4절 기독교회 안에서의 개혁운동 · 122
  1. 말시온의 개혁운동 · 122

제3장 성육신과 부활 · 125
제1절 부활과 영혼불멸 사상 · 126
제2절 에비온주의와 가현설 · 127
  1. 에비온주의 · 127
  2. 가현설 · 128

제4장 그리스도의 재림과 신비주의 · · · · · · · · · · · · · · · 129
제1절 종말론적인 공동체 · 129
제2절 몬타누스 운동 · 130

제5장 그리스 철학의 영향과 기독교 · · · · · · · · · · · · · · · 131
제1절 플라톤 사상 · 131
  1. 초기 플라톤 사상 · 131
  2. 중기 플라톤 사상 · 132
  3. 후기 플라톤 사상 · 132
제2절 아리스토텔레스 사상 · 133
제3절 스토아 사상 · 134
제4절 그리스 철학에 대한 기독교회의 입장 · · · · · · · · · · · · · · · · · 135
  1. 철학을 옹호하는 입장 · 135
  2. 철학을 반대하는 입장 · 139

제6장 율법과 은혜의 관계 · 140
제1절 스토아 사상 · 141
제2절 말시온의 사상 · 143
제3절 영지주의 사상 · 144
1. 육과 영혼 · 145
2. 창조의 이중성 · 146
3. 성경 해석 · 146

제7장 이단들과 교회 · 149
제1절 데시우스 박해와 노바티안 분파 · 150
제2절 디오클레티안 박해와 도나투스 분파 · 151

제8장 기독교 신학의 시작 · 153
제1절 기독교 진리의 건설과 계시 · 154
1. 신 개념과 로고스 개념 · 154
2. 그리스도론과 구원관 · 155
3. 중생과 내세관 · 155
제2절 기독교의 반(反) 그노시스 교부들 · 157
1. 이레네우스 · 157
2. 히폴리투스 · 157
3. 터툴리안 · 158
4. 기독교의 반(反) 그노시스 교부들의 신관 · 158
5. 기독교의 반(反) 그노시스 교부들의 인간관 · 159
6. 기독교의 반(反) 그노시스 교부들의 구속관 · 159
제3절 알렉산드리아 교부들 · 160
1. 클레멘트 · 160
2. 오리겐 · 162

제9장 기독교회의 삼위일체 논쟁 · 165

제1절 삼위일체론 논쟁의 배경과 성질 · 166
   1. 삼위일체론 논쟁의 배경 · 166
   2. 삼위일체론 논쟁의 성질 · 167

제2절 성령의 신성에 대한 논쟁 · 182

제3절 기독교 삼위일체 교리의 완성 · 186

제4절 어거스틴의 기독교 삼위일체론 · 188

제5절 라틴신학의 기독교 삼위일체론 · 190
   1. 로셀리누스의 삼위일체 · 190
   2. 길버트의 삼위일체 · 190

제6절 종교개혁기의 기독교 삼위일체 교리 · 190
   1. 칼빈의 삼위일체론 · 191

제7절 삼위일체의 이단자들 · 191
   1. 소시니안파 · 191
   2. 유니테리안니즘 · 192
   3. 알미니안파 · 192

제8절 삼위일체의 인격적 구별의 의미 · 193

제9절 삼위일체 교리의 발전 · 195

제10장 그리스도에 관한 교리 · 198

제1절 기독론의 논쟁 · 199
   1. 아리우스주의 · 199
   2. 아폴리내리우스주의 · 200
   3. 네스토리우스주의 · 200
   4. 씨릴 파 · 201
   5. 유디케스 파 · 202
   6. 오리겐의 기독론 · 203

제2절 칼케돈 회의의 기독론 결정 · · · · · · · · · · · · · · · · · · · 204
   1. 칼케돈회의의 역사적 배경 · · · · · · · · · · · · · · · · · · · 204
   2. 칼케돈 신조의 특징 · 204
제3절 칼케돈회의 이후의 기독론 · · · · · · · · · · · · · · · · · · · 209
   1. 그리스도의 일성론 · 209
   2. 그리스도의 일의파 · 210
   3. 다메섹 야고보의 기독론 · · · · · · · · · · · · · · · · · · · 210
제4절 서방교회의 기독론 · 211
제5절 중세의 기독론 · 212
제6절 종교개혁기의 기독론 · 213
   1. 루터파 기독론(속성교류) · · · · · · · · · · · · · · · · · · · 213
   2. 개혁파 기독론 · 215
제7절 19세기 기독론 · 217
   1. 슐라이어마허의 기독론 · 217
   2. 칸트의 기독론 · 217
   3. 헤겔의 기독론 · 218
   4. 케노시스파의 기독론 · 218
   5. 리츨의 기독론 · 221
제8절 현대 기독론 · 222

제3부 중세 교회시대

제1장 헬라 교부들과 라틴 교부들의 인간론 · · · · · · · · · · · 227
제1절 헬라 교부들의 인간론 · 228
제2절 라틴 교부들의 인간론 · 229

제2장 어거스틴과 펠라기우스의 죄와 은혜관 ... 231
제1절 어거스틴 ... 231
  1. 어거스틴의 죄와 은혜 ... 232
  2. 어거스틴의 예정론 ... 236
  3. 어거스틴의 교회론 ... 237
제2절 펠라기우스와 논쟁 ... 238
  1. 펠라기우스의 사상 ... 240
  2. 반(反) 펠라기우스주의 ... 243
  3. 오렌지 종교회의 ... 245

제3장 중세의 인간론 ... 247
제1절 그레고리 1세 ... 247
  1. 그레고리 1세의 인간론 ... 248
  2. 그레고리 1세의 예정론 ... 248
제2절 씨빌의 아이소돌의 논쟁 ... 250
제3절 얀센의 인간론 ... 252
제4절 로마 카톨릭교회의 인간론의 특징 ... 254
  1. 로마 카톨릭교회의 원의관 ... 254
  2. 로마 카톨릭교회의 원죄관 ... 254
  3. 로마 카톨릭교회의 협력적 중생관 ... 255

제4장 중세 문학과 신학 ... 256
제1절 보에티우스 ... 256
제2절 디오누시오 ... 257

제5장 중세 카톨릭교회의 초기 신학 ·········· 259
제1절 로마 카톨릭교회의 성체성사 ·········· 260
　1. 라드베라두스와 라트람누스 ·········· 261
　2. 베랑가와 란프랑 ·········· 261
제2절 로마 카톨릭교회의 예정론 논쟁 ·········· 264

제6장 로마 카톨릭교회의 고백제도 ·········· 267
제1절 로마 카톨릭교회의 공고백제도 ·········· 267
제2절 로마 카톨릭교회의 사고백제도 ·········· 269
제3절 로마 카톨릭교회의 연옥과 면죄부 ·········· 271
제4절 로마 카톨릭교회의 스콜라주의 ·········· 273
　1. 실재론 ·········· 274
　2. 온건한 실재론 ·········· 275
　3. 유명론 ·········· 276
　4. 관념론 ·········· 278
　5. 신비주의 ·········· 278
제5절 로마 카톨릭교회의 교황권을 위한 교리 ·········· 279
　1. 콘스탄틴 황제의 증여문서 ·········· 280
　2. 이시도르 교령집 ·········· 282
　3. 7 성례전과 교황권 확보 ·········· 284

제7장 운명론적 구원론 ·········· 288
제1절 추가적 은총 ·········· 288
제2절 인간의 타락 ·········· 289
제3절 의인에 관하여 ·········· 290
제4절 구원의 완성 ·········· 290

제8장 신비주의 · 292
제1절 신비주의의 이상 · 292
제2절 하나님과의 연합 · 293
제3절 신비주의의 죄 · 293
제4절 인간의 수동성 · 294

제4부 종교개혁 시대

제1장 종교 개혁자들의 인간론 · 299
제1절 아담과 그 후손과의 관계 · 299
    1. 개혁자들의 죄론 · 300
    2. 인간의 전적부패 · 300
    3. 은혜론 · 301
    4. 예정론 · 301
제2절 소시니안파 입장 · 301
제3절 알미니안파의 인간론 · 302
    1. 알미니안파의 죄론 · 303
    2. 알미니안파의 은혜론 · 303
    3. 알미니안파의 예정론 · 303
제4절 도르트 회의 입장 · 304
    1. 도르트 회의의 예정론 · 305
    2. 도르트 회의의 인간의 부패 · 305
    3. 도르트 회의의 중생론 · 306
제5절 쏘우물학파의 입장 · 307
    1. 가정적 보편 구원설 · 307

제2장 마르틴 루터와 존 칼빈의 사상 ········· 309

제1절 마르틴 루터의 사상 ········· 309
1. 루터의 영적 각성 ········· 310
2. 루터의 주요 사상 ········· 310
3. 루터와 성경 ········· 312
4. 루터의 십자가 신학 ········· 313
5. 루터의 율법과 복음 ········· 314
6. 인간의 타락과 구원 ········· 316

제2절 존 칼빈의 사상 ········· 317
1. 존 칼빈과 성경 ········· 317
2. 창조와 섭리 ········· 318
3. 인간의 타락과 구원 ········· 319
4. 칼빈의 예정론 ········· 320

제3장 과격파 종교개혁 ········· 322

제1절 재세례파 ········· 322
제2절 다른 과격파 개혁자들 ········· 325

제4장 종교개혁 후기의 인간론 ········· 328

제1절 웨슬레파 알미니안주의 ········· 328
1. 웨슬레파 알미니안주의의 원죄론 ········· 329
2. 웨슬레파 알미니안주의의 전적부패론 ········· 330

제2절 뉴잉글랜드의 수정된 개혁신학 ········· 330
1. 하나님의 뜻과 인간 타락의 관계 ········· 331
2. 인간의 자유의지와의 관계 ········· 331

3. 죄의 전이 · 332
제3절 현대의 죄관 · 332
   1. 철학적 죄관 · 332
제4절 신학적 죄관 · 334
   1. 슐라이어마허의 죄관 · 334
   2. 뮬러의 죄관 · 334
   3. 리츨의 죄관 · 335
   4. 텐난트의 죄관 · 335

제5장 속죄론 · 337

제1절 헬라 교부들의 속죄론 · 337
   1. 이레니우스의 속죄론 · 337
   2. 클레멘트의 속죄론 · 338
   3. 오리겐의 속죄론 · 339
   4. 아타나시우스의 속죄론 · 339
   5. 다메섹 야고보의 속죄론 · 339
제2절 라틴 교부들의 속죄론 · 340
   1. 터툴리안의 속죄론 · 340
   2. 힐래리의 속죄론 · 341
   3. 암브로스의 속죄론 · 341
   4. 어거스틴의 속죄론 · 341
   5. 그레고리의 속죄론 · 342
제3절 안셀무스로부터 종교개혁 시대까지 속죄론 · 343
   1. 안셀무스의 속죄론 · 343
   2. 아베랄드의 속죄론 · 345

제4절 종교개혁 시대의 속죄론 · 348
1. 안셀무스의 교리를 배경한 개혁자들 · 348
2. 소시니안파의 속죄론 · 350
3. 그로티우스의 속죄론 · 350
4. 알미니안파의 속죄론 · 353
5. 쏘우물학파의 절충설 · 353

제5절 종교개혁 이후의 속죄론 · 354
1. 신율법주의 속죄론 · 354
2. 슐라이어마허의 속죄론 · 355
3. 리츨의 속죄론 · 356
4. 뉴잉글랜드의 신학의 정치적 속죄론 · 357

제6장 구원론 · 359

제1절 교부시대의 구원론 · 359
1. 3세기 이전의 구원론 · 361
2. 3세기 이후의 구원론 · 364

제2절 스콜라시대의 구원론 · 364
1. 스콜라신학의 은혜론 · 365
2. 스콜라신학의 신앙론 · 365
3. 스콜라신학의 칭의와 공적주의 · 365

제3절 종교개혁 이후의 구원론 · 367
1. 루터의 구원론 · 367
2. 알미니우스파 구원론 · 368
3. 웨슬레파 구원론 · 369
4. 칼빈의 구원론 · 369
5. 개혁파의 구원론 · 370
6. 개혁파 교회 신앙문서들의 구원의 질서 · 371

제7장 교회론 · 372

제1절 교부시대 교회론 · 372
   1. 초대교부들의 교회론 · 372
   2. 적은 종파들의 교회론 · 373

제2절 중세의 교회론 · 374
   1. 가시적 교회의 성격을 강하게 역설 · 376
   2. 가르치는 교회와 듣고 배우며 믿는 교회의 구별 · 376
   3. 교회도 사람처럼 몸과 영혼으로 됨 · 377
   4. 교회는 은혜의 공급처 · 377
   5. 구원의 기관인 교회 · 377

제3절 종교개혁기와 그 후기의 교회론 · 378
   1. 루터파의 교회론 · 378
   2. 재세례파의 교회론 · 379
   3. 개혁파 교회의 교회론 · 379
   4. 기타, 여러 가지 교회론 · 380

제8장 경건주의 운동 · 382

제1절 영국의 청교도운동 · 382
   1. 정화되어야 할 로마 카톨릭의 잔재 · 384
   2. 교직자에 관하여 · 385
   3. 교회생활과 급료에 관하여 · 385
   4. 교회의 훈련에 관하여 · 386
   5. 회중교회 · 386

제2절 독일의 경건주의 · 387

제9장 카톨릭의 새로운 개혁운동 · 390
제1절 갈리칸주의 · 391
제2절 얀센주의 · 394
제3절 마리아 무흠 잉태설 · 397
제4절 교황 무오설 · 398

제5부 18세기이후

제1장 합리주의의 도전 · 403
제1절 자유주의 · 404
제2절 신정통주의 · 405
제3절 에큐메니칼 운동 · 408
제4절 종교다원주의 · 411
제5절 신학적 혼합주의 · 412
제6절 포스트모더니즘 · 415
제7절 신영성운동 · 417
제8절 개혁파 · 422

제2장 기타선언 문들 · 427
제1절 나이아가라 선언(1878) · 429
제2절 한국장로교회 12신조(1907) · 431
제3절 오번선언(1925) · 433
제4절 1967년 신앙고백서(1967) · 436
제5절 한국기독교장로회 신앙고백(1972) · 440
제6절 대한예수교장로회 대신 교회선언(1974) · 443

제7절 로잔협약(1974) · 447
제8절 시카고 선언(1978) · 447
제9절 우리의 신앙고백(마스터스개혁파총회, 2023) · · · · · · · · · 452

제6부 종말시대

제1절 중간상태의 발전 · 460
제2절 연옥설의 발전 · 461
제3절 연옥에 대한 다른 설 · 462
제4절 천년왕국 · 463
   1. 초대교회의 천년왕국 · 463
   2. 중세기의 천년왕국 · 463
   3. 종교개혁 시대의 천년왕국 · · · · · · · · · · · · · · · · · · · 464
   4. 17세기 천년왕국과 후천년기설 · · · · · · · · · · · · · · · · 464
   5. 19세기 천년왕국 · 465
   6. 무천년기설 · 465
제5절 웨스트민스터신앙고백서 · 469
   1. 제32장 사후 상태와 사자의 부활 · · · · · · · · · · · · · · · 469

마무리글 · 479

머리말
INTRODUCTION

개혁파 신학(Reformed Theology)은 사도적 전승(使徒的 傳承)이며 교리사적 전승(敎理史的 傳承)으로 전성경주의(全聖經主義)를 지향한다. 지식이란 부분적인 것이 아니라 체계적 지식(體系的 知識)과 통일적 지식(統一的 知識)이라야 한다. 또한 인식도 체계적 인식(體系的 認識)과 통일적 인식(統一的 認識)을 가져야 한다. 교리사는 기독교 교리사(History of Christian Doctrines)이며, 개혁파 교의학(Reformed Dogmatics)의 역사책(歷史冊)이라 부르기도 한다. 교리사는 기독교의 진리(眞理)를 성경적(聖經的)으로 통일적 체계(統一的 體系)를 세운 공교회의 교리(敎理)의 역사(歷史)이다.

역사적 기독교는 교리의 진리체계(眞理體系)를 세우므로 안으로부터 시작된 이단(異端)과 밖으로부터 오는 잘못된 사상(思想)을 방어하고 진리를 사수(死守)하고 바로 전하기 위해 공교회의 회의(會議)와 논쟁으로부터 얻어진 진리의 보석이다. 이는 어느 한 사람의 개인적 사상(思想)과 주장이 아니라 성경적 진리의 역사를 세우고 규정하는 공교회적 권위(公敎會的 權威)를 가진 것이다. 역사적 기독교 교리사는 선택이 아니라 필수다.

우리는 교리사를 통해 개혁파 정통신앙(正統信仰)과 정통신학(正統

神學)이 어떠한 역사성을 가지고 있는가를 알 수 있으며, 더불어 비정통적(非正統的) 신앙과 신학이 어떤 형태(形態)로 모양새를 변형(變形)해 가고 있는지도 알 수 있다. 그러므로 역사적 교리(歷史的 敎理)의 진리체계를 모르면 성경과 전혀 관계없는 모양새의 신학을 가지게 될 것이다. 과거, 현재, 미래도 바른 신학적 틀이 없다면 성경적 기독교(聖經的 基督敎)는 존재하지 않을 것이다. 교리사는 신앙과 신학의 객관적(客觀的) 성경의 틀을 우리에게 제시해 주는 진리체계이다.

개혁파, 즉 칼빈주의(Calvinism)가 주창하는 것은 성경(聖經)에서 교리(敎理)가 나오고 교리(敎理)에서 신학(神學)이 나오고 신학은 다시 성경으로 돌아가는 원리(原理)다. 역사적 개혁파 교의학은 항상 성경을 근거로 하며 그 역사성(歷史性)과 사상성(思想性)의 순혈주의를 이어오고 있다. 신학을 연구하고 바른 목회를 하고자 하는 분들은 교리사에 대한 분명한 인식이 있어야 한다.

역사적으로 볼 때 경건주의운동(Pietism movement, 敬虔主義運動)이 교리를 부정하고 성경 읽기, 기도, 전도, 경건한 삶을 강조함으로 교리적 기준(standards)을 상실하여 자유주의자(Liberalist)들에게 성경 비평의 길을 열어주고 이로 인해 비기독교적 운동이 일어나게 되었다.

그리하여 이단사상(異端思想)과 절충주의(Eclecticism), 자유주의(Liberalism), 신정통주의(Neo Orthodoxy), 급진주의(Radicalism), 종교다

원주의(pluralism of religion), 종교혼합주의(Syncretism of religion), 포스터 모더니즘(Post-modernism), 신영성운동(new spirituality movement)이 교회를 파괴(破壞)하고 병들게 하고 있다. 이러한 사상은 과거, 현재, 미래에도 모양새만 다를 뿐 동일하게 나타나고 있다.

자유주의 신학의 특징은 성경신학과 기독론 중심(中心)이다. 이는 성경을 계시진리(啓示眞理)로 믿는 것이 아니라 성경을 하나의 기독교 자료(資料)로 보고 개인의 주관적 관점(subjective of view)에서 성경을 보는 것을 의미하며, 기독론은 인간 예수를 주장하고 기독교를 윤리적 종교를 만들기 위해서이다.

개혁파는 교의학(dogmatics) 중심으로 신학을 이해하고 진술한다. 교의학은 모든 것을 통일적으로 연결한다. 기독교 정통교리는 체계(體系)의 판단자(判斷者), 정통(正統)과 비정통(非正統)을 규정하는 규범(rule)과 틀을 제시한다. 교리사의 연구목적은 단순히 교리를 이해하는 데 있는 것이 아니라 교회가 시대마다 처한 상황(context)을 성경에 똑바로 서서 직시하고, 또 자신을 성찰(省察)하고 신앙고백(信仰告白)을 하며 역사적인 통찰력(洞察力)을 얻는 데 있다.

본서는 제1부 기독 교리사(서론), 제2부 고대 교회시대, 제3부 중세 교회시대, 제4부 종교개혁 시대, 제5부 현대신학으로 꾸려졌다.

끝으로 이 책을 위해 협력한 아내 정형숙, 교정으로 수고하신 김영복 목사님께 감사를 드린다. 그리고 본서를 대하는 모든 분에게 하나님의 은총과 오직 성경(Sola Scripture), 오직 그리스도(Solus Christus), 오직 은혜(Sola Gratia), 오직 믿음(Sola Fide), 오직 하나님께 영광(Soli Deo Gloria), 오직 십자가(Sola Crux)의 삶이되기를 소원(所願)할 뿐이다.

더불어 이 책을 통하여 많은 독자가 비진리(非眞理)가 난무한 시대에 전성경신앙신학(Believing of Theology Total Bible, & The Whole Biblical Theology)[1]으로 무장한 진리(眞理)의 파수꾼이 되어 영원토록 순혈주의(純血主義) 신앙(信仰)과 신학(神學)을 사수(死守)하는 은총이 있기를 진심으로 소망한다. 모든 독자의 경건한 삶과 행복을 기원하는 바이다.

총신교회에서 박상경 목사

---

[1] '전성경신앙신학'의 용어 : Believing of Theology Total Bible은 The theology of the Belief in the Whole Bible로 써도 됩니다. 이는 저자가 의도하는 바의 더 정확한 표현이라 할 수 있습니다. 이 용어는 모두 성경을 믿는다고 하지만 자신이 원하는 것만 믿기 때문에, 전성경신앙신학은 성경전체를 다 믿고 그 믿음의 내용이 개혁파 신학이 지향하는 교리적인 믿음과 신학이라야 한다는 의미입니다.

제1부

기독교 교리사 개론

Introduction of Christian Doctrines

Saint Gregory the Great, dictating his homilies on the prophet Ezechiel, is visited by the Holy Ghost

제 1 장

기독교 교리사 서론
Introduction of Christian Doctrines

역사는 우리의 거울이다. 성경의 역사를 통해 과거를 성찰(省察), 현재를 직시(直視), 미래를 예측(豫測)하게 된다. "그런 일은 우리의 거울이 되어 우리로 하여금 저희가 악을 즐겨 한 것같이 즐겨하는 자가 되지 않게 하려 함이니"(고전 10:6) "저희에게 당한 이런 일이 거울이 되고 또한 말세를 만난 우리의 경계로 기록하였느니라"(고전 10:11)고 성경은 말씀하고 있다.

기독교 역사는 교리사에 기초한다. 교리사 없는 기독교회사는 '속 없는 만두'다. 특히 교리사 중 교의사는 기독교회사의 핵이다. 그래서 신학적으로 조직신학(Systematic Theology)과 역사신학(Historical

Theology)으로 분류하지만 실상 어느 분야에 확실하게 속한다고는 말하기 어렵다.

벌코프(L, Berkhof)는 "교의사는 일반 신학에 속하지 않는다"고 언급했다. 왜냐하면 "교의사는 엄밀한 의미에서 교의들뿐만 아니라 아직까지 교회에서 인정받지 못하고 있는 교리들까지도 함께 다루고 있기 때문"[2]이라고 했다.

역사는 섭리사이다. 섭리사(攝理史) 속에 구원사와 일반사가 있다. 기독교 교리사는 이와는 달리 기독교의 교리(doctrine, 敎理)의 역사를 말한다. 우리는 기독교의 교리의 논쟁과 결정(決定)의 역사를 바른 인식으로 기독교 신학의 순혈주의(pure bloodism, 純血主義)를 지향할 수 있다.

교리사는 교의(Dogma, 敎義)의 역사다. 사도시대 이후 신학적 사상이 어떻게 발흥하여 점진적으로 교의로서 형성되었는가를 살피는 것이다. 동방정교회는 제2차 니케아 종교회의와 함께(787), 로마 카톨릭교회는 바티칸 공의회(1874), 루터파 교회에서는 협화(일치)신조(1580), 개혁파 교회에서는 도르트 종교회의(1619)와 웨스트민스터 총회와 함께(1649) 막을 내린 것으로 보고 있다.

교리는 어느 한 교사, 학파 등에 의하여 가르쳐진 내용 즉 주장하고

---

2 L. 벌 코프, 「기독교교리사」 (서울: 세종문화사, 1975), p. 22.

진리로서 지지되고 진술된 내용이라 할 수 있다. 이러한 의미에서 '교리'란 교회의 신앙고백의 일부로서의 가르침만을 가리키는 '교의'와는 구별된다고 할 수 있다. 그리하여 신약의 '교리들'과 삼위일체 '교의'를 구별할 수 있는 것이다.[3] 교리사는 교회의 신앙(信仰)의 사상체계(思想體系)를 점검하는 데 있어서 교회사와 더불어 하나의 축을 이루고 있다.

기독교 교회사가 과거에 대한 역사의 기록을 통해 미래를 예측할 수 있도록 방향을 설정할 수 있도록 한다면 교리사는 교회의 사상적 방향(思想的 方向)이 바로 가고 있는가를 검증하고 정립하도록 하고 있다. 즉 역사성(歷史性)은 같으나 사상성(思想性)이 다를 수 있다. 우리는 교리사를 통해 역사적 기독교회가 어떻게 '남은 자'(a remnant)의 길을 걸어가 바른 신앙을 지킬 것인가를 바로 인식해야 할 것이다.

제1절 기독교 교리사의 역사

기독교 교리사(Christian Doctrines)는 최근에 나타난 과목이다. 고대 교회에서 교리적 체계의 내용이 풍성하게 나타났으나 교리적 발전에 관한 역사라기보다는 교의적 흥미를 가지고 있었다고 할 수 있다. 중세교회는 그들에게 전달된 신념들을 성스러운 전통으로 답습하였으며, 종교개혁시대는 루터와 로마 카톨릭 수호자들 간의 논쟁적 신학이 발생하였고 이로부터 교회의 교리가 연구되기 시작했다.

---
3 E. H. 클로체, 「기독교교리사」 (서울: 기독교문서선교회, 2002), p. 18.

특히 17세기 중엽에 교리들의 역사적 발전상을 보게 된다. 이중 예수회 학자 디오니시우스 페타비우스(Dionyshius Petavius)의 「교의신학에 관하여」(De theologicis dogmatibus, 1643-50), 오라토리안 토마신(Oratorian Thomassin)의 「교의신학」(Dogmata Theological, 1680-89)과 루터파의 「마그데부르그 연대기」(Magdeburg Chronicles) 등이 대표적이다.

교의를 교회사로부터 분리시킨 사람은 J. S. 제믈러(Sermler)로 1762년 출판한 「바움카르텐의 신앙론에 대한 역사적 개론」(Historical Introduction to Baumgarten's Glaubenslehre)에서 처음으로 주장했다. 또 제물러의 영향을 받은 빌헬름 눈셔(Wihelm Nunsher)가 「기독교 교리의 요람」(Handbuch der Christlichen Dogmengeschichte, 4권, 1797-1809)과 「기독교 교리의 독본」(Lehrbuch der Christlichen DG, 1811)을 저술했다.[4]

제물러로부터 시작된 교리는 현재에 이르기까지 다양한 이름으로 루터파, 로마 카톨릭, 개혁파, 자유주의 계열의 하르낙과 리츨학파로 이어져 오고 있다. 특히 리츨학파는 복음의 토양 위에 그리스 정신의 유산에 의해 창조되었다고 할 수 있다.

제2절 기독교 교리의 정의

교의(Dogma)라는 말의 뜻은 희랍어 '도케인(dokein)'으로부터 인출

---

4 전게서, p. 20.

한 말로서, 도케인 모이(dokein moi)라는 설명에서 '내 생각에는 그럴 듯 하다' 그것은 나를 기쁘게 한다' 나는 무엇을 명백히 결정하였기 때문에 그것은 나에게 있어서 확정적인 사실이다' 등의 뜻을 가진다. 이 중 세 번째의 의미가 교의(Dogma)로 받아들여졌고 이후 '공평하게 인정된 결의나 법령'을 가리키는 말로 사용되었는데 교회에서는 '공적(公的)으로 만들어진 교리(doctrine)' 등에 사용하였다.

교리는 기독교에서 가르치는 도리(道理)를 말한다. "기독교는 교리를 갖는다. 교리는 기독교의 근본이다. 이 교리를 교회가 받아드리면 기독교가 되고 거부하면 기독교가 되지 않는다"[5] 교리는 기독교의 신앙(信仰)의 본질적(intrinsic) 내용이라고 할 수 있다. 교리는 기독교 신앙의 지적인 국면으로 하나님을 알고 구원의 내용들을 아는 기독교의 자기지식(自己知識)의 객관적 기준이다. 기독교는 자기지식(自己知識)을 성경에서 도출한 것으로, 교리는 성경에서 추출한 체계적(體系的) 계시(revelation)의 내용이라 할 수 있다.

교리는 기독교에서 가르치는 도리(道理)를 말한다. "기독교는 교리를 갖는다. 교리는 기독교의 근본이다. 이 교리를 교회가 받아드리면 기독교가 되고 거부하면 기독교가 되지 않는다" 교리는 기독교의 신앙(信仰)의 본질적(intrinsic) 내용이라고 할 수 있다. 교리는 기독교 신앙의 지적인 국면으로 하나님을 알고 구원의 내용들을 아는 기독교의 자기지식(自

---

5 서철원, 「교리사」 (서울: 총신대학교출판부, 2005), p. 3.

己知識)의 객관적 기준이다. 기독교는 자기지식(自己知識)을 성경에서 도출한 것으로, 교리는 성경에서 추출한 체계적(體系的) 계시(revelation)의 내용이라 할 수 있다.

역사적 기독교회는 자기 지식을 신조(Creed)의 형식(form)으로 체계화(體系化)시켜서 교회의 근본(根本)과 예배(禮拜)의 형식(形式)들, 신자들의 삶의 규칙(規則)을 교회회의(敎會會議)를 통해 정하였다. 교리(敎理)는 주관적 신자의 신앙을 공교회가 객관적 신앙의 내용으로 체계화(體系化)한 신앙 계시의 내용이라 할 수 있다. 정통교리(Orthodoxy Doctrine)는 성경성(聖經性)과 신조성(信條性)과 객관적 교회(客觀的敎會)의 공교회성(公敎會性)을 요구하고 있다.

제3절 성경에서의 기독교 교리

성경에서 교리라는 말이 사용되었다. 70인 역(Septuagint)에서는 교리란 말을 정부의 법령(statute, 法令)을 가리키는 말로(에 3:9, 단 2:13, 6:8, 눅 2:1, 행 17:7) 사용하였고, 신약성경 엡 2:15, 골 2:14절 등에서는 '법조문'으로, 행 16:4에선 예루살렘 회의(Council of Jerusalem)의 결정을 가리키는 말로 사용되었다.

제4절 기독교 교리와 신조

신조(Creed, 信條)는 교리(教理)보다 그 범위(範圍)가 좁다. 교리 가운데 교회가 그 신앙조항(信仰條項)을 공적으로 인정한 것을 신조라 한다. 신조는 교회들이 공식적 회의(Council)를 개최하여 정한 것으로 니케아 신조(The Nicaene Creed, 325), 니케아-콘스탄티노플 신조(Nicaene Constantinopolitan Creed, 381), 칼케돈 신조(The Chalcedon Creed, 451) 등이 대표적이다. 아타나시우스 신조(The Athanasian Creed, 420-450)와 사도신경(Apostolic Creeds)은 일반적으로 자연스럽게 공인된 신조다. 그러나 종교개혁 이후로는 여러 종류의 신조가 각 교단(教團)의 믿는 바 내용을 규정했다. 루터파는 아욱스부르그 신앙고백서(Confession of Augsburg, 1530)와 일치신조(Formula of Concordia, 1577)를, 개혁파(The Reformed) 교회에서는 하이델베르그 요리문답(Heidelderg Catechism, 1563)과 웨스트민스터 표준(標準)문서를 채택하였고, 로마 카톨릭(Roman Catholic)에서는 트렌트 신조(Trent Creed, 1545) 등을 신조로 정했다.

제5절 기독교 교리와 교의신학

교의 즉, 도그마(dogma)라는 말은 실제적으로 교리 즉, 독트린(doctrine)라는 말과 같은 뜻을 가진 것으로 자유롭게 종교와 신학(religion of theology)에서 사용되지만 한정된 뜻을 가지고 있다.

교리라는 말은 종교적인 진리(眞理)에 대한 직접적이고 꾸밈없는 표현이고 교의는 종교적 권위(權威)에 기초하여 교회회의에 의하여 공적으로 만들어진 종교적 진리를 말한다.[6] 교의 학자들은 교회의 신조에서 그 체계의 골자를 얻고 있다. 교리는 교의신학의 골자와 골격을 제공하고 있다. 교리는 어느 개인의 사상(思想)이나 학문(學文)의 체계(體系)가 아니다. 교리는 공교회성(公敎會性)을 가지고 있으며 신앙을 지도할 때 규칙이 된다. 그러므로 교리 학자들은 교의학의 체계나 골자를 교리나 신조를 바탕으로 하지 않으면 안 된다.

제6절 기독교 교리사

기독교의 교리는 처음부터 확정된 것이 아니다. 성경 속에 있는 것을 완성된 형식으로 갖춘 것이다. 또 기독교 교리는 시대적 산물로서 밖으로부터 오는 잘못된 사상(思想)과 안으로부터 시작된 이단사상(異端思想)으로부터 진리(眞理)를 방어하고 자신의 정체성(identity)을 나타내고자 시대적 상황 속에서 체계화(體系化)된 것이라 할 수 있다. 루이스 벌코프는 "교회가 그리스도의 교회로 존속하여 구원기관으로서의 역할을 다하려면 반드시 교리를 붙들어야 한다. 따라서 교리사는 교회의 존속에 필수적이다."[7]고 했다.

그러므로 교리의 형성(形成)은 세 가지 측면에서 고찰할 수 있다. 첫째, 사도와 교부들의 신앙 전승의 측면에서 고찰하고 둘째, 세속철학과

---

6 L. 벌코프, 「기독교교리사」, p. 23.
7 전게서, p. 7.

이교사상(異敎思想)의 영향이라는 측면에서 고찰하며 셋째, 시대에 대한 교회의 변증 과정에서 형성(形成)되고 체계화(體系化)되고 정립된 것을 고찰한다.

1. 사도와 교부들의 전승

기독교는 313년 로마제국으로부터 종교의 자유(自由)를 얻은 후부터 정체성(identity)에 대한 문제가 나타났다. 안팎으로 교회는 정체성에 대한 공격에 직면했다. 이에 4세기에 들어 교회는 자신을 방어하고 정체성을 확립하기 위해 공의회를 통해 기독교회의 교리를 체계화하고 확정 지었다. 먼저 사도들의 가르침을 요약한 사도신경(Apostolic Creeds)을 필두로, 삼위일체 교리를 확정 지은 니케아 신조(The Nicaene Creed, 325), 이어 예수 그리스도의 인격과 성령에 대한 고백, 그리고 교회의 세례와 죽은 자의 부활과 영생에 관한 조항을 추가한 니케아-콘스탄티노플 신조(Nicaene Constantinopolitan, Creed, 381), 그리고 유티케스의 단성론과 네스토리우스주의를 배격하고 예수 그리스도의 양성, 즉 참 하나님이시자 참 인간이심을 명확하게 진술한 칼케돈 신조(The Chalcedon Creed, 451) 및 아타나시우스 신조(The Athanasian Creed, 420-450) 등이 그것이다.

교리의 전성기는 16세기 종교개혁 시대였다. 루터(Luther)와 칼빈(Calvin)을 중심으로 역사적 기독교회의 교리가 자연스럽게 형성(形成)되었다. 개혁파 교회는 이때 작성된 신조 및 신앙고백서, 교리문답 등을 핵심적 교리로 계승 받아 오늘에 이르고 있다.

2. 철학과 이교사상의 영향

교회의 교리가 체계적으로 이루어질 때까지는 교리의 공백상태(空白狀態)가 발생한다. 이러한 공백상태에서 세속적 철학과 이교사상(異敎思想)이 문화라는 조류를 타고 교회로 침투해 왔고 인본주의 문화와 사상(thought, 思想)에 익숙해진 사람들에 의해 자연스럽게 교회가 동화(同化)되었다. 아직 교리가 확립되지 않았던 초대교회시대에는 헬레니즘 문화(Hellenistic Culture)가 교회 안으로 침투하여 기독교와 이교의 혼합사상(混合思想)이 발생했다.

3. 시대사상에 대한 교회의 변증

시대적 사상조류(思想潮流)에 의해 교회는 자신(自身)의 정체성을 나타내야 했고 세속철학과 이교사상(異敎思想)을 방어(防禦)해야 했기 때문에 그 변증 과정에서 자연스럽게 기독교 교리가 형성되었다. 교리의 형성(形成)은 시대마다 그 시대에 대두되었던 문제들을 성경적으로 교리를 발전적으로 도출해 낸 것이라 할 수 있다. 고대 교회는 고대교회의 상황에서 교리를 만들었고 종교개혁 시대는 종교개혁 시대에 맞는 교리를 만들었다.

물론 교리를 시대적 상황(context, 狀況)에 의해 만들어졌다고 해서 무조건 만드는 것이 아니다. 시대마다 교리의 규정과 차이점이 있다 하더라도 그 교리가 얼마나 성경적이냐 하는 데 있다. 역사적 기독교회의 정통교리(Orthodox Dogma)의 도출은 성경의 확정된 교리를 연역적, 객관적, 통일적으로 체계화(體系化)한 것이다. 즉 성경에 확정된 원리를 교리화(조목)한 것이다. 교리화하기 위해서는 객관성이 요구된다. 이는 개인의 주관적 학적석명(學的釋明)이 아니라 객관적 기준이 필요한 것이다. 첫째, 역사성으로 공의회에서 교리를 어떻게 지키고 결정했나, 둘째, 성경성으로 성경이 그것을 입증하고 있는가, 셋째, 개혁파 신학자들의 석명(釋明)과 일치를 요구하고 있는가의 기준이 충족되어야 한다. 개혁파 신학의 교리는 성경이 확정한 교리를 그대로 믿는다는 것이다.[8]

교리는 자기 생존(生存)의 변증(辨證)과 복음을 전파하는데 필연적으로 발생하게 되고 앞으로도 발생하게 되는 것이라 할 수 있다. 우리는 시대적 다양한 문화 속에서 사도적 전승(使徒的 傳承)을 어떻게 이해하고 받아들이며 발전시켜 나가야 할 것인가는 이 시대의 몫이라 할 수 있다. 새로운 시대에 대체할 수 있는 성경적 진리(眞理)를 바로 전수함으로 하나님의 거룩한 섭리를 이루어 나가는 것이다.

제7절 기독교 교리의 견해들

8　박상경, 「조직신학」(상) (서울: 예루살렘, 2006), p. 8.

1. 로마 카톨릭교회의 교리관

로마 카톨릭의 교리는 교훈하는 교회나 또는 교직단(敎職團)이 연구(硏究)한 것이다. 새로운 형식에 잘못이 있을 때는 무오한 대변자인 교황, 곧 교훈하는 교회가 세밀히 조사한 후 성경이나 전통이 가르치는 교리를 만들어 그것을 계시(revelation)된 진리(眞理)라고 선언(宣言)하면 모든 성도는 그것을 받아들여야 한다.

카톨릭교회의 윌머스(Wilmers)는 「기독교 요람」(Handbbook of the Christian Religion, p. 151)에서 "교의는 하나님에 의하여 계시된 진리이며, 동시에 우리 신앙을 위하여 교회가 추천한 것"이라 하였다. 또 스파이래고 클락(Spirago Clarke)은 「요리문답 강해」(The Catechism Explained, p. 84)에서 "하나님이 계시하신 대로 교회가 우리에게 보여준 진리는 신앙의 진리라고도 불리고, 교의라고도 불리어진다"라고 하였다. 즉 교회는 교리 문제에 대하여는 조금도 잘못이 없는 존재이며, 교회가 추천하는 교리는 권위(權威)가 있을 뿐 아니라 취소되거나 변할 수 없다는 것이다. 교황청은 "만일 누구든지 과학의 발전에 따라서 어떤 것이나 현재에 이해하고 있는 것과 다르다고 한다면 저주를 받아야 할 것이다"고 선언한다 (Dogmatic Decrees of the Vatican Council Canons, 1v. 3).[9] 로마 카톨릭은 교리와 성경을 동일시할 뿐만 아니라 교리를 성경보다 우월하게 생각하고 믿고 있다. 이는 개혁파 교리와 다른 비성경적 견해를 가지고 있다.

---
9 L. 벌 코프, 「기독교교리사」, p. 24.

2. 자유주의 기독교의 교리관

슐라이어마허, 리츨, 비넷(Schleiermacher, Ritschl, Vinet)은 교회의 교의들은 단순히 교회의 경험, 의견, 신앙(信仰) 등에 대해 지적으로 작성해 놓은 것이며, 경건하게 신적 계시를 인정하는 객관적 요소로 말미암아 일깨워진 것이라고 하였다. 리츨과 그의 학파는 교의는 종교적 경험을 신앙 안에서 하나님의 계시(revelation)로 높이는 어떤 객관적(objective)인 조정이라고 주장한다. 그들은 이러한 경험을 종교단체가 공유하고, 마침내 어떤 유력한 단체에 의하여 그것들을 정식으로 지식적(知識的)으로 표현할 때 그 경험들은 교의로 변한다고 하였다. 그들은 옛 교의들은 시대에 뒤떨어진 것으로 보았다. 그렇게 보는 것은 옛 교의들은 너무 지식적이고, 또 현재의 교회생활에 조화를 이루지 못하기 때문이며, 그러므로 종교단체 안에서 서로 호흡이 맞는 어떤 새로운 교의가 요구된다고 하였다.

하르낙(Harnack)은 <교의사(The History of Dogma)>에서 초대교회의 모든 교의는 희랍철학과 기독교 진리(眞理)가 부자연스럽게 섞인 혼합체(混合體)라고 하면서 초대교회의 모든 교의를 부정했다. 그는 교의는 그 사상과 발전으로 보아 복음이라는 터 위에 있는 희랍정신의 한 작품이라고 하였다.[10] 이렇게 자유주의자들(Liberalist)은 교리(doctrine)를 인정하지 않으므로 신앙의 객관적(objective, 客觀的) 기준을 상실하고 주관

---

10 전게서, p. 26.

주의적 신학인 개인주의 신학에 빠지고 말았다.

3. 개혁파 기독교회의 교리관

개혁파(The Reformed) 교리관은 로마 카톨릭이나 자유주의자들과 달리 "교의들을 성경에서 직접 취해진 설명으로 보지 않고, 다만 교의들을, 계시 진리에 대한 신자의 집단체인 교회의 견해로 된 열매로써 합법적인 대표 단체가 공적(公的)으로 작성한 것"이라고 한다. 교회의 견해가 가끔 교리적 다툼에 의하여 결정되고 깊어졌기 때문에 교회의 회의나 대회가 최종에는 성령의 인도에 따라서 만들어진 교의들에는 표가 보인다. 교의는 전혀 잘못이 없는 것은 아니지만, 오히려 고도의 안전성을 가지고 있다. 왜냐하면 교리는 교회에 의해 정식으로 하나님의 말씀에 완전히 기초하였다는 데 있기 때문이다.[11]

성경(Scripture)은 신탁(神託)으로 되어 정확무오한 하나님의 말씀으로 절대적 권위를 가지지만 교리는 공교회(公敎會)의 권위에 기반한다. 그러나 교리의 최종적인 권위(權威)는 그것이 얼마나 성경적이냐에 따라 인정된다. 개혁파 교리는 로마 카톨릭(Roman Catholic)과 같이 교회의 절대적 권위를 부여하지 않고 자유주의자들(Liberalist)처럼 소홀히 생각하지 않는데 교리가 성경과 같지는 않지만 성경을 통해 신앙의 기준으로 삼는 것이다. 신앙이 교리적이지 않을 때는 그 신앙의 내용은 주관적인 신앙이 된다.

---

11 전게서, p. 25.

제8절 기독교 교리사의 분류

1. 일반 교리사

일반 교리사(the history of doctrine)는 철학의 일반적 배경과 말할 그 제목과 여러 시대에 논의되고 있는 교리를 연구하는데 일반적인 방향 등을 쓰고 있다.

2. 특별 교리사

하나하나의 교리들의 시작과 발전을 따라 연구하며 특히 중심적인 교리들로 보다 지엽적인 교리의 작성에 아주 큰 힘을 준 교리들을 따라 연구하는 것이다. 기독교의 특별교리는 일정한 체계(體系) 아래 신론(Theology), 인간론(Anthropology), 기독론(Christology) 등으로 논의된다. 이 방법(方法)은 하겐백(Hagenback), 쉘든(Sheldon) 등이 취하고 있다.

3. 근대 교리사

근대(modern age)란 중세(medieval age)와 현대(present age or modern times) 사이를 의미한다. 근대는 일반 교리사와 특별 교리사의 분류를 반대한다. 그 이유는 역사적(歷史的)이라는 것보다 인위적인 것이며 또한 여러 시대에 사상(思想)의 차이점과 여러 시대에서 논의 구별을 바로 하지 못하였다는 데 있다. '씨벌그'는 "첫째, 옛날 교회의 교리로 이루어짐과 둘째, 중세기 교회의 교리의 보존, 변한 것과 발전 셋째, 종교개혁기의 교리 조직의 발전과 로마 교회가 반대하는 교리적 결정체 등이다"라고 하였다.

제9절 기독교 교리사의 연구방법

1. 수직적 방법

수직적 방법(the vertical method)은 교회의 관심의 중심이 된 차례에 따라 연구하며, 교리들의 완성이 될 때까지의 발전을 찾아낸다. 신론, 인간론, 은총론 교회의 관심의 차례를 따라 연구한다. 종교개혁 시대는 신조와 그 밖의 중심 교리인 기독론, 인간론, 은총론, 속죄론 등으로 공적형성(公的形成)을 이룰 때까지 연구하는 것이다. 이 방법은 역사적 대신조의 마지막 것과 합류하며 후대의 신학적 석명에서 그 변화된 모양과 발전을 통해 분명하고 완전하게 될 수 있기 때문이다. 그러나 이 방법에서 자유주의자들은 교리를 역사적인 자리로부터 떼어 버려질 뿐만 아니라 어거스틴, 루터, 칼빈(Augustine, Luther, Calvin) 등 개혁자들과 교리들의 논리적 연결이 서로 나누어지게 된다.[12]

2. 수평적 방법

---

12 전게서, p. 35.

수평적 방법(水平的方法)은 교리(doctrine) 발전(發展)의 역사(歷史)를 시대적으로 구분하여 각 시대의 여러 교리의 시작에 대해 연구하고 그 시대에 이르지 못한 것은 다음 시대에 과제로 남겨 두었다. 신론은 중세 초기까지 연구, 또 기독론, 인간론, 은총론으로 보다 나은 연구가 이루어졌다.

3. 객관적 방법

객관적 방법(the objective method)은 교의의 시작과 발전을 쓰려는 교리사가들이 어떠한 선입견이나 동정에 반대하는 마음을 보이지 아니할 뿐만 아니라 여러 종류의 교리의 구성에 대해 참되고 거짓됨을 어떤 수단으로서 판단해 버리는 일이 없이 쓰는 데 있다는 것을 전제로 한다. 카이퍼(A. Kuyper)는 "하나의 확신한 신조를 받아들이는 교리사가로써 먼저 주장하던 의견이나 자기 교회의 표준을 나타내지 않고 교리사를 쓴다는 것은 아주 불가능한 일은 아니지만 어려움을 당하게 될 것이다"라고 했다. 역사란 객관화를 요구하지만 사가의 주관적 견해를 전혀 배제할 수 없다.

4. 신앙 고백적 방법

신앙 고백적 방법(the confessional method)은 여러 종류의 교리적 발전을 판단하는 데 있어서 하나님의 말씀을 표준(標準)할 뿐 아니라 자기 자신의 신앙고백을 표준으로 사용하는 것이다. 객관적 표준은 종교적 진리(眞理)의 끊을 수 없는 표준이며, 후자는 충분히 생각되었고, 또 이전에 주의 깊이 연구하여 이루어진 결과를 말하는 것이다.

교리들은 먼저 객관적 자세로 임해야 하므로, 첫째, 성경에 의해서 객관적 판단을 받아야 한다. 교리의 기준은 성경을 표준으로 성경에서만 찾아야 한다. 성경을 표준으로 삼되 부분적인 표준이 아니라 성경 전체의 종합적 통일성을 보아야 한다. 편협적인 성경적 표준은 시정되어야 한다. 둘째, 교리의 역사(歷史)는 신앙(信仰)의 역사이다. 공교회의 표준으로 결정된 신조를 따라야 한다. 교회의 전승은 귀한 것이다. 교회의 전승인 신조를 전승함으로써 교리사의 연구는 이를 우선시해야 한다. 그리고 시대마다 부족한 부분은 성경에 비추어 비판되고 시정되어야 한다.

5. 연대기적 방법

교리의 각 주제(主題)에 대하여 그 교리의 전개 과정을 고대로부터 현대에 이르기까지 연속적으로 다루는 것이다. 이 방법의 장점은 교리의 발전과정을 일목요연하게 살펴볼 수 있다. 따라서 교리상 각 주제의 형성(形成) 과정이나 그 내용을 보다 체계적(體系的)으로 이해하는 데 도움이 된다. 단점으로는 다른 주제들과 관련성에 대해 파악하는 데 취약하다.

일반역사의 구분(區分)이나 기독교 교회사의 구분이 서로 비슷한 형태를 취하고 있고 기독교 교리사(敎理史)는 기독교 역사와 깊은 관계를 가지고 있다. 고대는 그리스도로부터 주후 590년까지, 중세는 590-1517년, 근세는 1517-1800년, 후기 근대는 1800년 이후부터 현대까지로 본다.

고대 기독교회는 교리가 생성(生成)되기 시작하는 시기부터 체계적(體系的)으로 정립될 때까지의 기간이다. 중세시대는 그레고리 1세 (Gregory the Great)에 의해 정착된 교리로부터 출발하여 교회 중심의 왜곡된 교리에 의해 성경과 다른 기독교가 이교화한 교리를 형성했다. 종교개혁시대는 중세의 비성경적 교리를 바로 잡아주고 교회가 자기에 대한 인식(認識)을 새롭게 하게 되고 성경적 바른 교리를 만들게 된 시대이다. 개혁자들은 기독교의 교리를 더욱 정교하게 섬세하게 만들었다. 근세는 다양한 교파의 등장으로 개혁자들의 하나님 중심의 성경적 기독교의 교리를 인본주의적 기독교 교리를 형성(形成)하는 데 혈안이 되어 좌경화(左傾化)된 기독교의 교리를 형성한 시대라 할 수 있다.

근세 이후 시대는 특별한 기독교의 교리를 형성하지 못하고 기존의 모든 것을 부정하는 개별적 이성 중심의 교리를 만들어 가며 모두가 바벨탑적, 사생아적, 탕자적, 가변적 교리를 형성(形成)해 가고 교회의 본질을 떠난 다양성을 추구하고 있다. 교리사의 연구 목적은 단순히 교리를 이해하는 데 있는 것이 아니라 교회가 시대마다 대처한 상황(狀況)을 성경에 똑바로 서서 자기 자신을 성찰하고 신앙고백을 하면서 역사적인 통찰력을 얻는 데 있다. 그러므로 본서는 연대순으로 연구하기로 한다.

제2부

고대 교회시대

Early Church Era

Church teacher Origen teaches the catechism.

제 1 장

성경에 관한 규정들
Regulations of the Bible

기독교는 언약의 종교다. 즉 성경이 증언하는 것을 믿는 것이다(마 11:27). 본래 성경(Bible)의 어원인 그라마(gramma)는 그라포(기록)에서 유래했으며, 그라페(성경)와 같은 의미를 가지는 데 본래 '새기거나 조각된 것'을 의미했으며, 그다음에 '기록된 것'이란 넓은 의미를 지니게 되었다(딤후 3:16). 또 고전 11:25절과 고후 3:6절의 '헤 카이노스 디아데케'(언약 covenant. 유언) 즉, '언약'이란 말에서 유래한 것으로서 그 뜻은 '언약' 혹은 '유언'이다. 즉 구약성경(Old Testament), 신약성경(New Testament)이라는 말은 언약, 계약, 유언을 의미한다.

역사적 기독교회는 '오직 성경(sola scripture)'만을 신앙과 행위의 본문으로 즉 절대기준으로 삼고 교회에서 내려오는 모든 전통은 성경을 기준으로 삼아 취할 것은 취하고 버릴 것은 버려야 한다고 주장했다. 웨스트민스터 신앙고백서 제1장 제4조 "우리가 마땅히 믿고 순종해야 할 성경의 권위는 어떤 사람이나 교회의 증거에 의거한 것이 아니라, 전적으로 진리 자체이시며, 저자가 되시는 하나님께 있다. 따라서 성경은 하나님의 말씀이므로 우리는 그것을 받아들여야 한다"(벧후 1:19, 21, 딤후 3:16, 요일 5:9, 살전 2:13)고 하고, 제1장 제10조는 "모든 종교적 논쟁의 확정, 교회회의의 모든 결정과 고대 저자들의 의견과 사람들의 교훈과 개인의 정신문제들을 검토하고, 그 선고에 따를 수밖에 없는 최고의 심판자는 성경 안에서 말씀하시는 성령 외에는 아무도 없다"(마 22:29, 엡 2:20, 행 28:25)고 진술한다. 또 웨스트민스터 소요리문답 제2문은 제1문에서 제시된 사람의 제일 되는 목적이 무엇인가를 알고 하나님을 영화롭게 하기 위해서 어떻게 수행함으로 하나님을 영화롭게 할 수 있는가를 물으면서 그 수행규칙은 바로 성경이라는 사실을 가르치고 있다.

성경은 정경 외경 위경으로 구분한다. 정경이란 고정된 개념으로 모든 종파가 하나님의 말씀인 성경으로 믿는 신구약 66권을 말하고, 외경은 70인 역에 포함된 12권을 일부 종파가 하나님의 말씀으로 믿는 것을 말하고, 위경은 모든 종파가 기독교적 문학으로 보는 것을 말한다.

제1절 성경과 계시의 관계

1. 계시와 성경

말씀을 통해 자신을 계시(啓示)하신 하나님께서는 특정한 사람들에게 성령의 감동(感動)을 주셔서 그들이 듣고 받은 계시의 말씀들을 기록하게 하셨다. 그것이 성경이다. 성경은 하나님께서 인간에게 말씀하시는 다른 형태의 수단이며 계시 진리로써 영감(Inspiration)으로 기록된 성경이다. 따라서 성경은 계시의 진위를 분별하는 기준이다(벧후 1:21, 출 34:27, 렘 30:2, 계 1:19, 딤후 3:16).

2. 계시와 말씀

계시와 말씀은 동일하다. 계시는 하나님의 성령의 영감(Inspiration)을 통해서 성경(聖經) 저자들로 하여금 기록하게 한 하나님의 말씀이며 계시가 말씀이다. 계시와 말씀이 동일한 것은 하나님의 영감으로 기록되었기 때문이다. 하나님께서는 우주 만물의 창조와 그 다스림을 통해서도 자신을 드러내고 계신다. 시편 기자는 "하늘이 하나님의 영광을 선포하고 궁창이 그 손으로 하신 일을 나타내는 도다"(시 19:1)라고 말하며, 사도 바울은 "창세로부터 그의 보이지 아니하는 것들 곧 그의 영원하신 능력과 신성이 그 만드신 만물에 분명히 보여 알게 되나니 그러므로 저희가 핑계치 못할지니라"(롬 1:20)고 말한다.

3. 계시와 예수 그리스도

말씀을 통해 직접적이고 보다 분명하게 자신을 알리시는 하나님의 계시(啓示)는 예수 그리스도에게서 그 절정에 이른다. 예수 그리스도는 영원한 말씀 자체이신 성자 하나님께서 인간의 몸을 취하시고 인간 역사 속에 들어오셔서 우리와 함께 사시며 가르치고 능력을 베푸시며 영원한 언약(covenant)을 주심으로써 가장 직접적이고 가장 분명하게 하나님 자신을 드러내 보이신 것이다. 계시는 모두 예수 그리스도와 관계를 가진다. 만약 그리스도와 관계가 없는 계시는 계시가 아니다(히 1:2-3, 요 1:14, 5:39).

4. 계시의 완전성

성경은 성령의 영감에 의하여 기록된 것이므로 정확무오한 완전한 하나님의 말씀이다. 성령을 통해서만 계시인 성경을 이해하고 성경을 통해 하나님을 믿고 알 수 있다. 성경의 완전성을 부정하는 성경 비평자들은 이단이라 할 수 있다.

성경이 계시이며 하나님의 말씀이라고 할 때 말씀의 권위와 완전성을 말하지 않을 수 없다. 성경의 완전성이라는 말 속에서 먼저 무오성을 생각한다. 성경이 하나님의 말씀이라면 당연히 무오한 것이어야 한다 (요 20:31, 딤후 3:15-17, 계 21:19-20).

웨스트민스터 신앙고백 제1장 제1조 자연의 빛[13]과, 창조와 섭리의

---

[13] 혹은 '본성의 빛'으로 번역하기도 한다.

일들이 사람들로 하여금 핑계할 수 없을 만큼 하나님의 선과 지혜와 능력을 잘 나타내고 있으나,(1) 그것들은 구원에 필요한 하나님과 그의 뜻에 관한 지식을 얻기에 충분하지 못하다.(2) 그러므로 주께서 여러 시기와 여러 방법으로 자신의 교회에 자신을 계시하며 자신의 뜻을 선포하시기를 기뻐하셨다.(3) 그리고 그 후에는 진리를 더 잘 보존 전파하시기 위해서 또 육신의 부패와 사단과 세상의 악에 대항하여 교회를 더 견고하게 설립하고 위로하시기 위하여 그 동일한 진리를 전부 기록하시기를 기뻐하셨다.(4) 이것이 성경이 가장 필요하게 된 원인이다.(5) 그러나 하나님은 그의 백성에게 그의 뜻을 계시하던 이전의 방법들을 지금은 그치셨다.(6)"며 계시의 완전성에 대해 증언한다. (1) 롬 1:19, 20, 32, 2:1, 14, 15, 시 19:1-4. (2) 고전 1:21, 2:13, 14. (3) 히 1:1, 2. (4) 잠 22:19-21, 눅 1:3, 4; 롬 15:4, 마 4:4, 7, 10; 사 8:19, 20. (5) 딤후 3:15, 벧후 1:19. (6) 히 1:1, 2.

5. 계시와 신앙

계시는 하나님의 말씀이다. 계시와 신앙은 바로 '전성경신앙신학'(The wholly Biblical Belief Theology)을 말하며 '전성경신앙신학'은 전성경의 신앙화와 신학화이다. 계시인 성경을 통해서만이 하나님을 인식할 수 있다. 그리고 성경은 믿지 않고는 하나님을 인식할 수 없다.

마태복음 11장 27절에 예수님께서 "아들과 또 아들의 소원대로 계시를 받은 자 외에는 아버지를 아는 자가 없느니라"고 말씀했다. 이는 인간은 그 누구도 스스로 하나님을 바르게 알 수 없으며, 하나님께서 친히 자신을 알려 주시는 계시를 통해서만 알 수 있다는 것이다. 따라서 신앙(Faith)은 하나님의 자기계시(自己啓示)로부터 발생(發生)하는 것이며, 이 계시로부터 나오지 않는 종교는 거짓 종교(religion)일 수밖에 없다. 계시와 신앙은 일치되어야 한다. 그리고 '전성경신앙신학'을 가져야 한다.

6. 계시 완성과 예수

어느 날 한 율법사가 예수님께 와서 어느 계명이 크니이까 라고 물었다. "예수께서 가라사대 네 마음을 다하고 목숨을 다하고 뜻을 다하여 주 너희 하나님을 사랑하라 하셨으니 이것이 크고 첫째 되는 계명이요, 둘째는 그와 같으니 내 이웃을 네 몸과 같이 사랑하라 하셨으니 이 두 계명이 율법과 선지자의 강령이니라"(마 22:37-40)고 말씀하셨다. 이는 하나님께 대한 수직적 사랑과 인간에 대한 수평적 사랑을 최선을 다하라는 것이다.

성경 66권을 요약하면 모세 오경이 나오고, 모세 오경을 요약하면, 십계명이 나온다. 십계명(Decalogue, Ten Commandments)을 요약하면 위로는 하나님을 사랑하라는 제1-4계명이 나오고 아래로 사람을 사랑하라는 제5-10계명이 나온다. 그래서 성경은 하나님의 구속적 사랑으로 요약되어 있다. 그런데 이 십계명은 아담으로부터 죄를 유전 받은 인간은 다 지킬 수 없다. 모든 인간은 전적으로 타락되었고 죄로 오염되었기 때문이다. 십자가의 사건은 이 두 가지 사랑을 한꺼번에 완성(完成)한 사건이다. 하나님의 말씀과 십계명의 본질이 하나님의 사랑과 이웃 사랑이라고 한다면 십자가는 하나님의 사랑을 이루고 인류를 위한 구속적 사랑의 완성체이다. 그러므로 예수님을 믿으면 성경을 이루는 것이다.

우리가 말씀대로 산다는 것은 곧 말씀을 다 이루신 예수님을 믿는 것이요, 말씀을 이루신 예수처럼 사는 것이요, 이는 곧 십자가를 지는 삶을 말한다. 예수님은 스스로 희생제물이 되시어 영원히 죽어야 하는 인간의 죄와 형벌을 대신 담당하시고 우리에게 영생을 얻게 하셨다. 성경에 나오는 모든 말씀은 예수 그리스도에 관한 말씀이요, 이 모든 말씀은 십자가에 대한 말씀이다. 그러므로 하나님의 말씀을 십자가의 도리 안에서 깨닫지 못하면 그것은 하나님의 말씀을 잘 알지 못한 것이다(히 10:14, 18, 20).

제2절 성경의 정경화

1. 에비온파

에비온파(The Ebionites)는 처음에는 모든 그리스도인을 가리키는 말이었으나 나중에 유대인 그리스도인만 가리키고, 그 후에 다시 유대교의 이단자들을 가리키는 말이 되었다(빌 3:2, 19). 이들은 사도 바울을 배척하고 이방인들도 율법을 지켜야 한다고 주장하며 동정녀 탄생을 부인하고 마태복음만 인정했다. 또 예수의 신성을 부인하고 수난과 부활과 할례를 주장했으며, 예수는 메시아(Messiah)로 스스로 자칭하며 세례 요한으로부터 세례를 받을 때 메시아로 인식되었다고 주장하는 기독교 이단이다.

신약성경(New Testament) 중 마태복음만을 변형해서 사용했고 바울(Paul)은 배교자요, 이단자로 간주하면서 심한 적대감을 보였다. 또 종말론에 있어서는 시한부 재림론자들과 흡사하게 그리스도의 임박한 재림을 강조했고, 재림 후에는 예루살렘을 중심으로 한 지상 천년왕국의 도래를 믿었다.

2. 말시온파

에비온파(The Ebionites)가 구약적 요소를 지나치게 강조한 이단(Heresy)이라면 반대로 말시온주의(Marcionism)는 구약을 지나치게 배척(排斥)한 이단이다.

말시온(Marcion)은 구약의 하나님과 신약의 하나님은 도무지 조화될 수 없는 별개의 존재라고 했다. 말시온은 구약성경을 모두 거부하고 신약성경(New Testament)에서도 누가복음과 바울서신 가운데, 열 개만을 정경으로 보았다. 이 가운데서도 구약의 인용 부분은 삭제했다.

말시온은 바울(Paul)을 좋아했고 바울서신 중 사랑의 신(神)에 대한 구절을 좋아했다. 사죄함을 받기 위해서는 세 번 세례를 받아야 한다는 것과 영혼의 전생을 가르쳤으며 육체의 부활을 부인하고 극단적인 고행을 주장하였다. 말시온으로 인해서 교회는 신약 27권을 정경화하게 되었다. 그리고 안으로부터 이단 사상과 밖으로부터 잘못된 이교 사상으로부터 다음 세대를 위해 정경화가 필요했던 것이다.

3. 구약성경의 정경성

그리스도와 그의 제자들이 성령의 인도하심에 의하여 하나님의 말씀으로 인정하여 신약성경을 기록할 때 인용하였다는 것을 근거로 하며, 구약성경은 이미 구약시대의 유대인들이 확정한 것을 신약성경에서 인정한 것이다. 구약성경은 모두 39권으로 율법서(5권), 역사서(12권), 시문서(5권), 선지서(17권)로 되어 있다.

웨스트민스터신앙고백서 제1장 제2조 "기록된 하나님의 말씀인 성경은, 그 이름 아래 구약과 신약의 모든 책을 포함하고 있는데, 그 책들은 다음과 같다."

구약 : 창세기, 출애굽기, 레위기, 민수기, 신명기, 여호수아, 사사기, 룻기, 사무엘상, 사무엘하, 열왕기상, 열왕기하, 역대상, 역대하, 에스라, 느헤미야, 에스더, 욥기, 시편, 잠언, 전도서, 아가, 이사야, 예레미야, 예레미야 애가, 에스겔, 다니엘, 호세아, 요엘, 아모스, 오바댜, 요나, 미가, 나

훔, 하박국, 스바냐, 학개, 스가랴, 말라기.

신약 : 마태복음, 마가복음, 누가복음, 요한복음, 사도행전, 로마서, 고린도전서, 고린도후서, 갈라디아서, 에베소서, 빌립보서, 골로새서, 데살로니가전서, 데살로니가후서, 디모데전서, 디모데후서, 디도서, 빌레몬서, 히브리서, 야고보서, 베드로전서, 베드로후서, 요한1서, 요한2서, 요한3서, 유다서, 요한계시록.

이 모든 책은 하나님의 영감에 의해 주어진 것으로, 신앙과 생활의 법칙이다.(1) (1) 눅 16:29, 31, 엡 2:20, 계 22:18, 19, 딤후 3:16.

유대인 역사가 요세푸스는 "선지자 말라기가 그의 책을 기록한 이후로 그 누구도 감히 정경의 권수를 가감한 자가 없었다"라고 하였다. 그리고 구약성경의 완성연대는 유대인 학자 데이빗 킴치(Dabvid Kimchi, 1160-1232)와 엘리스 레비타(Elias Levita 1465-1549)는 "구약의 정경은 최종적으로 주전 5세기에 에스라와 대공회원에 의하여 완성되었다"라고 하였다.

이 견해에 대해서 '레이번'(Reyben)은 세 가지로 말하고 있다.

첫째, 정경이 에스라 생존 시 아닥사스 통치 때에 완성되었다는 요세푸스의 증거, 둘째, 에스라가 거룩한 책에 대해 특별히 관심이 있었다는 사실로서 그는 학사라 불렸으며(느 8:1), 모세의 율법에 익숙한 학사

(스 7:6), 여호와의 계명을 이스라엘에게 주신 율례의 학사(스 7:11)로 언급된다. 셋째, 에스라 시대에 시대성이 적절하게 거룩한 책들을 수집하도록 하였다. 그때가 포로 이후 시기로 사람들은 국가의 종교적 관례를 새롭게 찾고 있었다는 것이다.

대체로 구약의 정경의 완성기를 이때로 보고 있다. 구약의 정경은 유대인들이 받아들인 히브리어 구약 정경에 기초하며, 그리스도와 사도들이 구약을 인정하였기 때문이다. AD 90년에 얌니아(Jamnia)에서 종교회의가 개최되어 구약 정경 문제를 논의했지만 유대인들이 500년 전에 받아들인 책들을 인정했을 뿐이다.

4. 신약성경의 정경성

예수님 당시에는 구약성경 외에 다른 아무 문서도 필요치 않았다. 예수님 자신은 아무런 글도 쓰시지 않으셨다. 있다면 간음하다가 잡혀온 여인(요 8:1-11) 앞에서 땅바닥에 쓰신 글뿐이다. 예수님께서 제자들에게 복음을 전하라고(마 28:18-20) 명령했으나 복음을 기록하라고 직접 언급한 적은 없다. 그래서 처음에는 기록의 필요성을 느끼지 않았으나 예수님의 부활 승천 후 예수님의 행적을 알고 있던 사람들이 세상을 떠나고 주님의 생생한 교훈을 남겨 놓아야 할 필요성을 느끼게 되었다. 그리고 교회 안에 일정한 교리와 규칙이 없어 신앙과 생활에 혼란이 생기고 여기저기서 이단 사상이 발생하게 되었다.

이 두 가지 큰 이유로 신약성경을 기록하게 되었다. 사도 요한은 말하기를 "오직 이것을 기록함은 너희로 예수께서 하나님의 아들 그리스도이심을 믿게 하려 함이요 또 너희로 믿고 그 이름을 힘입어 생명을 얻게하려 함이니라"(요 20:31)고 하였다. 바울은 고린도교회의 편지를 쓰는 것이 주의 명령이라 했다(고전 14:37).

그런데 많은 문서가 기록되자 또 다른 문제가 생겨났다. 그것은 어떤 것이 참으로 하나님의 말씀인지(살후 3:17), 어느 것이 보다 큰 권위를 가진 것인지 하는 문제이다. 그래서 정경을 제정하게 된 것이다.

정경 제정의 1단계는 에비온파와 AD 140년 경 말시온(Marcion)이란 이단자로 인해 비롯되었다. 에비온파는 구약만 주장하고 신약을 배척했고, 말시온은 영지주의자(Gnostic)로 구약성경의 하나님과 신약성경의 하나님이 다르다고 주장하고, 구약성경을 부인하고 신약성경은 누가복음과 바울서신 10권만을 성경으로 받아들였다. 이것이 교회의 혼란을 일으켜 AD 144년 교회에서 파문당하고 정경 제정의 필요성을 가증시킨 동인이 되었다.

정경 제정의 2단계는 AD 189년 이레니우스(Irenaeus)에 의해 이루어졌다. 당시의 문헌들이 세 가지로 분류되었다. 첫째, 완전한 정경으로 인정하는 책으로 4복음서와 13권의 바울의 서신서, 그리고 요한 1서와 베드로전서이다. 둘째, 정경으로 인정해야 할지 인정하지 말아야 할지 의

심나는 책으로 히브리서, 야고보서, 베드로후서, 요한 2, 3서 및 유다서와 계시록이다. 셋째, 정경으로서 인정할 수 없는 책인데, 예로 바나바 서신 헤르마스 목자서, 12사도 교훈집, 솔로몬의 지혜서 등이다.

정경의 결정 시기는 AD 367년 아타나시우스(Athanasius)에 의해서 이루어졌다. 그는 부활절 기념 강연에서 신약성경 27권만을 정경으로서 받아들여야 한다고 주장했다. 현재 신약성경 27권은 AD 393년 히포(Hippo) 종교회의와 어거스틴이 참석했던 AD 397년 카르타고(Carthage)의 제2차 회의 때 27권만을 정경(canon)으로 받아들이므로 오늘에 이르고 있다.

특히 영국 웨스트민스터 회의에서 1647년 만든 표준문서인 "웨스트민스터 신앙고백서" 제1장에서 신구약 성경을 정경으로 규정하고 제3조 가경은 정경의 일부가 아니라고 규정함으로 정경의 범위를 명확하게 규정했다. 한편 제8조에서는 권위 있는 번역본의 유효성을 인정하고 있다.

5. 신구약 성경의 필사본과 역본

필사본은 인쇄술이 발전하기 전에 원본을 손으로 베낀 책이다. 재료는 점토, 가죽, 천, 나무껍질, 파피루스 등으로 되어있다. 역본은 히브리어를 다른 나라 언어로 번역한 것을 말한다.

1) 성경 신구약 필사본

(1) 사해 사본(The Dead Scrolls, Dss)

가장 오래된 히브리어 구약 필사본이다. 1947년 사해 연안에 쿰란이라는 구릉지대 동굴에서 발견되었다. 미국의 고고학자이자 이스라엘 박물관 소장이었던 윌리암 올브라이트(William. F. Albright)는 20세기 가장 위대한 고고학적 발견이다"고 평가했다.

(2) 시내산 사본(Codex Sinaiticus, (א)알레프)

330-360년 경에 기록된 가장 오래된 대문자 헬라어 신구약 사본으로 1844년 시내산에 위치한 캐서린 수도원에서 독일의 티센도르프(Lobegott Friedrich Konstantin Tischendorf, 1815-1874)가 발견한 것이다. 구약의 절반과 148 페이지의 신약 전권을 기록하고 있다. 이 사본이 중요한 이유는 완전한 책의 형태로 발견되었기 때문이다. 350년경에 이미 신약성경이 27권으로 정해졌다는 의미를 부여하고 있다(대영박물관 소장).

(3) 바티칸 사본(Codex Vaticanus, B)

5세기부터 보존되어 온 바티칸 도서관에서 발견되어 그 이름을 따왔다. 325-350년경에 기록된 헬라어 신구약 사본으로 구약성경은 617장,

신약성경은 142장으로 구성되어 있다(로마 바디칸 소장).

(4) 에브라임 사본(Codex Ephrami Rescriptus, C)

450년경에 제작된 헬라어 신구약 사본이다. 원래 70인 역의 양피지 사본이었는데 시리아의 신학자인 에프렘의 이름을 딴 것이다. 신약성경의 대부분과 구약성경의 일부 책들이 수록되어 있지만 상당 부분이 빠져 있다(파리국립도서관 소장).

(5) 베자 켐브리지 사본(Codex Bezae, D)

베자 켐브리지 사본'이라고도 한다. 헬라어로 된 책과 라틴어로 된 번역본이 있다. 이는 종교개혁자 칼빈의 제자 T. 베자가 1581년에 케임브리지 대학에 기증한 데서 이러한 이름이 붙었다. 거기에 칼빈주의를 반영하는 베자의 주석이 추가되었다(켐브리지대학 소장).

(6) 맛소라 사본(Massoretic Texts, 7c)

5-9세기에 활약했던 맛소라 성경학자들이 히브리어 본문으로 필사했다. 원래 히브리어성경은 자음만으로 기록되었는데 학자들이 맛소라 기호, 즉 모음부호와 억양법, 발음부호 및 평주를 부기하여 사본을 만들었다.

(7) 레닌그라드 사본(Lenigrad Codes, 11c)

맛소라 본문에 바탕을 둔 히브리어 성경 중 현존하는 가장 오래된 사본 가운데 하나로 1008년경이다(러시아국립도서관 소장).

2) 성경번역본

(1) 70인 역(Septuagint, 70, LXX, 2c)

70인 역 성경(Septuagint)은 BC 2세기 가장 오래된 <구약성경>의 번역본으로 히브리어 성경 원문을 헬라어로 번역한 것이다. '70인'이라는 명칭은 이스라엘 12지파에서 6명씩 뽑은 72명의 번역자들이 각각 독방에 들어가 <구약성경>을 번역했는데, 그들의 번역이 모두 동일했다는 전설에서 유래했다. 초기 그리스도교가 사용한 언어는 주로 헬라어였으며, 그리스도께서 성취하셨다는 예언들을 70인 역본을 인용했다. 70인 역은 율법서 역사서 시가서 예언서의 4부분으로 나뉘며 외경들도 적절히 배치되어 있다.

(2) 알렉산드리아 사본(Codex Alexandrius, A, 5c)

400-440년경의 칠인 역과 신약성경을 포함한 헬라어 번역본으로 구약 630장, 신약 143장이다. 마태복음 1-25장 5절까지 누락되어 있다.

알렉산드리아라는 이름은 동방 정교회 총대주교였던 키릴 루카리스가 알렉산드리아에서 콘스탄티노플로 옮기기 전까지 알렉산드리아에 있었기 때문이다(대영도서관 소장).

(3) 불가타 역(Vulgata, 5c경)

헬라어 70인 역 원문 성경을 5세기 초, 382년 교황 다마소 1세가 당대 최고의 성경학자인 제로니모, 즉 제롬(Jerome)에게 라틴어 역 성경을 출간하라는 명령을 내려 라틴어로 번역한 성경이다. 클레멘티누스 판의 불가타역에는 76권의 책이 들어있다. 정경 구약성경 39권 신약성경 27권 외경 10권의 제2 경전이다. 로마카톨릭 교회의 권위 있는 성경이다.

3) 영어성경 번역

영어성경 번역으로 1382년에 위클리프 성경을 필두로, 1560년 제네바 성경, 1611년에 킹제임스 성경이 번역되었다. 제네바 성경은 청교도들에게 큰 영향을 준 성경으로 영국교회, 미국교회, 영문학과 크롬웰과 셰익스피어, 존 번연에게 크게 영향을 미쳤다. 그 특징은 첫째, 성경 전체를 원문에서 직접 번역했고, 둘째, 주석이 포함된 최초의 영어성경이며, 셋째, 성경 각 권에 개론과 요약을 기록한 최초의 영어성경이다.

오래된 사본이 더욱 권위가 있다고 평가받는 것은 오래된 사본일수록 오류가 적기 때문이다.

6. 성경의 신학적 구조

하나님의 말씀으로 믿는 성경 66권의 신학적 구조는 체계적으로 구성되어 있다. 먼저, 서론은 기독교 신학의 전체, 신학 전반을 명제로 정의하고 있다. 이 신학적 구조를 앎으로 성경을 보다 더 정확하게 이해할 수 있다는 점에서 일명 '성경론'이다. 조직신학은 이외 하나님에 관하여, 인간에 관하여, 예수 그리스도에 관하여, 구원에 관하여, 교회에 관하여, 세상 종말에 관한 순서로 구성되어 있다.

제3절 성경과 신조(신앙고백서)

성경(Bible)과 신조(Creed or Confession)는 교회의 두 기둥이라 할 수 있다. 역사적 정통기독교회는 그 역사와 시대적 상황 속에서 안으로부터 생성된 이단과 밖으로부터 침투하는 잘못된 사조로부터 교회를 방어하고 진리를 사수하고 성경적 기독교회를 수립하기 위해 공의회를 통해 공동으로 신앙을 고백하는 신조를 만들었다. 신조는 그 시대의 믿음의 선진들의 고백을 통해(히 11:2, 선진들이 이로써 증거를 얻었느니라) 성경의 바른 해석과 신앙을 이해하는 데 있는 것이다. 신조는 1) 교회의 전승 2) 교리의 요약 3) 교회의 통일성 4) 성경적 교회 건설을 위한 교회의 공적인 공동의 고백이다.

1. 성경과 신조의 권위

절대적인 것과 무오한 것은 성경뿐이다. 신조는 성경과 동등하지 않고 오직 성경에 예속될 뿐이다. 성경은 하나님으로부터 나왔지만 신조는 인간의 작품이다. 신조의 가치는 상대적이다. 즉 그것이 얼마나 성경적인가에 따라 신조의 가치가 결정되는 것이다. 이러한 면에서 성경은 신적이고 절대적인 권위를 가지나 신조는 상대적이며 단지 교회적인 권위를 가진다고 할 수 있다.

성경과 신조는 중요한 것이다. 성경을 바르게 이해하려면 신조의 도움이 반드시 필요하다. 성경을 많이 읽고 많이 듣는 것도 중요하지만 더 중요한 것은 성경의 의미를 바로 알고 바로 믿고 읽고 듣고 전파 하는 것이다.

제4절 종교개혁 이후의 성경관

로마 카톨릭은 교회의 권위를 성경보다 우선하고 정교회는 성경의 권위와 교회의 권위를 동일시하고 개혁교회는 성경의 권위를 교회보다 우선하고 있다. 개혁교회는 성경을 절대적 필요이자 신앙과 삶의 유일하고 정확무오하며 영원불변하는 기준으로 삼은 것이다.

1. 하나님의 말씀으로서의 성경

기독교는 보편적인 종교와는 달리 특별히 하나님의 말씀이라고 하는 특별계시의 진리 문서인 성경을 가지고 있다. 이 성경은 하나님의 영감에 의해 기록된 것으로 "내가 이 책의 예언의 말씀을 듣는 각인에게 증거하노니 만일 누구든지 이것들 외에 더하면 하나님이 이 책에 기록된 재앙들을 그에게 더하실 터이요 만일 누구든지 이 책의 예언의 말씀에서 제하여 버리면 하나님이 이 책에 기록된 생명나무와 및 거룩한 성에 참예함을 제하여 버리시리라"(계22:18-19)고 하셨다. 성경은 전체적으로 하나님의 뜻을 전달하는 하나님의 말씀이다.

구약성경의 선지자들은 "주께서 말씀하시기를", "나 여호와가 말하노라", "여호와 하나님이 말씀하여 가라사대"라고 하는 형식을 시종일관되게 하나님의 말씀을 대언하여 전달하였다. 신약성경도 "하나님의 말씀"(롬 3:2), "하나님의 말씀으로 받음이니"(살전 1:13)라고 증거하였다. 그러므로 성경은 일점일획도 틀리지 않는 정확무오한 하나님의 말씀이다.

2. 성경의 형식원리

① 성경의 계시성
하나님의 계시가 성경 속에 포함되어 있는 것이 아니라 성경 그 자

체가 계시되었으며 계시는 성경으로 완결되었다. 그러므로 다른 계시나 전승을 보충할 필요가 없다.

② 성경의 영감성

모든 성경의 각 권과 저자와 언어도 완전히 영감되었다.

③ 성경의 무오성

성경은 오류 없이 기록되었다. 이것은 필사본이나 번역본(우리말 성경)에 대한 말이 아니라 창시 원본에 적용되는 것이다.

④ 성경의 신빙성

하나님의 말씀으로 성경의 권위를 인정하고 그 권위에 복종하는 것이다.

⑤ 성경의 충분성

현재 신구약 성경만으로 기독교 진리를 충분히 이해하게 된다. 보충할 필요가 없다. 66권만이 정경으로 인정한다(요20:31).

⑥ 성경의 명료성

성경 그 자체가 하나님의 말씀으로 기독교의 진리가 분명히 깨달아지는 것을 의미한다.

⑦ 성경의 통일성

성경은 모순이 없다. 창세기에서 요한계시록까지 통일적인 진리와 사실이 기록되어 있다는 것을 의미한다.

성경은 특별계시로써 영감된 하나님의 말씀이다. 개혁파 입장은 어디까지나 "성경은 하나님의 말씀이다"라고 증거하며 성경은 성경으로 해석한다는 원칙이 있다. 자유주의나 근대주의적 기독교 신학자들은 성경을 절대 무오한 하나님의 말씀임을 부인하고 비판하며 시대나 사조에 따라 과학이나 철학을 가지고 성경을 해명하려고 한다. 성경의 절대 권위에 대해서 웨스트민스터 신앙고백서 제1장 2조 "성경은 성령으로 영감 되고 기록된 하나님의 말씀이며 구약 39권과 신약 27권으로 이 모든 책은 하나님의 감동으로 되었고 신앙생활에 법칙이다"라고 고백하고 있다. 개혁파 신학은 전성경주의 신학이다.

3. 성경의 내용 원리

성경의 내용 원리는 '이신득의'(이신득구) 즉 구원의 원리로 되었다. 칼빈은 형식원리를 중요시했고 루터는 내용원리를 중요시했다.

4. 성경 계시의 논쟁

자연주의자들은 하나님의 관념을 부인한다. 그들에 의하면 자연은 스스로 충족하며, 스스로 설명함으로 달리 하나님의 계시가 필요하지 않으므로 계시에 대해서 부정적인 견해를 가진다. 그리고 계시에 대해 정통적인 견해와는 달리 현대신학에서 계시에 관한 문제가 논쟁의 중심 문제로 대두되고 있다.

계시(revelation)와 성경에 관한 현대적 논쟁을 이해함에 있어서 그 역사적 배경을 살펴볼 필요가 있다. 역사적 기독교회는 처음부터 성경을 계시진리의 기록으로 믿었다. 이레니우스(Irenaeus)와 오리겐(Adamantius Origen, 185?-254?)은 정경의 범위와 우의적 해석법의 가치에 대해서는 의견이 다르지만 성경의 의미와 내용 면에서는 견해를 같이 했다. 중세에서는 성경의 가르침은 교회에 의하여 해석되고 확정되었으므로 보충할 필요가 있는 것으로 생각했다. 종교개혁자들은 로마 카톨릭의 견해에 반대했다. 종교개혁자들은 성경 자체가 성경의 의미를 내적으로 결정한다고 하였다.

17세기 후반에서 19세기에 이르는 사이에 기독교 안에서 주관주의적 신프로테스탄트 사조가 생성되었다. 주관주의는 신앙과 생활의 규준을 인간의 이성이나 양심이나 종교적 감정에 두고 있다. 그것은 인간은 만물의 척도라고 하는 희랍의 철학자 프로타고라스(Protagolas)적 사상을 신학에 적용한 것이다. 그것은 성경으로부터 해방되어 자유롭게 되어야 한다는 논리를 펼쳤다. 이로 말미암아 두 가지 형태, 즉 합리주의적인 것과 신비주의적인 것으로 나타났다. 합리주의적 주관주의는 18세기의 인본주의적 계몽주의 해석에서 크게 꽃을 피우고 기독교를 이신론으로 인도했다. 계몽주의는 성경의 가르침은 계시 진리가 아니라 공리(公理)를 유산으로 보고, 결국 기독교를 자연종교화하고 말았다.

슐라이어마허는 신비주의적 형태의 주관주의를 도입하여 역효과를 가져왔고, 이후 19세기는 성경의 고등비평적 연구법이 나타나서 성경의 계시성을 부정하고 성경의 기적에 관한 기사를 미신적인 것으로, 또는 신화로 돌려놓았다.

제5절 개혁파 신조의 성경관

1. 고대교회 신조의 성경관

고대신조 중 사도신경, 아타나시우스 신조는 성경에 대한 언급이 없으나 니케아 신조(The Nicene Creed, 325)에서 "성경에 기록한 말씀", 니케아-콘스탄티노플 신조(Nicene Constantinopolitan Creed, 381)에 "선지자들로 말씀하신", 칼케돈 신조(The Creed of Chalcedon, 451)에 "옛 선지자들도 이렇게 증거 하였고"라고 성경에 대하여 약간의 언급이 있었다. 로마 카톨릭 교회의 트렌트 신조(Trent Creed, 1545-1563)에서는 정통적 성경관에서 이탈했다.
① 외경을 정경으로서의 자격을 부여했고,
② 교회의 전통을 성경과 같은 가치로 인정했으며,

③ 교회가 성경의 유일의 표준적 해석자(교황의 절대권위)라는 새로운 해석의 기준을 설정했고,

④ 성경은 교회가 제시하는 방법에 준하여 읽어야 한다고 했다.

한국 카톨릭과 미국 카톨릭교회 교리문답 15는 "성경은 하느님의 선택을 받고 성령의 감동을 받아 쓰여진 책(벧후 1:21, 딤후 3:16-17)"이라 하고, 17번은 "성경은 구약 46권(외경 7권 포함)과 신약 27권으로 구성되었다"고 고백하고 있다.

16세기 종교개혁 이후 개혁파 신앙고백서에서 성경에 대한 언급을 강력하게 말하고 있다. 그러나 루터파 신조는 성경에 대한 고백이 일치신조(1577) 제5항 '율법과 복음에 관하여', 제6항 '율법의 제3의 필요성에 관하여'란 주제로 조금 언급된 것이 전부다.

2. 개혁파 신앙고백서의 성경관

① 영국교회 신앙 조문(1536)

제1장에 "성경의 전체 정경과 함께 고대의 세 신조가 교리의 표준이다"고 주장한다. 이 주장은 그 신조들의 분명한 취지와 그리고 교회에서 인정받은 거룩한 박사들의 정신에 따른 것이라면서 "그 신조들을 받아들이지 않는 자들은 불신자이거나 아니면 이단자요 악마의 종으로서 악

마와 함께 영원히 저주를 받을 자들이다"고 천명한다.

② 제1 스위스신앙고백서(1536)

"성경은 그 자체로 해석해야 하며 믿음과 사랑의 법도를 따라 설명해야 한다"고 규정한다.

③ 제2 스위스신앙고백서(1564)

제1장 '하나님의 참된 말씀인 성경에 관해'라고 시작하여 "우리는 거룩한 예언자들과 사도들의 구약과 신약인 정경(the canonical Scriptures)이야말로 하나님의 참된 말씀이요, 이것은 결코 인간에 의하여 그 권위를 부여받은 것이 아니라 스스로가 충분한 권위를 가지고 있다는 사실을 믿고 고백한다. 왜냐하면 하나님 자신이 친히 족장들과 예언자들과 사도들에게 말씀하셨고, 오늘도 우리에게 이 성경을 통해서 말씀하시기 때문이다. 그리스도의 보편적 교회는 구원에 이르는 신앙에 관련된 모든 것과 하나님 보시기에 합당한 성화의 삶을 형성하는데 관계된 모든 것에 대한 가장 완전한 해석이 이미 성경 안에 있음을 믿고 고백한다"고 진술한다.

④ 프랑스 신앙고백서(1559)

제3조 "이 성경은 신약과 구약의 정경들로 구성된 66권이다."

⑤ 칼빈 신앙고백서(1530)

1. 하나님의 말씀

"첫째로 우리는 이렇게 분명히 말한다. 우리는 신앙과 종교의 규범으로써 성경, 즉 하나님의 말씀으로 말미암지 않고 인간의 지혜로 생각해 낸 그 어떤 것과도 혼합되지 아니한 오직 성경만을 따라 결의할 것이다. 둘째로 우리는 영적 통치에 있어서는 우리 주님이 명령하신 말씀에 어떤 것을 더하지 않을 것이며 어떤 것을 감하지도 아니하고 오직 하나님의 말씀만을 가르치는 것 외에 다른 교리를 받아들이는 일을 원치 아니한다"

⑥ 벨직 신앙고백서(1561)

제3조 성경에 관하여

"우리는 하나님의 말씀이 사람의 뜻으로 전달된 것이 아니고 사도 베드로가 말한 대로 거룩한 사람들이 성령의 감동을 받은 대로 한 것이라고 믿는다"

⑦ 스코틀랜드 신앙고백서(1560)

제19조 성경의 권위에 관해서

"우리는 하나님의 성경이 충분히 사람들에게 하나님의 지식을 주는 것을 믿고 고백하는 바대로 성경의 권위는 다만 하나님에게서 오는 것이며 사람이나 천사에 달린 것이 아님을 확신한다"

⑧ 웨스트민스터 신앙고백서(1647)

제1장 '성경에 관하여'로 시작한다.

⑨ 한국장로교회의 12신조(1907)

1. "신구약 성경은 하나님의 말씀이며 신앙과 본분에 대하여 정확 무오 한 유일의 법칙이다"

이상과 같이 개혁파 신앙고백서에서 성경은 영감된 정경으로써 정확 무오한 하나님의 말씀이며 신앙과 삶과 본분에 유일한 기준으로 삼고 있는 것이다. 그러므로 외경과 위경을 배격한다.

제6절 제 학자들의 성경관

1. 개혁파 신학자들의 성경관

정통교회는 성경을 하나님의 말씀으로 믿어왔고, 모두가 오류 없는 권위의 말씀이요 하나님이 저작자라는 것을 믿었다.

1) 교부시대

폴리캅(Polycarp)은 "성경은 지극히 높은 자의 음성으로 여기고 성경에 대하여 그릇된 견해를 가지는 자는 누구든지 사단의 맏아들"이라고 하였다. 어거스틴(Augustine)은 "성경은 탁월하고 신적인 최종점의 권위로 성립되었다"고 했다.

2) 종교개혁시대

① 칼빈
칼빈(Calvin)은 성경론이란 특별항목을 취급하지 않았지만 기독교강요 전체를 통하여 성경의 교리를 성경을 근거로 하여 해설하였다. 그리고 칼빈은 성경의 형식원리를 중요시했다.

② 루터
루터(Luther)는 성경은 하나님의 절대 주권으로 믿었지만 그는 성경의 내용원리를 중요시하였다.

3) 19세기 이후

① 3대 칼빈주의 학자의 성경관

첫째, 워필드(B. B. Warfield)는 "딤후 3:16, 모든 성경은 성경 전체가 영감 됨을 말한다"며 성경의 완전영감을 말했다.

둘째, 바빙크(H. Bavinck)는 "성경은 하늘과 땅 사이에 연락을 짓는, 늘 머물러 있는 연락이 되고 그리스도와 교회 사이에도 그러하고 하나님과 그의 자녀 사이에도 그러하다. 성경은 살아 계신 하나님의 음성이요, 그의 피조물들에게 주시는 그의 편지다. 영감도 성경의 속성으로서 늘 역사하고 있는 것이다. 성경은 과거에 기록될 때에 영감 된 것뿐만 아니고 자체가 영감을 계속적으로 주는 책이다"고 하였다

셋째, 카이퍼(A. Kuyper)는 "하나님의 말씀이 성경에 있는 것이 아니고 성경이 바로 하나님의 말씀의 사진"이라고 말했다.

4) 개혁파교회의 성경 영감설

유기적 완전축자영감설이다. 이것은 영감의 방법에 있어서 유기적으로 영감 되었다는 것과 영감의 범위에 있어서는 완전하게 축자적으로 영감 되었다는 것을 의미한다.

① 유기적으로 영감 되었다는 것은 하나님께서 성경 저자들의 성격, 성벽, 재능, 교육, 수양, 용어, 문체 등의 선천적이며 후천적인 모든 인적 요소에 영감을 주어서 기록하게 하셨음을 의미한다.

② 완전하게 축자적으로 영감 되었다는 것은 성령의 충분하고 충족한 영감이 성경 저자에게 주어짐으로써 하나님의 계시가 성경의 모든 부분에 유기적으로 완전하게 나타나게 되었으며 성경 저자들의 사상뿐만 아니라 그들의 사용하는 문자까지도 영감되었다는 것을 의미한다. 그러므로 유기적 영감과 완전영감과 축자영감은 모두 불가분리의 관계가 있는 것으로서 이 중에서 어느 것이든 상호 연관된 의미를 내포하고 있다.

2. 자유주의 신학자들의 성경관

1) 구. 자유주의

성경을 그대로 하나님의 말씀이라고 하지 않고 예수님을 도덕 수준이 높은 인물로만 알고 하나님이라 하지 않는 신학 운동이다. 하르낙(Harnack)과 헤르만(Hermann)이 대표적이다. 또 양식사학파에 속하는 디벨리우스(Dibelus)와 불트만(Bultmann) 등이 있다.

2) 중간주의

중간주의 운동은 근년에 나타난 것으로 정통주의에 접근할 듯한 자세를 취하면서도 성경을 하나님의 말씀이라고 하는 유쾌한 지지를 취하지 않는다. 이들은 자유주의의 비판 표준을 취하고 초자연도 믿을 만한 것은 믿어 보자는 신학이다.

3) 신정통주의

성경을 하나님의 말씀 자체로 믿지 않고 조건적으로 믿는 학파다.

① 바로우(Borrow)

그는 첫째, 프로테스탄트교가 가경을 성경으로 인정치 않는 데 대하여 유감스러운 뜻을 표시했다. 둘째, 성경이 동일한 사건의 기록 차이는 성령에 의하여 영감된 기록이 아니라는 증거라고 했다(삼하 24:1, 대상 21:1의 다윗의 인구 조사). 셋째, 성경의 기록이 영감 된 것이 아니고 사람이 영감 되었고, 넷째, 요나서 욥기서의 역사성은 부정되어야 하고, 다섯째, 성경은 신화론적 세계관에서 기록되었으며, 여섯째, 성경은 이방 사상이 반영되었다고 진술했다.

② 칼 바르트(K, Barth)의 성경관

그는 "성경은 계시 자체에서 구분되어야 하고, 증거는 그 증거 된 것과 동일시될 수 없다"면서 한편으로는 "성경은 하나님의 말씀"이라는 말도 동시에 하고 있다. 그러면서 성경 자체가 적극적 내용 있는 하나님의 말씀이라고 한다. 성경을 하나님의 말씀이라고 함은 이적을 말함이다. 그가 성경을 하나님의 말씀이라고 하는 것은 사람의 관찰과 통찰에 있지 않은 존재의 사건을 가리킨다. 그의 주장을 요약하면 다음과 같다.

첫째, 결정적으로 수육 된 말씀, 즉 예수 그리스도의 사실이다. 그리스도에게 있어서는 하나님의 인격과 말씀이 하나로 되어 있다.

둘째, 하나님의 말씀은 성경을 의미할 경우가 있다.

셋째, 설교하는 말을 의미할 경우가 있다.

넷째, 계시된 말씀을 의미하는 경우가 있다.

따라서 "성경은 하나님의 말씀이다"라고 할 수 있게 됨과 동시에 성경 속에는 오류가 있을 수 있다는 것을 인정하고 성경의 역사적 연구법을 받아들였다. "하나님의 말씀은 계시된 말씀이다"라고 칼 바르트가 말할 때 그것은 하나의 '사건'을 의미한다. 즉 성경이 하나님의 말씀의 증언으로 읽혀지며 하나님이 여기서 지금 너에게 말씀하고 계실 때에 참으로 성경은 "하나님의 말씀으로 된다"라고 했다. 여기에는 하나님의 말씀의 객관적 확실성이 없다.

③ 고등비평

하등비평은 본문비평인 반면에 고등비평은 본문은 그대로 본래의 것으로 가정하고 그 본문의 저작자와 그 저작연대와 그 글의 내용이 믿을 만한가에 대하여 문제를 붙인다. 이 비평 운동은 18-19세기에 왕성하였으며 대표자들로 아스트럭(Astruc), 끄라후 벨하우젠(Graf Wellhausen), 드라이버(Driver) 등이 있다.

제7절 성경 비평학파

1. 종교사학파

종교사학파(Religionsgeschichtliche Schule)는 1880년 말기에 괴팅겐(Goettingen) 대학교 교수이자 자유주의 신학의 대부 격인 리츨(Albrecht Ritschl, 1829-1889)의 문하생들이 리츨의 학적 경향을 반대하면서 새로운 방향을 설정하기 위한 신학 운동으로 나타났다. 이 학파의 사람들은 초자연주의적 성경해석을 피하고 십자가와 부활에 관한 정통적 해석을 떠나서 기독교를 문화적 발전에 의한 산물로 보았다. 즉 다른 종교와의 관계가 있었다고 보며 필연적으로 다른 종교의 문화적 영향을 받았을 것이라 판단하면서 이 같은 사실을 인정하지 않고는 성경을 해석할 수 없다고 주장한다. 이 학파는 전통적 교의학적 방법을 거절한다.

종교사학파의 성경해석 방법은 종교, 문화, 풍습 등 광범위하게 역사적 자료를 얻어서 체계적으로, 비교적으로 해석해 나가는 것이다. 이를테면 언어학적, 고고학적, 비교 신화적, 비교 종교학적으로 고찰해 나가는 것이다. 종교사학파의 성경해석 방법의 특색은 신학적, 교의학적 해석을 피하고 성경의 각 문서를 역사적으로 시대적으로 고찰하여 동시대에 또는 이전 시대와 비교를 통하여 그 영향을 찾아내어 문서와 사상의 계열을 알아보면서 역사적으로 해석해 나가면서 성경을 역사적 과정에서 성립된 문서로 보고 성경을 비판적 방법에 의하여 연구하며 최고의 위치에 있는 것이 기독교라는 것이다.

이들은 기독교의 절대성과 독자성과 성경의 계시 진리와 무오성을 부인한다.

2. 양식사학파

양식사학파(Formgeschichtliche Schule)는 종교사학파의 역사적 비평을 받아들이고 그것을 전제로 하는 입장이다. 이 학파는 복음의 양식을 중요시한다. 공관복음서의 역사적 비평적 연구에 의하여 공관복음서의 상호관계를 밝혀내려고 한다. 특히 이들은 "성경의 초자연적 행적과 말씀들이 모조리 후대에 삽입된 것으로 여기고 믿지 않는다" 이 학파의 연구 방법은 주로 복음서의 전승에 있어서 구전의 단계에 관심을 가지고 그 기간에 모든 전승은 개별적인 것으로 어떤 양식에 의하여 분류될 수 있다고 전제하고 전승 기간에 전승의 발전을 연구하며, 가장 오래된 문서 양식(형태)을 확정하는 것이다.

디벨리우스(Dibelius), 불트만(Bultmann), 쿤드신(Kael Kundsin) 등이 대표적이다.

3. 전승사학파

전승사학파(Uberlieferungsgeschichtliche Schule)는 전승의 역사에 기초하여 성경을 하나의 전승으로 저작된 문학으로 보고 성경의 저자, 저작연대, 저작목적을 밝히는 것을 중요시한다. 한편으로는 그 같은 것을 전승으로 보게 된다면 언제, 누가 썼냐가 아니라 전승의 형성사와 전승의 과정을 취급하게 되며 전승의 발달과정에도 관심을 두고 있다. 이

학파는 성경을 전승의 한 산물로 본다.

그러나 성경은 단순히 역사적 사실의 전승에 관한 기록이 아니라 독자적으로 기록된 하나님의 특별형태로서의 계시 진리이다. 전승 방법에 의하여 성경을 이해한다는 것은 결국 성경의 절대 무오성과 절대 권위를 부인하게 된다.

4. 편집사학파

편집사학파(Redaktionsgeschichtliche Schule)는 제2차 세계대전 이후의 신학적 경향이다. 이 학파는 신학 연구에 있어서 편집자의 신학이라는 데에 중점을 두고 있다. 편집 사학적 연구는 대체로 마가복음 우선설을 주장하는 입장이다. 공관복음서 기자들은 단순히 전승의 전달이나 수집 또는 정리를 하는 것에 그치지 않고 해석자이기도 했다고 본다.

그러나 복음서 기록에 있어서 어떤 하나의 복음서의 우위가 있다고 말할 수 없다. 모든 복음서는 각각 그 독자성을 가지고 있는 것으로써 어떤 전승에 의해서나 복음서 상호 간의 영향에 의하여 편집되었다고 볼 수 없다.

5. 구속사학파

'구속사'라는 말은 독일어로 하일스게쉬히테(Heilsgeschichte, 거룩한 역사)라고 한다. 구속사학파(Heilsgeschichte Schule) 사람들은 성경을 전체적으로 구원의 역사로 보는 입장이다. 구속사학파의 사람들은 성경의 여러가지 많은 사건의 이야기는 모두 구원에 있어서 오직 하나의 목적을 위한 부수적 발전사로 본다. 구속사학파는 인간의 구원을 위한 신적 목적의 발전에 대하여 추구한다.

개혁파의 신학의 정통적 입장은 어디까지나 무비평적 입장이다. 성경적 구원사는 역사 전체를 통한 하나님 섭리적 사역을 의미한다. 이를테면 성경에서 볼 수 있는 구원사는 하나님의 신적작정이 실현되는 하나님의 섭리의 과정을 의미하며 그것은 시원적 종말적 역사이다. 그러므로 구속사학파의 구속사적 이해와 정통적 이해와는 근본적으로 다른 것이다.

어거스틴(Augustine)과 칼빈(Calvin)의 역사관은 정통적 구원사관이다. 하나님의 섭리사에서는 구원사와 일반사(세계사)는 양립하는 동시에 조화통일을 이루고 있는 것이다. 구속사학파는 성경을 목적론적 입장에서 취급하고 있다. 인간의 신앙과 행위의 유일하고 정확 무오한 법칙은 성경뿐이다. 성경계시는 하나님과 그의 뜻과 우리가 어떻게 하나님을 믿으며 우리의 의무에 관한 영적 지식의 궁극적인 원천이다.

성경은 상대적 필요가 아니라 절대적 필요이다. 신자의 신앙과 행위의 유일하고도 정확무오한 법칙은 기록된 성경 66권 밖에 없다. 종교

개혁자들은 로마 카톨릭과 재세례파에 대항하여 성경의 절대적 필요성을 주장하였다. 신구약 성경은 신앙과 삶의 유일한 기준이므로 절대적으로 필요한 것이다. 성경은 하나님의 말씀으로써 권위를 가진다. 성경이 신적 권위를 가지는 것은 성령의 영감에 의하여 감동으로 쓰인 것이기 때문에 신적 권위를 가진다. 우리는 성경의 절대 권위와 하나님의 절대 주권을 믿으면 성경적 성화의 삶과 성경적 제도를 믿고 성경적 천국을 소망하고 이 땅에 성경적 교회를 설립하고 유신론적 신관을 확립하고 유신론적 문화를 확산하고 성경적 가정을 구원하고 땅 끝까지 복음 진리를 증거 해야 할 사명을 다해야 한다. "신구약 성경은 정확무오한 하나님의 말씀이며 신앙과 삶에 유일한 기준으로 삼아야 한다."

성경 무오성을 수호하는 노력들은 역사에서 줄기차게 수행되었다. 1520년 루터는 '독일 크리스천 귀족에게 보내는 편지'에서 성경의 권위에 대한 개혁파 입장을 확실하게 포방했고, 1878년에는 성경무오에 대한 '나이아가라 선언'이 발표되었으며, 1996년에는 '캠브리지선언'(The Cambridge Declaration)으로 고백적 복음주의 연맹에서 성경 무오성을 공표했다.

반대로 성경무오성을 반대하는 입장들도 함께 전개되었다. 1925년 '뉴욕 오번선언'(Auburn Affirmation), 1934년 한국의 김재준 목사가 성육신을 불신하는 논문을 '신학지남'에 게재함으로써 자유주의 신학의 포문을 열었고, 감리교에선 1935년에 감리교 50주년 기념 류형기 단권 주석 번역에 참여한 송창근, 함경직, 채필근 목사의 성경무오성에 대한 학문적 이견으로 분열이 일어났으며, 1979년에는 합동측의 김희보 목사가 문서설을 주장함에 따라 교단이 분열되었다. 이외 모든 교단의 분열의 배후에는 근본적으로 성경의 문제가 깔려 있다. 1951년 고신(신사참배문제), 1953년 기장(신학문제), 1959년 통합(W.C.C. 문제), 1979년 합동보수(문서설) 등이 모두 성경해석과 무오성을 두고 분열이 발생했다.

성경의 정경 교리의 규정은 AD 393년 히포(Hippo)의 교회회의와 AD 397년 카르타고(Carthage)의 제2차 회의와 웨스트민스터 신앙고백서에 나타나 있고 한국교회는 12신조를 기준으로 하고 있다.

성경의 권위에 대한 입장은 네 가지가 있다.
1) 전통을 성경보다 우선하는 입장
2) 전통과 성경을 동등하게 보는 입장
3) 성경을 최상의 권위로 믿는 입장
4) 지금도 계시를 받는다고 주장하는 입장

1) 2) 4)번은 성경적 이단이라 할 수 있다. 다시 말하면 신, 구약 성경 66권을 정경으로만 믿지 않고 성경과 병행하는 그들만의 경전이 있다. 성경을 자의적으로 상황에 따라 해석하고 가르친다. 그리고 공의회와 신조의 규정을 무시하고 지금도 계시를 받는다고 주장하면 성경적 이단이다.

제 2 장

속사도 교부들의 교리관
Doctrine of the Apostolic Fathers

제1절 속사도 교부들의 저술

속사도 교부들(The Earliest Church's Fathers, AD 100-150)[14]은 사도들의 제자로서 사도들이 살아 있을 때 함께 했던 사람들을 말한다. "교부들은 여섯 분이라 하는데 '바나바' '허메' '로마의 클레멘트' '폴리캅'

---

[14] 교부(Fathers) : 교부들이란 사도들의 직계 제자로서, 사도들의 뒤를 이어서 교회의 건설과 진리의 체계화에 큰 역할을 담당한 사람으로서 후세에 권위를 떨친 인물들을 일컫는다. 특히 교부의 자격 중 중요한 것은 첫째, 교리에 정통성을 지녀야 한다는 것이다. 즉 사상이 순수하지 못하거나 정통적이지 못하면 교부로 인정하지 않는다. 둘째, 삶이 고귀할 것. 셋째, 교회에서 인정받을 것. 첫 교부는 1세기 말에 활동한 로마의 클레멘스를 꼽고 마지막 교부로는 동방교회에 있어서는 다메섹의 요한(725년 사망)을 오리겐, 터툴리안, 락티뉴스, 유세비우스는 교부의 반열에 들지 못하고 저술자의 반열에 들었다. 서방교회에 있어서는 그레고리 1세(604년 사망)를 꼽는다. 프로테스탄트 교회는 교리의 발달에 주요한 공헌을 한 고대의 교사와 저술가를 다 교부라 칭한다. 교부는 시대에 따라서 니케아회의 이전의 교부와 그 후의 교부로 크게 나누어 지역과 언어에 따라서 동서로 구별한다. 즉 ① 속사도 교부 또는 사도적 교부(Apostolic Fathers) ② 변증가(Apologists) ③ 헬라교부(Greek Fathers) ④ 라틴교부(Latin Fathers)로 나눈다.

'파피아스' '이그나티우스'(Banabas, Hermas Clemant of Rome, Polycarp, Papias, Ignatius)가 이에 해당한다."[15]

'바나바'는 초대교회에 처음으로 땅을 팔아 헌납한 사람으로(행 4:36-37), 바울을 도와(행 9:26, 11:22, 30, 15:1, 36-39, 갈 2:1, 고전 9:6, 15:26) 일한 사람으로 유대주의를 반대한 글을 썼다.

'허메'(Hermas) 혹은 '헤르마스'는 로마서 16장 14절에 나오는 사람이라 생각되지만 충분한 근거로는 부족하다. 그가 쓴 "헤르마스의 목자"(The Shepherd of Hermas)는 환상과 명령과 비유로 되어 있다.

'로마의 클레멘트'(Clemant of Rome)는 빌립보서 4장 3절에 나오는 바울의 동역자로 보고 있으며 로마의 감독이라고 불리고 있다. 저서로는 "고린도 사람에게 보내는 글"(An Epistle to the Corinthians)로 고린도 교회의 분쟁이 일어났을 때 윤리적 권고를 했다.

'폴리캅'(Polycarp)은 사도 요한의 제자로 서머나 감독(Bishop of Smyrna)으로 불린다. 유세비우스(Eusebius)는 축복받은 사도시대의 장로였다고 평했다.

'파피아스'(Papias)는 히에라폴리스의 감독(Bishop of Hierapolis)으

---

15 전게서, p. 46.

로 불리며 폴리갑(Polycarp)과 함께 사도 요한(John the Apostle)의 제자(弟子)로 보고 있다. 그의 저서로는 짧은 교리해설집인 「주님의 말씀 강해」(Exposition of the Oracles of the Lord)가 있다.

'이그나티우스'(Ignatius)는 안디옥 교회의 감독이었다. 그는 15개의 편지를 쓴 것으로 알려졌는데 현재 7개만 전해진다. 그는 기독교인들이 다른 종교와 유대교(Judaism)를 버리고 개종한 사람들이라고 했으며, 100년경에 쓴 「디다케」(The Didace)에서 제1부 생명의 길과 죽음의 길이라는 제목을 통해 윤리적 교훈을 하고 있고, 제2부에서 예배와 정치와 종말에 대해 말하고 있다.

속사도 교부들의 교훈은 독창성, 명백성, 명확성의 부족과 교훈이 사도들에 비해 빈약하지만 성경(Scripture)은 완전하다는 것을 증거하는 점에서 역사적 중요성을 가지고 있으며, 더불어 신약성경과 2세기 변증가(Apologist, AD 150-300)들과의 교리적인 연결이 된다는 점에서 의의가 있다.

제2절 속사도 교부들의 교리적 가르침

1. 하나님과 예수 그리스도에 관하여

하나님은 창조자시오. 다스리는 자이며, 예수의 창조자이시며 구약시대에 역사하셨고 육신의 몸을 취하시고 성육신(incarnation)하셨다는 것을 믿는 공통적 신앙(信仰)을 보여주고 성경이 가리켜 보여 주는 대로 하나님을 성부(聖父), 성자(聖子), 성령(聖靈)이라 칭하였고 그리스도를 하나님이요, 인간이라고 하였지만 그 안에 들어 있는 문제에 대해서는 증거 하지 않았다.

2. 그리스도의 사역에 관하여

속죄주로서 그리스도를 다양하게 나타내고 고난을 받으시고 죽음을 통하여 인간을 죄와 죽음에서 자유롭게 함을 증거하고 있다.

3. 성례에 관하여

성례(sacrament)는 구원의 축복이 인간에게 전달되는 수단으로, 세례는 새 생명이 생기게 하며 모든 죄 또는 과거의 죄만을 사하여 주는 데 보증한다고 하였다. 성찬은 인간에게 복된 영혼 불멸 또는 영생을 전달해 주는 수단이라고 하였다.

4. 신앙과 선한 행실에 관하여

신앙(信仰)은 참된 하나님을 아는 참 지식(知識)과 하나님을 의지함과 하나님을 믿고 맡기는 것 등으로 이루어진다고 하였다. 인간은 믿음으로 의롭게 됨을 가르쳤고, 신앙은 생명의 길로 들어가는 첫 단계이며, 개인의 도덕적 발전은 그 신앙에 따른다고 하였다. 선(善)한 행실(行實)로 축복을 받을 수 있는데, 신앙과 선행은 나란히 가는 것이라 했다.

5. 교회에 관하여

교회는 신자의 삶의 중심이었고 사랑의 삶을 살며 교회의 직임을 존경(尊敬) 스럽게 여겼다.

6. 내세에 관하여

현세(現世)보다는 내세(來世)를 강조하고 내세는 영원한 영광이라고 가르치고 하나님의 나라는 최고의 장소요, 미래의 축복으로 보았다. 천년왕국(The Millennium)의 관심보다는 앞으로 올 심판에 강조점을 두었고, 그리스도의 재림으로 신자들은 하늘의 상급을 받고, 악한 자들은 지은 죄로 말미암아 심판을 받아 영원한 멸망을 받게 될 것을 말하고 있다.

제3절 기독교 복음에 대한 잘못된 사상

니케아공의회(AD 325년) 이전에 기독교 이단자들이 등장하였다. 기독교회는 2세기에 와서 교회를 새롭게 조직하며 안으로부터 생겨난 잘못된 사상(思想)과 밖으로부터 오는 여러 가지 이교사상(異敎思想)에서 교회의 순수성(純粹性)을 유지하고 이교적 사상을 방어하기 위하여 자신의 정체성(identity)에 대한 교리를 세워야 했다.

로마제국은 그리스도인들을 유대의 종파(宗派)로 생각하였으나 기독교가 자신의 정체성을 나타내므로 로마의 국교를 위협하며 황제숭배(皇帝崇拜)를 거절하게 되자 기독교회(基督敎會)를 박해(迫害)하기 시작하였다. 그리고 포르피리 또는 쎌수스(Porphyry and Celsus)와 같은 철학자들을 앞세워 기독교를 반대하였다. 기독교에 대한 철학적 반대는 여러 세기 동안 진행되었으며 오늘날에도 종교 사학파들과 합리주의(rationalism)자들이 동일한 주장을 하고 있다. 기독교회는 밖으로부터 오는 위협보다 안으로부터 교회를 위협하는 위협이 더욱 크게 작용하였다.

당시의 문화(文化)는 크게 셋으로 나눈다.
첫째, 유대교(Judaism)
둘째, 헬레니즘(Hellenism)
셋째, 로마 제국주의(Roman imperialism)이다.

유대교는 기독교의 뿌리가 되었고, 헬레니즘은 기독교가 성장할 지적 토양이 되었고, 로마제국은 기독교가 성장 할 수 있도록 환경을 만들어 주었다. 그러나 이 세 문화는 아이러니하게도 기독교의 가장 무서운 적이 되었다.

1. 유대교(Judaism)

유다 왕국이 신바빌로니아 제국에 패망하는 과정에서 엘리트 유대인들은 3차례에 걸쳐(BC 605, 597, 586) 신바빌로니아(바벨론)로 끌려가서 큰 고초를 겪었다. 그러다가 BC 537년 페르시아(바사) 제국의 고레스 황제가 신바빌로니아를 멸망시키고 이듬해 칙령을 내려 신바빌로니아에 살던 유대인들에게 귀국을 허락하고 성전 재건을 허락했다(스 1:2-4, 6:3-5). 이때 세스바살과 그의 조카 스룹바벨이 유대 총독으로 임명되어, 동족들을 데리고 고국으로 돌아와 성전 재건에 진력했으나 뜻대로 되지 않았다. 잔존해 있던 사마리아인들과 유대인들의 저항이 만만치 않았고, 무엇보다 귀환자들은 생계도 지탱하지 못할 만큼 너무 곤궁해 성전 재건의 여력이 없었기 때문이다. 거의 한 세대가 지나 스룹바벨은 다리오 황제의 지원을 받아 BC 516년 3월에 드디어 성전을 완공하고 다시 제사를 드릴 수 있었다(스 5:, 6:). 그러나 제사장과 레위인, 백성들 가릴 것 없이 율법을 제대로 지키지 않아 신앙생활이 위태롭게 되었다.

이때 페르시아 황제 아르타크세르크세스 1세(BC 464-424 재위, 아닥사스타)의 술시중을 들던 유대인 느헤미야가 BC 444년 유대 총독으로 임명되어 BC 437년 12월에 예루살렘 성벽 공사를 마쳤다(느 6:). BC 433년 느헤미야는 총독 임기를 마치고 궁정으로 돌아갔다가 1-2년 후 다시 유대 총독으로 부임하여 유대인들이 율법을 준수하도록 여러 조치를 취했다. 십일조를 바치게 하고 안식일을 지키도록 명하고 이방인과 결혼을 금했다(느 13장).

BC 428년을 전후하여(이스라엘의 역사) 느헤미야에 이어 제사장이며 율법학자인 에스라가 아르타크세르크세스 1세의 명으로 모세의 법전을 갖고 유대로 와서 초막절을 맞아 본격적으로 율법을 가르쳤다(느 8:). 그는 이방인들과 맺은 결혼을 모두 파혼하게 하고 이방인 아내들과 그들에게서 태어난 자녀들을 모두 내보내도록 명했다(스 9:2, 10:2-43). 유대인들은 에스라의 가르침에 따라 율법을 그대로 지키기로 다음과 같이 맹세했다. "이 땅에 사는 다른 민족 가운데서 사위를 맞이하거나 며느리를 보지 않을 것, 이 땅에 사는 다른 민족이 안식일에 곡식이나 그 무엇을 팔러 오더라도 사지 않을 것, (중략) 7년마다 땅의 소출을 거두어들이지 않을 것, 남에게 빚을 준 것이 있으면 없애버릴 것, 우리 하나님의 성전행사를 위하여 해마다 1/3세겔씩 바칠 것, 우리 밭에서 나는 햇곡식과 처음 딴 과일은 해마다 야훼의 성전에 바칠 것, 법에 있는 대로 맏아들과 처음 난 가축, 곧 갓 난 송아지나 새끼 양을 우리 하나님의 성전에서 봉직하는 사제들에게 바칠 것"(느 10:31-37) 등이며 또한 십일조를 바치기로 다짐했다(느 10:38-39).

에스라가 예루살렘에 가지고 온 모세의 법전이 정확히 어떤 책이었는지는 계속 논란이 되고 있으나 모세 5경이라는 설이 지배적이다. 당시 이스라엘은 독립 국가는 아니었지만 모세의 법전을 생활신조로 삼은 율법공동체로 다시 태어났다.

그리하여 AD 70년 8월 29일 예루살렘 성전이 불타버림으로써 성전

제사가 영원히 사라진 이후 지금에 이르기까지 이스라엘은 율법 공동체로 존속할 수 있었다. 에스라야말로 유대교를 재건한 장본인이므로 그를 제2의 모세로 말하기도 한다.

1세기의 팔레스틴 인구는 150-200만 정도였으며, 유대인이 약 1/3 정도 되었다. 요세푸스(Josephus)에 의하면 유월절 때 예루살렘에 모여드는 유대인들의 숫자가 270만 명이나 되어 당시 예루살렘의 모습이 어떠했는가를 볼 수 있다. 그러나 유대교는 정통기독교가 아니다.

유대교(Judaism)의 분파와 그 특징은 다음과 같다.

1) 바리새파(초자연주의)

바리새파(The Pharisees)는 제2성전 시대(BC 515-AD 70) 후반기에 팔레스타인에서 융성했던 유대교의 한 분파이다. 구전 전승(기록되지 않은 토라, Torah)의 구속력에 대한 그들의 주장은 아직까지 유대교 신학 사상의 기본 신조로 남아 있다. 200년경 미쉬나(Mishna, 탈무드의 첫 부분)를 편집할 때 유대 법에 관한 바리새파의 가르침을 포함시켰다(구전 율법).

바리새파(히브리어로 'Perushim')는 마카비(Maccabees) 반란 직후인 BC 165-160년경 뚜렷한 한 집단으로 등장했다. 이들은 대체로 하시딤파의 후손들로 여겨지며, 전통적으로 유대 민족 지도자들을 독점 배출해

온 대제사장 집단인 사두개파와 달리 신도와 서기관들의 집단으로 등장했다.

바리새파(Pharisees)와 사두개파(Sadducee) 사이에 분열을 가져온 근본적인 원인은 토라(Torah, 〈구약성경〉의 첫 5권)에 대한 이해가 각기 달랐고, 모세 시대와는 전혀 다른 당시 상황에서 일어나는 법적, 종교적 문제에 대한 답변과 결정의 기초를 토라 안에서 찾는 방식 또한 각기 달랐다는 데 있다. 이 문제와 관련해서 사두개파는 토라, 즉 성문 율법에 직접 기초를 두지 않은 가르침은 구속력이 없다고 보았기 때문에 받아들이기를 거부한 반면, 바리새파는 하나님이 모세에게 준 율법은 성문법과 구전법, 즉 선지자들의 가르침(성문)과 유대 민족의 구전으로 이루어져 있다고 믿었다. 제사장 출신의 사두개파는 글로 쓰인 토라만이 계시의 유일한 근원이라고 가르친 반면, 바리새파는 율법의 발전을 인정하면서 토라를 해석하고 현실 문제에 적용(application)할 때 인간의 이성을 사용해야 한다고 주장했다.

이성과 양심에 모순되면서까지 율법의 문자를 맹목적으로 따르기보다 바리새파는 토라의 가르침을 그들 자신의 사상과 조화시키거나 또는 그들의 사상이 그 토라 속에 암시 내지는 함축되어 있다고 보았다. 또한 바리새파는 율법을 그 안에 담긴 정신에 따라 해석했다. 환경이 변해 법이 맞지 않게 되거나 소용이 없어지면 그 법에 알맞은 새로운 의미를 부여하고 성경해석학의 세분된 체계를 통해 그것을 정당화해줄 성경적 근거를 찾았다. 바리새파의 토라 해석이 계속 발전하고 유대교 내에서 생명력을 유지해온 것은 그들의 이 같은 진보적 성향 때문이었다.

그리고 바리새파는 원래 정치적 집단이 아니라 주로 학자와 경건한 신자들이 모인 집단이었다. 이들은 대중적 지지를 크게 받고 신약성경에서 많은 대중의 대변자로 등장한다. BC 100년경 바리새파 사람들은 유대교(Judaism)를 민주화하고 이를 성전 제사장들의 지배에서 벗어나게 하기 위한 오랜 투쟁을 시작했다. 이들은 예루살렘 성전과 예루살렘을 떠나서도 하나님께 예배드릴 수 있다고 주장했다. 이들에게 예배란 피의 제사(성전 제사장들이 하는 제사)가 아니라 기도와 하나님의 율법을 연구하는 것이었다(삼상 15:22, "사무엘이 이르되 여호와께서 번제와 다른 제사를 그의 목소리를 청종하는 것을 좋아하심 같이 좋아하시겠나이까 순종이 제사보다 낫고 듣는 것이 숫양의 기름보다 나으니"). 따라서 예배 장소로 성전 이외의 성전과 분리된 회당을 많이 발달시켰다. 이렇게 회당은 바리새파 사람들이 발전시켰고, 중요하게 만들었으며, 유대인의 종교적 삶의 중심이 되게 했기 때문에 바리새파적 기관으로 간주할 수 있다.

정통 유대교의 발전상 가장 영향력 있는 운동이었던 바리새파의 활동 시기는 AD 2-3세기까지 이어졌다. 바리새파는 변화하는 역사적 상황 속에서 유대인의 성경해석에 융통성(融通性)을 부여함으로써 유대교를 보존하고 전수했다. 교육에 기울인 노력도 그 후 유대인 역사에 많은 영향을 끼쳤다. AD 70년 제2 성전이 파괴되고 예루살렘이 멸망(滅亡)한 뒤

디아스포라(Diaspora)의 오랜 세월 동안 유대교를 존속시키고 발전시켜 온 것은 바로 바리새파 사람들의 회당과 학교였다. 유대인들의 파쟁운동은 포로시대로부터 시작된다.

이러한 파쟁운동은 마카비(Maccabees) 독립전쟁 이후 극심했다. 에스라, 느헤미야의 율법준수와 성별 생활은 일종의 구약 청교도운동(淸敎徒運動)으로 바리새파 운동의 효시가 되었다. 이교적인 불순으로부터 구별을 내세운 바리새파 운동은 마카비 독립운동과 함께 종교적 주종을 이루었다. 바리새란 이름이 처음 나타난 것은 힐카누스(Hilcanus, BC 135-105) 치세 아래서이다. 그 뜻은 파르쉬(분리하다)로서 배타적 성격을 볼 수 있다.

① 구약율법 연구와 준수하고 조상들의 유전을 중요시했다.
② 영혼 불멸을 믿었고 죽은 자의 부활과 내세를 믿었다.
③ 예정을 믿고, 한편 행위 구원을 가르치며 율법의 내면적인 뜻보다. 외면적인 준수를 더 중요시하여 외식주의로 변했다.
④ 회당 중심으로 활동했다.

2) 사두개파(자연주의)

사두개파(The Sadducee)는 유대교 제사장을 중심으로 한 사상 세력으로서 유대교의 주류이다. 사두개는 다윗 시대의 대제사장이었던 사독(왕상 1:32, 34, 38, 45)에서 파생된 말로, 사독의 후손들은 마카비 시대까지 사제직을 수행했다. 그들은 바리새파 사람들과 함께 산헤드린 의회에서 법관의 역할도 했기 때문에, 사도 바울도 산헤드린 의회에서 재판을 받았다는 기사가 사도행전에 기록되었다.

그들은 모세오경으로만 국한된 모세 법에 배타적으로 집착하고, 바리새파 사람들이 받아들인 온갖 주석과 전승들을 거부했다는 점에서 그들과 구별된다. 그들은 특히 천사나 악마의 존재뿐만 아니라 부활 사상과 내세에서의 보상(마 22:22-33)이라는 사상은 받아들이지 않았다. 그리하여 누가복음서에는 부활에 대해 사두개파와 예수가 논쟁을 벌였다는 내용이 나온다. 사두개파 사람들은 유대교의 신학과 전통을 중요하게 생각하던 바리새파 사람들과 달리 헬레니즘의 영향을 그대로 방치했다. 광야에서 세례 요한은 그들을 '독사의 족속들'(마 3:7)로 취급했다. 정치적으로는 로마제국에 우호적인 모습을 보이면서 정치적, 종교적, 경세적인 기득권을 누린 친 로마 파였다. 하지만 사두개파들의 활동무대였던 예루살렘이 유대 독립전쟁으로 붕괴되면서 AD 70년 예루살렘(Jerusalem) 멸망 때까지 계속되다가 역사 속으로 사라지게 된다. 사두개파(The Sadducees)는 바리새파(Pharisees)와 모든 것이 대조적이다.

① 구약성경 외의 모든 조상의 전통과 해석을 부인한다.
② 영혼의 불멸과 내세의 존재와 죽은 자의 부활을 부인한다.
③ 하나님의 섭리를 부인하고 인간의 자유의지를 주장하고 믿는다.
④ 구원의 필요성을 부인하고 합리주의적 현실주의에 만족한다.
⑤ 성전중심으로 활동하며 정치적이며 귀족적이다.

3) 에세네파(금욕주의자)

에세네파(The Essenes)는 성경과 탈무드(Talmud)에 언급이 되어 있지 않지만 역사가 요세푸스(Josephus)와 필로(Philo)의 글에 언급되어 있다. 그들은 청빈한 독신생활과 수도원적인 은둔 생활을 특색으로 삼았다. 말세의 심판을 기다리던 그들은 주후 70년 예루살렘이 패망되자 대부분이 팔레스틴 교회에 흡수되어 자취를 감추었다.
① 구약만을 믿고 바리새인들이 믿는 전통과 구전을 따르지 않았다.
② 율법을 준수하는 것 보다 율법의 뜻을 명상하는 사색파에 속하였다.
③ 금욕적이며 결혼을 반대하고, 공동생활로 사유재산을 포기하였다.
④ 제사의 속화를 개탄하여 예루살렘을 피하고 동물제사를 드리지 않았다.

4) 나사렛파

나사렛파(The Nazarenes)는 기독교의 교리를 받아들인 유대인 기독교 신자들이다. 그들은 히브리어로 된 마태복음만을 사용하고, 바울(Paul)을 참 사도로 인정하고 예수 그리스도의 신성(divine nature)과 동정녀 탄생(童貞女誕生)을 믿고, 율법을 지키고 실행하였으나 이방인 그리스도인들에게는 강요하지 않았다. 이들은 참된 기독교인들이었다.

5) 에비온파

에비온파(The Ebionites)는 히브리어로 '가난한 사람들'이라는 뜻의 evyonium에서 유래하며 초대 그리스도교의 금욕적인 종파이다. 그리스도교에 속하면서도 유대교(Judaism)의 강조점을 보존하고 과장했다. 에비온파에 대한 분명(分明)한 언급은 이레니우스의 저술들(185경)에서 처음 발견되며, 그들은 4세기까지 존속한 것으로 알려져 있다. 그들은 팔레스타인을 떠나서 요르단 건너편과 시리아에 정착했으며, 뒤에 소아시아, 이집트, 로마에도 있었던 것으로 보인다.

이레니우스(Irenaeus)에 의하면, 에비온파는 창조주인 한 분의 하나님을 믿었고, 요셉과 마리아의 아들 예수를 메시아라고 가르쳤으며, 마태복음만 사용했고, 바울을 유대교 율법의 변절자로 배척했으며, 예루살렘을 하나님의 집으로 공경했다. 후기 저술가들에 따르면, 어떤 에비온 종파는 예수가 유대교 율법을 지켰기 때문에 메시아가 되었다고 믿었다. 그들 중 일부는 결국 예수의 동정녀 탄생을 받아들이기는 했지만 말씀(Logos)의 선재성을 부인했고, 3, 4세기경까지 예수를 '사람의 아들'과 〈신명기〉 18장 15절에 언급된 진정한 '예언자'로 인정했다. 이들은 채식주의, 청빈, 빈번한 정결 의식을 포함한 자신들의 교훈을 지키기 위해 삽입된 것으로 여겨지는 구약성경 구절들을 삭제했고 희생 제사와 유대 성전을 거부했다. 에비온파 교리의 특징은 대부분 사해 사본에 나타난 대로 초기 쿰란 종파의 교훈에 예시되어 있다. 에비온 운동은 70년 예루살렘 성전이 파괴된 뒤 발생했고, 얼마간 유대계 그리스도교와 관련을 가졌음이 분명하다. 그러나 이들이 바울을 배척한 것은 예루살렘 그리스도교

교회의 예를 따르지 않았기 때문이다. 마침내 이들은 마태복음조차도 만족스럽지 못하다고 생각해 '에비온파 복음서'와 '나자렛 복음서'를 포함해 그들 나름의 문서를 만들었다.

에비온파(The Ebionites)는 참 바리새파로 바울을 반대하고 할례를 주장하고, 구약의 유일신 사상(思想)을 믿고, 그리스도의 신성(divine nature)과 동정녀 탄생을 믿지 않았다. 예수는 율법을 지키는 점에는 다른 사람들과 다르며 율법적으로 경건했기 때문에 메시아(Messiah)로 택함 받았으며, 세례(baptism)를 받을 때 선지자와 교사의 일을 완전히 할 수 있게 하는 성령을 받았으며 예수의 고난을 생각하지 않았다.

6) 엘크사이트파

엘크사이트파(The Elkesaites)는 신지학적(神智學的) 사색(Theosophic speculation)과 엄격한 금욕주의(asceticism)로 특징 지어진 유대적인 기독교 형태를 나타낸 단체이다. 이들은 예수의 동정녀 탄생을 믿지 않고, 고상한 영(靈)이나 천사라고 보았다. 그리스도를 이상적(理想的) 아담이 육신의 몸을 입은 것으로 보았으며, 또 천사장으로 보았다. 그들은 할례와 안식일(安息日)을 준수하고, 마술(魔術)과 점성술(占星術)을 하며, 율법을 지키는 비밀 교리가 있었다. 기독교와 혼합적 종교를 시도했다. 이들은 골로새서와 디모데전서에 나오는 이단자(異端者)들이라 생각된다.

2. 니케아 이전 이단 사상

1) 조로아스터교

짜라투스트라가 창시한 종교이다. BC 6세기경 옛 페르시아 지역에서 창시되어 오늘날의 이란 지역과 인도를 거점으로 퍼져나갔다. 창조신이자 유일신인 아후라 마즈다를 중심으로 선악의 세계가 구분된다. 경전으로 <아베스타>가 남아 있으나 대부분 소실되어 일부 내용만 전승되고 있다. 하루에 다섯 차례 제사의식을 지냈는데, 이때 사용되는 불을 성스럽게 여겨 불을 숭배하는 것으로 여겨 중국에서는 '배화교'라 불렀다. 이슬람의 종교 박해를 피해 인도로 이주한 조로아스터 교도들은 '파르시' 또는 '파르세'라 불린다.

조로아스터교(Zoroastrianism)는 아베스타(Avesta)를 경전으로 하며, 선신(善神) 아후라 마즈다(Ahura Mazda)와 악신(惡神) 아흐리만(Ahriman)과의 대립과 투쟁을 골자로 하는 이원론적 종교다. 기원전 6세기 무렵 페르시아의 예언자(預言者) 조로아스터(Zoroaster)가 창시하였으며 근검(勤儉), 역행(力行)의 노력에 의하여 악신(惡神)을 극복하고 선신(善神)이 승리한다는 믿음을 근간으로 하며, 선신의 상징인 해, 불, 별 등을 숭배한다.

조로아스터교는 이원론적(Dualism) 일신교(一神敎)로, 고대 인도, 이란 또는 인도, 게르만의 종교적 공유재산에 근원을 둔 신들이나 제령(諸靈)을 최고신 아후라 마즈다 아래 통괄하고 우주를 선과 악의 두 원리로 설명한다. 경전《아베스타》에 의하면, 태초에 앙그라 마이뉴(훗날의 아흐리만)는 악(惡)을 택하고, 스펜타 마이뉴(아후라 마즈다의 성령)는 선(善)을 각각 택하였다. 신자도 생각, 말, 행동에서 어느 것을 택하는가는 자신의 선택에 달려 있다. 그 한쪽은 다른 한쪽이 없으면 의미가 없는 상호관계에 있기 때문에 '아후라 마즈다의 쌍둥이'라고 부른다. 그러나 선의 천사들이 원래의 자연종교적 물신 숭배적(物神崇拜的) 특성이 약화되고 아후라 마즈다(Ahura Mazda)의 뜻대로 움직이는 비주체적 천사가 되어, 저마다의 추상적 직능이 이원론과 함께 강조됨으로써 악의 천사들은 주체성을 회복하고 아후라 마즈다와 직접 대결하게 된다.

종말론은 두 단계로 되어 있다. 사자(死者)의 육체는 그들의 독특한 장례법(葬禮法)인 풍장(風葬) 조장(鳥葬)에 의해 독수리와 들개들의 밥이 되지만, 영혼은 천국의 입구까지 와서 올바로 믿은 자는 그곳에 있는 다리(칼이라고도 한다) 위를 안내받으면서 무사히 건너 천국에 들어가지만 거짓으로 믿은 자는 발을 헛디뎌 지옥으로 떨어진다고 한다. 한편 조로아스터가 가고 3,000년이 되면 세상의 종말이 오는데, 그때 구세주가 나타나 천국, 연옥(purgatory) 지옥에서 모든 인간이 부활하고, 용해된 금속으로 최후의 심판이 행해져 악(惡)은 멸한다고 한다.

이 사상은 유대교(Judaism), 그리스도교(Christianity), 불교

(Buddhism), 이슬람교(Mohammedanism)의 일부 등 그 후 종교세계(宗敎世界)에 큰 영향을 미쳤다.

2) 영지주의(Gnosticism)

영지주의는 1, 2세기 무렵에 그리스, 로마 등지에서 기독교를 극복하려던 지적, 신비주의적 사상의 경향, 구약의 신을 비인격적, 관념적인 것으로 바꾸어 율법을 배척하고 방탕한 생활을 하며 예수 그리스도의 역사성을 부정하였다. 기원적인 형식은 유대주의에 뿌리박고 있으나 유대교와 기독교의 교리와 이방인 사상에서 나오는 혼합주의로 발전되었다.

① 영지주의 기원

신약성경(New Testament)에 나타난 영지주의(Gnosticism)는 유대교로부터 충동을 받아 천사와 영(靈)에 관한 이단적(異端的) 사상이다. 이들은 금욕주의(asceticism)를 주장하였으나, 한편으로는 방탕(放蕩)으로 가는 이원론(dualism)을 주장하고 부활을 영적화(靈的化)시켜 해석(解釋)하고 교회의 소망을 비웃음거리로 만들어 버렸다(골 2:18, 딤전 1:3-7, 4:1-3, 6:3, 딤후 2:14-18, 딛 1:10-16, 벧전 2:1-4, 유 1:4, 16, 계 2:6, 15, 20). 또 철학사상과 인간 예수와 더 높은 영(靈)으로써의 그리스도를 나누었다. 요한은 이들을 이단(異端)으로 규정했다(요 1:14, 20:31, 요일 2:22, 4:2, 15, 5:1, 5, 5, 요이 1:7).

영지주의는 헬라어 '그노시스'에서 유래한 것이다. 그노시스는 일반적 지식을 가리키기도 하지만 영지주의에 있어서는 특별히 신적 비의에 해당하는 영적 지식 곧 허망한 세상일 뿐인 이 육적 세상이 아닌 참 세상인 영적 세계의 비의적 계몽에 의해 얻게 될 지식을 가리킨다. 세상은 저급하고 무가치한 물질세계와 영원하고 완전한 영의 세계로 이분되어 있으며 인생은 그 영혼이 육체에 갇힌 불완전한 존재로 영혼이 육체로부터 해방되어 영적 세계로 복귀함으로 구원을 얻기 위해서 영적 세계에 속한 신적 의지로부터 계시된 지식이 필요한데 이것이 영지이다. 이런 영지를 중심으로 한 이원론적 우주관과 구원을 가진 사람들이다. 이는 성경의 계시와는 근본적으로는 다른 신화 체계를 가지고 있는 것으로 단순하게 요약하자면, 영은 선하고 물질은 악하다는 비성경적인 이원론이라고 할 수 있다.

② 2세기의 영지주의

혼합주의로 발전(發展)하였다. 이들은 종교사상(宗敎思想)이 될 만한 모든 것을 받아드렸다. 특별히 신비적 교제의 욕망과 사후 세계에서 영혼(靈魂)을 위한 안전한 길을 찾는 소망 등을 만족시키는 데 있다. 이들은 기독교회를 인간의 요구에 적응시키며, 세상 지혜(知慧)와 조화(調和)시켜서 기독교를 해석함으로 혼합적 종교를 만들어 갔다.

③ 영지주의의 특성

ⓐ 사색운동

사색운동(思索運動)이 특색이다. 그노스티코이(Gnostikoi)라는 명사는 보통 신자가 가질 수 있는 것보다 더 신적인 지식(知識)을 주장한다는 것을 가리킨다. 이들은 악(evil)의 기원에 관해 기독교적인 것이 아니고 이방 종교 사상(思想)에 대한 것이다. 그들은 환상적(幻想的)인 우주 창조론을 발전시켜서 여기에 동방 사상을 복음 진리와 혼합(混合)하여 지식인(知識人)들에게 복음을 전하려 했다.

ⓑ 통속적 운동

다음으로 대중을 중심으로 한 통속적 운동(通俗的運動)이다. 통속적 운동은 대중을 이끌기 위해 사색적인 것보다 특별한 교제, 즉 마술적인 행사나 혹은 상징적인 의식(儀式)을 통해 주술적인 신조를 가르쳤다. 이러한 이상한 신조(信條)들과 의식들이 사람들을 매료시키는 데 중요한 역할을 담당했다. 영지주의자들은 이것을 내세에 받을 축복(祝福)의 수단(手段)이라 가르치며 이것이 가장 기독교적이라고 주장했다.

ⓒ 혼합주의(syncretism) 운동

영지주의는 기독교(基督敎)와 이교(異敎) 및 기타 모든 좋다고 여기는 것들을 혼합(混合)했다.

④ 영지주의의 주요사상

이원론(Dualism) 사상(思想)으로 두 가지 신(神)이 있다고 주장했다. 높은 신(神)과 낮은 신(神), 선(善)한 신과 악신(惡神)이 상호 대립한다고 주장했다. 높고 착한 신은 측량할 수 없는 영원이고, 낮은 신은 조물주(造物主)라 부르며 구약의 하나님과 같으며 낮고 유한하며 쉽게 노(怒)하고 복수(復讐)하는 존재이다. 그리고 물질세계는 본질적(本質的)으로 악(evil)하다고 보았다.

구속에 참여하는 것이나 이 세상을 이기는 것은 영(靈)과 지적인 교통을 하는데 의식을 통해서만 이루어진다. 이 의식은 그리스도와 결혼하는 것, 특수한 세례를 받는 것, 마술적 이름을 부르는 것, 특별하게 기름 부음을 받는 것 등에 의하여 신비로 지식(知識)을 알게 되며 그것들이 구속의 길을 만들어 준다.

인간은 세 계급으로 나눈다. 첫째, 교회에 선출된 사람들로 된 영적인 계급 둘째, 보통 교인으로 만들어진 정신적인 계급 셋째, 물질적인 계급으로 이방인들이 이에 속한다. 여기서 첫째 계급만이 높은 지식(知識)을 가질 수 있으며 최고의 축복을 얻을 수 있다고 한다. 둘째 계급은 신앙(信仰)과 실천을 통해서 구원을 얻고 낮은 축복을 얻을 수 있다. 마지막 계급은 절망적으로 버림을 받는다.

1) 구원은 그리스도의 십자가에 의해서가 아니라 소수의 특별한 자들에게만 주어지는 신비한 '영적 지식'에 의해 획득된다.

2) 인간의 육체는 악한 것이므로 그리스도의 성육신은 부인된다. 그리스도는 단지 몸을 가지고 있는 것처럼 보였을 뿐이다(가현설).

3) 인간의 육체는 악한 것이므로 가혹하게 취급되어야 한다(극단적 금욕주의).

4) 물질계는 원래 악한 것이므로 기존 세계의 도덕 체계를 깨뜨리는 것은 하나님의 법을 깨뜨리는 것이 아니며 따라서 전혀 잘못이 아니다(극단적 방종과 쾌락주의).

이상에서 보듯이 영지주의는 기독교의 가르침과 유사한 점도 있는 듯하면서, 근본적으로 전혀 다른 가르침을 담고 있다. 비록 사도 요한 당시 이와 같은 영지주의의 신화 체계가 완성되지는 않았다고 하더라도 제2항과 4항의 내용을 요한일서에서 경계하고 있는 것으로 보아(4:1-3, 3:4-9) 당시 소아시아 지방에 상당한 정도로 파급되었음을 알 수 있다.

영지주의의 이단적 주장에 대해 반영지주의 교부들, 특히 이레니우스(Irenaeus), 터툴리안(Tertullian), 히폴리투스(Hippolytus) 등이 나서서 교회의 입장을 다음과 같이 확고하게 세웠다.

① 지존하신 하나님과 이 세상의 조물주를 구분하는 주장을 배격한다. 하나님은 창조주요 섭리주요, 구세주이시다.

② 물질과 영혼의 이원론적 분리를 배격한다. 선과 악을 두 개의 서로 대조적인 자연적 형질에 의하여 설명될 수 없다. 이는 인간의 책임을

없애버리는 결과를 가져오게 될 것이다. 영지주의자들에 의하여 죄란 물리적인 필요이지만 죄란 인간의 자유스러운 행위이다.

③ 가현론적인 영지주의자들의 주장을 배격한다. 로고스의 성육신, 즉 말씀이 육신이 되신 것이다.

④ 부활은 육체의 부활을 포함한다.[16]

결론적으로 영지주의(Gnosticism)는 기독교의 적이다. 신비적 의식과 혼합으로 환상적 유혹을 하였지만 하늘의 별똥별처럼 곧 사라졌다. 반면에 영지주의의 득세를 통해 교회는 신약성경의 정경성을 더욱 확고히 다지는 계기를 가지게 되었다. 교부들은 신약성경의 정경성을 제한함으로써 영지주의를 극복했다.

그러나 이러한 잘못된 사상(思想)은 시간이 지남에 따라 괴상한 성례 개념과 매개자(媒介者) 등을 통하여 가까이 갈 수 있는 은익신(隱匿神)의 철학, 그리고 인간을 높은 사람과 낮은 사람의 계급으로 나누는 차별화, 그리고 금욕주의(asceticism)의 잘못된 적용 등이 로마 카톨릭 교회로 유입되었다.

이로 말미암아 역사적 기독교회는 계시의 한계를 분명히 하고, 신약과 구약의 관계를 결정하는 것을 배웠다. 그리고 교리적 토대를 바로 세우므로 영지주의(Gnosticism)의 이원론(Dualism)과 가현설(Docetism)을

---

16 E. H. 클로채, 「기독교교리사」, p. 77.

정복하고, 동정녀 탄생 부활, 이성 일인격과 그리스도의 속죄 사역을 통해서만이 구원이 이루어진다는 교리를 제창하였으며 예수그리스도의 복음(福音)만이 범세계적인 참된 진리(眞理)임을 증명하게 되었다.

3) 에비온주의

1세기말 팔레스틴에서 유대교적 기독교인을 중심으로 시작되어 소아시아 지방까지 확산되었다. 히브리어로 된 마태복음만 사용하였다.

교부 이레니우스(Irenaeus)의 저술들(185경)에서 이들의 활동과 흔적이 발견되며, 4세기까지 존속한 것으로 알려져 있다. 이레니우스에 의하면, 에비온파는 창조주인 하나의 하나님을 믿었고, 요셉과 마리아의 아들 예수를 메시아라고 가르쳤으며, 마태복음만 사용했고, 바울을 유대교 율법의 변절자로 배척했으며, 예루살렘을 하나님의 집으로 공경했다. 그들 중 일부는 결국 예수의 동정녀 탄생을 받아들이기는 했지만 말씀(Logos)의 선재성을 부인했고 3, 4세기경까지 예수를 '사람의 아들'과 신명기 18장 15절[17]에 언급된 진정한 '선지자'로 지칭했다. 이들은 채식주의, 청빈, 빈번한 정결의식을 포함한 자신들의 교훈을 지키기 위하여 삽입된 것으로 여겨지는 구약성경 구절들을 삭제했고 희생 제사와 유대 성전을 거부했다.

---

17 신 18:15 "네 하나님 여호와께서 너희 가운데 네 형제 중에서 너를 위하여 나와 같은 선지자 하나를 일으키시리니 너희는 그의 말을 들을지니라"

에비온파 교리의 특징은 대부분 사해 사본에 나타난 대로 초기 쿰란 종파의 교훈에 이미 예시되어 있다. 에비온 운동은 70년 예루살렘 성전이 파괴된 뒤 발생했고, 얼마간 유대계 그리스도교와 관련을 가졌음이 분명하다. 그러나 이들이 바울을 배척한 것은 예루살렘 그리스도교 교회의 예를 따르지 않았기 때문이다. 마침내 이들은 마태복음조차도 만족스럽지 못하다고 생각해 '에비온파 복음서'와 '나자렛 복음서'를 포함해 그들 나름의 문서를 만들었다. 예수는 한 인간에 불과하고 곧 닥쳐올 천년왕국을 고대했다.

4) 몬타니즘

영지주의와는 달리, 몬타니즘은 분명히 기독교적 근거를 바탕으로 한 운동이었다. 이 운동은 그리스도의 조속한 재림을 기대하는 초대의 희망이 대부분의 교회 안에서 점차 희미해지던 2세기에 일어났다. 이 운동의 원조(元祖)는 몬타누스(Montanus)다. 그는 일찍이 열광 종교로 그 이름이 유명한 소아시아 프리기아(Phrygia) 지방에 인접한 아르다보(Ardabau)에서 출생했다. 몬타누스는 156년경, 그 자신을 가리켜 성령이 말씀하실 때 사용하는 수동적인 도구라고 선포했다. 이 같은 새로운 계시를 통하여 그리스도의 약속이 이미 실현되었으며, 성령의 섭리가 시작되었다는 것이다. 두 명의 여 선지자인 프리스카(Prisca)와 막시밀라(Maximilla)가 곧 그에게 가담했다. 그들은 성령의 대변인으로 자처하여 세계 종말이 임박함을 경고하고 프리기아에 곧 설립될 하늘의 예루살렘에 신도들이 집결할 것을 촉구하였다. 임박한 종말을 대비하기 위해서 금욕을 강요하고 방언을 장려하고 정통교리를 부정하고 자신들은 영적이고 다른 이들은 다 육적인 존재라고 생각했다. 더불어 자신들로부터 선지자적 계시가 계속된다고 주장하였고, 만인제사장설을 퍼뜨렸다. 나아가 어떤 종류이건 모든 예술을 반대하고 순교를 촉구했다. 이와 같은 엄격한 태도는 대부분 교회에서 증대되고 있던 세속주의에 대한 반항이라는 점으로, 많은 사람에게 아주 매력적인 특징이 되었다.

또 자신들은 말세의 예언자들이라 주장하고 정통주의 신앙(信仰)을 받아들였으나 시한부적인 종말 사상에 입각해 종말이 가까이 왔으니 엄격한 도덕적 생활, 독신생활, 방언(tongues), 금식(禁食), 순교(殉敎)를 해야 한다고 강조하였고, 박해 때 피하는 것을 절대 금하고 교회의 공적 직분을 부정하고 예언과 찬양을 하였다. 몬타누스주의(Monetarism)의 부정적인 면은 예언과 종말, 공동체를 강조함으로 탈 교회 운동으로 발전했다. 또 여성 지도자를 세우고 광신적인 요소와 은사에 치우치고, 신약성경의 계시보다 자신들의 계시가 더 높다고 주장하는 잘못을 범하였다. 그러나 타락한 시대에 경종을 주는 금욕주의 생활은 일반인들에게 큰 관심을 끌었다고 할 수 있다.

몬타누스파는 AD 235년에 이고니움 회의에서 이단으로 정죄를 받았다. 또 AD 381년 니케아-콘스탄티노풀 교회회의(Nicaene-Constantinopolitan Assembly)에서 이교도와 같이 취급하였고 이의 여파로 5세기 초에 자취를 감추었지만 그 경향(傾向)은 지금도 반복적으로 나타나, 근대 교회사에서는 초기 재세례파(Anabaptist), 퀘이커파(Quakers), 감리교, 19세기 영국의 어빙파(Irvingites), 미국의 오순절 교회, 안식일교회(Sabbath Church) 등으로 이어졌고, 이어 천년왕국적 열광주의자들과 광신적(狂信的) 은사주의자들도 이 분류에 속한다. 또 해방 이후 한국교회 등에도 이런 현상이 많이 나타났다.

5) 마니교

페르시아에서 기원한 마니교는 조로아스터, 붓다, 예수의 계시의 진리를 부분적으로 통합시켜 보편적인 세계 종교를 창설하려 했고 단순한 혼합주의를 넘어서 다양한 문화에 따라 다양한 형태로 해석될 수 있는 진리를 추구했다. 마니교의 핵심은 진리에 대한 영적인 지식을 통해 구원에 이른다는 이원론 종교인 영지주의에 속한다. 성례 의식의 요소는 기도, 자선, 단식이며, 죄의 고백과 찬미도 중요하다.

창조에 대해 이원론적 사고, 즉 빛과 어두움의 투쟁, 그리스도는 빛의 대표자이고 사단은 어두움의 대표자라고 믿고 사도들이 그리스도의 가르침을 왜곡한 반면, 마니교는 그 순수한 정신을 계승했다고 주장했다. 그들은 그리스도의 육체는 실체가 아니라 환영이라고 주장하고 추종자들은 철저히 금욕주의를 지향하고 계층적 조직으로 이루어져 많은 추종자를 거느렸다. 어거스틴도 초기에 마니교도였다.

마니교는 오랫동안 그리스도교의 이단으로 규정되었지만 그들만의 일관된 교리, 엄격한 제도와 조직으로 역사 속에서 통일성과 독특한 성격을 유지하여 그 자체가 하나의 종교가 되었다.

3. 헬레니즘

기독교의 지적토양(知的土壤)이 된 것은 헬레니즘이자 그리스 철학[18]이었다. 그리스 철학은 두 갈래로 나뉘어 영향을 끼쳤다. 하나는 신 플라톤의 철학으로 이는 어거스틴(Augustine)을 통하여 역사적 기독교회의 교리적 체계에 이바지했고, 다른 하나는 아리스토텔레스(Aristotle) 철학으로 이는 아퀴나스(Aquinas)를 통하여 로마카톨릭의 교리체계에 밑바탕이 되었다.

1) 플라톤주의

플라톤주의(Platonism)는 BC 4세기에 살았던 플라톤(Platon, BC 348-347)의 이상주의적이며 관념론적인 철학으로 아테네 및 고대 그리스

---

18 그리스 철학(Greek philosophy)과 헬레니즘(Hellenism) : 그리스 철학(Greek philosophy)은 기원전 6세기 밀레토스 학파(Ionian School, 밀레토스 학파는 그리스 최초의 철학 학파이다. 밀레토스 출신의 탈레스가 창시했다. 아낙시만드로스와 아낙시메네스로 학풍이 이어졌다. 이들의 활약 시기는 소크라테스, 플라톤보다 백 년 이상 앞선다)로부터 시작되어 기원후 6세기 전반에 신플라톤 학파의 학교가 폐쇄되기까지 이어진 철학. 우주의 기원과 자연현상의 생성, 변화, 소멸에 대한 합리적 설명과 인간 세계의 정치적, 윤리적 문제에 대한 철학적 고찰을 체계화하였다. 헬레니즘(Hellenism)은 기원전 334년 알렉산더 대왕의 동방 원정에서부터 기원전 30년 로마의 이집트 병합 때까지 그리스와 오리엔트가 서로 영향을 주고받음으로써 생긴 역사적 현상. 세계 시민주의, 개인주의적 경향이 나타났으며 자연 과학이 발달하였다.

의 철학에 연유된 사상적 세계를 말한다. 그는 소크라테스(Socrates, BC 470경, 아테네, BC 399)의 제자로서 이원론적 입장에서 세계를 보았다. 즉 세상을 눈에 보이는 물질세계와 이상적 세계인 이데아로 나누었다.

물질세계는 이데아(Idea)의 그림자에 불과하다 했고, 그러므로 참으로 존재하는 것은 이데아의 세계라고 했다. 그는 변화하는 비실재(非實在)인 물질의 세계로부터 참으로 실재(實在)하는 이데아에 이르기 위해서는 내적 반성(reflection)과 명상(meditation), 육체적 고행(asceticism) 등이 필요하다고 주장했다.

그는 지식은 구원이며 무지(無知)가 곧 죄라고 하였다. 플라톤주의(Platonism)는 신약성경에 직접 언급되지는 않는다. 그러나 그의 이원론(Dualism)은 1세기에 교회 안에서 일어난 영지주의(Gnosticism)와 3세기에 발흥한 플로티누스(Plotinus)의 신플라톤주의에 반영되었다.

2) 신플라톤주의

신플라톤주의(Neo Platonism)는 3세기 이후 로마 시대에 성립된 그리스 철학의 한 학파로 플라톤 철학에 동방의 유대 사상을 적당히 섞은 혼합주의적 사상체계이다. 신비적 직관과 범신론적 이원론을 주장하였는데 뒤에 독일의 관념론(idealism)에 영향을 주었다.

신플라톤주의도 플라톤의 이데아(Idea)와 현상으로 보는 이원론과 페르시아의 빛과 어두움 둘로 보는 이원론 사상에 기초한 종교철학의 하나다. 이들은 영지주의자들처럼 영(靈)은 선(善)하고 육체는 악(惡)하다고 본다. 그들에 의하면 구원이란 감각에 의존하는 모든 육적 욕망을 제거하고 죽을 때까지 영적 생활을 하는 데 있다고 보았다. 신플라톤주의가 플라톤주의와 다른 점은 영적 생활이 지적 노력에 의하여 이루어지는 것이 아니라 무한자와의 신비적 연합에 의하여 이루어진다고 본 점이다.

영지주의와 신플라톤주의는 기독교의 성육신(成肉身, Incarnation) 교리와 조화할 수 없다. 그것은 육체(肉體)는 악(惡)한 것이기 때문에 하나님이 인간의 몸을 취하고 역사(歷史) 속에 오셨다는 것은 생각할 수 없기 때문이다.

3) 에피쿠리안주의

에피쿠리안주의(Epicureanism)란 BC 341-270년에 살았던 에피쿠로스(Epicouros)의 사상적 체계로 개인적, 정신적 쾌락의 추구를 인생의 최대 목표로 하는 사상을 말한다. 에피쿠로스의 가르침은 그의 제자인 루크레티우스(Lucretius)의 작품 속에 가장 잘 나타나 있다. 그에 의하면 우주는 원자(原子)가 우연히 결합되어 만들어진 것이라고 했다. 쉽게 말하면 우주관(宇宙觀)은 무신론적 물질주의 진화론과 같은 것이다.

이 세계는 목적(目的)도 절대선(絶對善)도 없다. 있다면 최고의 가능한 선(possible good)이 있을 뿐인데 그것은 쾌락이며 쾌락은 고통이 없는 것이라고 했다. 이 사상을 육체적 쾌락주의로 보는 것은 사실과 다르다. 반대로 지속적이고 완전한 만족을 주는 즐거움을 택하라고 가르침으로써 정신적 쾌락에 강조점을 둔다. 바울이 아테네에서 설교할 때(행 17:22-23) 이 사상을 처음으로 언급했다.

4) 스토아 철학

사도행전에서 에피쿠리안주의와 함께 언급되고 있는 것은 스토아 철학(Stoicism)이다. 이 철학(哲學)은 제논(BC 340-265)에 의하여 기초가 세워졌다. 그는 인격적 신(神)을 인정치 않으나 우주가 절대 이성(理性)에 의하여 지배된다고 했다. 그는 이성에 일치된 생활이 '최고선(善)'이라고 하면서 개인의 감정은 실체가 없는 해로운 것이라고 했다. 그는 감정(感情)에 의해 지배되지 않는 완전한 자기 절제를 목적으로 내세웠다.

스토아학파는 철학(哲學), 윤리(倫理)를 중심 문제로 하여 욕망(慾望)을 억제하고 자연의 법도를 따를 것을 주장하였다. 스토아 철학자들이 보기에 영원한 우주질서와 불변적인 가치의 근원을 드러내는 일은 이성만이 할 수 있기 때문에 이성은 곧 인간 존재가 따라야 할 모범이었다. 그들에 따르면 이성의 빛이란 세계 전체에 경이로운 질서를 부여하며 인간이 스스로를 통제하여 질서 있게 살아가는 기준이다. 스토아 도덕철학도 세계가 통일을 이루고 있는 하나의 커다란 도시라는 생각에 바탕을 두고 있다. 인간은 이 도시의 충성스런 시민으로서 덕과 올바른 행위에 대한 믿음을 가지고 세상일에 적극적이어야 할 의무가 있다. 스토아 도덕철학은 도덕 가치, 의무, 정의, 굳센 정신 등과 같은 덕목(德目)에 중심을 두고 보편적인 우애(友愛)와 신(神)처럼 넓은 자비심을 강조함으로써 가장 호소력 있는 학설 가운데 하나로 자리 잡았다. 현대에 와서도 스토아 철학의 개인 중시 사상 및 갈등과 불확실성의 세계에서 가치의 중요성을 강조하는 데 영향을 미치고 있다.

5) 냉소주의와 회의주의

냉소주의(Cynicism, 冷笑主義)는 플라톤(Platon)의 철학과 같이 소크라테스(Socrates)의 가르침에서 나왔다. 소크라테스는 단순한 욕구를 가진 사람만이 어려운 역경(逆境)에서 살아남을 수 있다고 했다. 냉소주의자들은 최고의 덕은 아무것도 원하지 않는 것이라고 말한다. 모든 욕망에서 자유롭기 위하여 욕망을 제거하려고 한다. 그들은 인간이 인위적으로 정한 사회의 관습, 전통, 도덕, 법률, 제도, 모든 표준과 법을 포기하고, 인간의 본성에 따라 자연스럽게 생활할 것을 주장하는 사상으로 완전한 개인주의자가 된다.

철학적 회의주의(Philosophical skepticism)는 인간의 지식과 인지(perception)가 실제 참인지 여부와 절대적 지식과 진실이 존재할 수 있다는 개념에 대해 체계적으로 검증하고자 하는 비판적인 철학적 태도다. 이는 어떤 실증적 주장들의 집합은 신뢰할 만하며 절대적으로 확실하고 진실이라는 주장을 견지하는, 철학적 독단론에 반대(反對)하는 것이다.

종교적 회의주의란 종교적인 주장에 대한 회의론자를 말하는 것이고, 과학적 회의주의란 과학적 방법론을 사용하여 불가사의하고 초자연적인 존재에 회의적이다. 이들은 대부분 고전적 철학적 회의주의의 추종자들이 아니다. 철학적 회의주의자들이 절대적 지식의 존재에 회의적인 반면, 종교적, 과학적 회의주의자들은 범상하지 않은 주장들을 받아들이기 전 합당한 증거를 요구할 뿐이다. 과학적 회의주의자들은 비판적 사고를 한다.

회의주의(Scepticism)는 지식이란 경험에 의지하기 때문에 궁극적 표준(standards, 標準)이 있을 수 없다고 주장한다. 누구나 인정하는 전제에 의해서 아무것도 증명할 수 없기 때문이다. 냉소주의와 회의주의는 표준을 포기하는 데서 시작된 것으로 전자는 윤리를 다루고 후자는 지성을 다루었다. 기독교가 이들과 다른 것은 하나님은 인간의 절대적 표준이라 주장하는 점과 신앙의 확신이다.

4. 로마 제국주의

유대교(Judaism)와 헬레니즘(Hellenism)과 함께 기독교에 큰 영향을 준 것은 로마 제국주의(Roman imperialism)이다. 특별히 그들의 법률(法律)과 제도(制度)는 초대교회의 형성에 큰 영향을 주었다. 로마의 건축양식과 음악 등의 예술은 중세교회에 그 꽃을 피우는 데 영향을 주었다. 로마세계의 평화(팍스 로마나), 전 지역을 연결하는 도로망 체계, 그리고 헬라어의 공용화를 통한 언어의 통일은 기독교의 복음전파에 결정적 영향을 주었다.

지금까지 우리는 기독교에 큰 영향을 준 유대교(Judaism), 헬레니즘(Hellenism)과 로마 제국주의(Roman imperialism)에 대해서 살펴보았다. 그런데 역사적인 입장에서 이들은 역설적으로 기독교에 대항하는 큰 대적들이었다. 기독교는 이러한 사상적 대적들의 공격과 박해와 방해 앞에서 자존의 투쟁을 해야 했다.

제4절 기독교회 안에서의 개혁운동

1. 말시온의 개혁운동

1) 말시온의 성격

말시온(Marcion)은 영지주의적 경향을 지닌 기독교의 이단 사상가이다. 그는 사이놉(Sinope)의 폰티스(Pontus)에서 태어났다. 간음(姦淫) 사건으로 고향에서 쫓겨나, 주후 139년에 로마로 가서 그곳에서 자신의 개혁운동을 시작했다. 그는 독특한 가르침으로 제자들을 양성했으며 이 제자들과 함께 새로운 교회를 조직하고 적극적으로 개혁운동을 전파했다.

그의 개혁은 세 가지 면에 집중했다. 첫째, 형이상학적인 것이나 변증적인 것에 관심이 없었고 실제적인 구원론에 집중했다. 그노시스의 영향을 받았다고 하나 동양의 신화(神話)나 희랍의 철학과 비유적인 해석을 물리쳤다. 둘째, 복음과 신(지식이 아니고)에 전체의 강조점을 두었다. 셋째, 기독교 개념에 철학의 원리를 사용하지 않았다. 그는 자신의 철학파를 따로 만들지 않고 바울 복음에 따라 율법주의적이며 자유은총을 부정하는 기존 교회를 개혁하고자 했다.

2) 말시온의 사상

그는 복음이 율법과 혼합(混合)됨으로써 부패해졌다고 확신하고 율법과 복음을 분리하는 일을 시작하여 이른바 '반대설' 또는 '대조설'을 만들었다. 구약은 유대인의 하나님으로부터 진정한 계시를 받은 것이고, 구약의 하나님은 창조자이지만 완전하지는 않으며, 엄격한 정의(正義)로 다스리시고 진노가 가득하여 은혜를 모르는 분으로서 신약의 하나님과 같은 분이라 할 수 없다고 했다.

반면에 신약의 하나님은 선(善)하고 자비로우시며 사랑의 복음과 구약신(舊約神)의 율법에서 벗어난 자유의 복음을 전한 신으로 보았다. 또 신약의 하나님은 그를 믿는 신자들과 지옥(地獄)에 있는 악(evil, 惡)한 사람들을 위해 구원의 길을 열어 놓았다고 했다.

말시온(Marcion)은 바울만이 예수 그리스도의 복음(福音)을 참으로 이해한 사도(師徒)라고 믿었기 때문에 참된 신약성경은 누가복음과 바울 사도가 쓴 10개의 서신만 인정했다.

제 3 장

성육신과 부활

Incarnation and Resurrection

'사도이후시대'는 사도들의 제자들이 교회를 지도하였다. 사도시대에는 교리적 어려움이 없었으나 이후에는 여러 가지 문제가 생겨났다. 특히 로마제국의 박해에도 불구하고 그리스도의 재림(the Second Advent of Christ)이 지연되자 재림에 대한 잘못된 해석이 우후죽순처럼 일어났고, 여기에 헬라적인 사고, 즉 철학적으로 합리적인 사고가 대두하였다. 헬라적 사고는 그리스도의 성육신(incarnation)과 부활(resurrection)에 대한 오해를 불러일으켰다. 헬라의 이원론(Dualism)적 사고는 금욕과 절제를 구원의 필수 요건으로 보았고 유대주의는 인간의 노력과 종교의식을 구원의 요소로 보았다.

사도들의 가르침과 달리 그리스도의 재림이 지연되자 기독교 공동체(公同體)가 조금씩 흔들리기 시작했다. 이때 부활과 재림에 대하여 사도들의 가르침과 다르게 가르치는 자들이 교회(敎會)에 나타났다. 결국 이들은 그리스도의 부활을 다르게 해석함으로써 성육신을 부인하도록 하고, 헬라의 철학적 사고로 기독교를 설명하고자 함으로 성경의 가르침을 완전히 왜곡시키는 결과를 가져왔다.

제1절 부활과 영혼불멸 사상

기독교 부활신앙(復活信仰)을 흔든 것은 헬라철학의 영혼불멸설이다. 이는 소크라테스(Socrates, BC 470-399)의 사상(思想)으로 그의 제자 플라톤(Plato)이 이어받았다. 당시 시대는 전쟁과 재난이 끝없이 이어졌으며 사회는 불안했다. 이런 상황에서 영혼이 불멸하는 죽음이라든가 현실 세계에서의 극단적인 쾌락, 금욕생활 등으로 불안한 생활을 극복하려 했다.

이런 때 부활과 영혼불멸설은 큰 관심거리가 되었다. 특히 소크라테스(Socrates)의 영혼불멸설은 플라톤(Plato)의 대화편 '파이돈'(Phaedon)에 나오는 것으로 순수한 안식(安息)은 영혼이 욕망의 저장소인 육체로부터 벗어나는 죽음을 통해서만 가능하다고 했다. 소크라테스는 죽음을 끝으로 보지 않고 영혼이 육체라는 감옥으로부터 벗어나 영혼의 본연의 세계로 복귀하는 것으로 보았다. 이는 부활신앙에 대한 도전이 되었다.

부활은 지식(知識)으로 증명할 수 있는 내용이라기보다 사도들이 목격한 수많은 증인이 증거 한 사실들이 기독교의 신앙내용(信仰內用)이 된 것이다. 영혼불멸설은 지식(知識)의 체계(體系)를 가지고 있기 때문에 매력적이었다. 실제로 오리겐(Origen)이나 영지주의(Gnosticism)자들에게 이러한 사상적(思想的) 영향을 찾아볼 수 있다.

제2절 에비온주의와 가현설

예수님의 지상에서의 삶을 두고 두 가지로 해석하는 경향이 나타났다. 유대주의자들은 예수는 단순한 인간으로서 위대한 스승으로 보았지만 헬라 문화권에서 개종한 사람들은 예수는 실제로 신이지만 인간의 몸을 입은 것처럼 보일 뿐이라고 보는 가현설이 그것이다.

1. 에비온주의

에비온주의(Ebionites)란 히브리어로 "가난한 자들"이라는 뜻이다. 이들은 고대교회의 이단(異端) 종파로서 4세기까지 존속했다. 그들은 예수를 혼(魂)과 몸(肉)을 가진 단순한 인간으로 보았다. 그들은 창조주 하나님은 인정하지만 예수는 단순히 인간의 생식 작용에 의해 출생한 사람으로서 보통 사람들보다 더 지혜로울 뿐이라고 했다.

이들은 마태복음만 인정하고 율법의 규정을 철저히 지켰으며, 채식을 원칙으로 하고 거룩한 가난을 고수하며 의식적인 목욕을 규칙적으로 행했다. 일상생활에서 혼합주의(syncretism)와 금욕주의(asceticism)적 경향을 지녔다.

2. 가현설

가현설(Docetism) 자들은 헬라의 철학과 신화를 기독교의 핵심교리들과 혼합시켜 기독교의 성경을 해석하고자 했다. 인간의 육체는 영혼의 감옥으로서 혼자의 힘으로 구원을 얻을 수 없으며, 동정녀 탄생과 십자가의 수난 부활을 부인했다. 그리고 인간 예수가 세례를 받을 때 그리스도(남성)가 성령(여성)과 함께 임했다고 보았다.

메시아(Messiah)로서 그리스도는 영혼이 육체의 감옥을 벗어날 수 있는 신비한 지식(知識)을 전해주며 이 지식(知識)은 영혼 본래의 세계로 돌아가는데 필요한 암호(暗號) 역할을 한다는 것이다.

제 4 장

그리스도의 재림과 신비주의
Second Coming of Christ and Mysticism

제1절 종말론적인 공동체

　　종말론(Eschatology)적 기대 속에서 탈아적(脫我的), 탈속적(脫俗的) 현실부정의 경향을 나타냈다. 이들은 교회 안에서 적극적인 신앙생활과 신비스러운 은사(gift)적인 경향이 강하게 작용하였다. 은사를 받은 자들은 자기가 받은 은사의 우위성을 주장함으로써 교회 안에 통일성을 깨뜨리고 혼란을 가져왔다. 교직자들이 은사를 받은 징표(Sign)가 없으면 이들에게 배척되었고 은사를 봉사로서가 아니라 자신의 생계의 수단으로 사용하였다. 은사를 강조함으로써 말씀을 무시하고 신비를 추구함으로써 현실 도피적인 경향이 강하게 나타나고 재림(再臨)을 예언(豫言)하였다. 이러한 경향은 영지주의(Gnosticism)에서도 나타났다.

제2절 몬타누스 운동

사도 후 시대는 사도의 계승자들이 교회를 지도하였다. 몬타누스주의(Montanism)자들은 은사와 신비적 체험을 한 지도자로 자칭하였다. 이들은 사도의 계승자들을 무시하고 스스로 사도로 자칭하였다. 그들은 은사를 강조하고, 재림을 예언하고, 공동체(community, 共同體)를 형성(形成)하고, 156년 프리지아의 소 도시 페푸자(Pepuza)에 새로운 예루살렘이 도래할 것이라 선포했다. 이들은 유대주의나 영지주의(Gnosticism)에 빠지지 않고 재림을 구체적으로 예언하고 여성 지도자들을 세우고 신비적인 은사를 지나치게 강조함으로써 탈교회적인 집단운동으로 발전해 나갔다. 이들은 신자는 방언, 금식, 결혼을 하지 말고 엄격한 금욕생활을 할 것을 주장했다. AD 235년에 이고니움 회의에서 이단으로 규정되었고, AD 381년 콘스탄티노플 회의(Nicaene Constantinopolitan Assembly)에서 이교도와 같이 취급하였고 5세기 초에 자취를 감추었다.

제 5 장

그리스 철학의 영향과 기독교
Influence of Greek Philosophy and Christianity

기독교의 박해자들에게 기독교회를 변증하기 위해 헬라의 철학을 도입하여 기독교의 핵심교리를 재해석하는 도구로 사용하였다. 그리스 철학은 플라톤(Plato), 아리스토텔레스(Aristoteles), 스토아 철학(Stoicism) 등 세 가지의 두드러진 경향으로 기독교의 교리에 적용했다.

제1절 플라톤 사상

1. 초기 플라톤 사상

한 마디로 이원론적인 체계(體系)이다. 만물의 원형(原形)은 이데아

(Idea)인데 이것은 모든 것들이 모여 있는 참의 세계(世界)이며 현상계(Phenomena)와 반대된다. 현상세계는 원형인 이데아의 모형으로써 물질적인 악(evil)의 세계이며 원형인 이데아에 대한 그리움을 가지고 있다. 이러한 사고의 경향은 물질적인 세계를 부정하고 영적인 세계만을 추구하게 한다. 그 결과 현상세계를 버리기 위해 금욕(禁慾)과 절제를 함으로써 금욕주의 경향이 강하게 나타나게 되었다. 고대교회의 이단(異端)들의 이원론[19]은 플라톤의 영향이라 할 수 있다.

2. 중기 플라톤 사상

중기 플라톤 사상(思想)은 이데아와 현상세계를 연결해 주는 고리에 해당한다. 이것을 기독교에 적용한 것이 로고스 기독론(Logos Christology)이다. 인간으로서는 도저히 넘나들 수 없는 이데아가 로고스라는 개념을 빌려서 현상세계의 인간이나 물질세계와 연관을 갖는다. 인간에게는 로고스 씨앗이 남아 있어서 로고스의 접촉점을 갖는다는 것이다. 이 이론을 통해서 신과 인간을 묶을 수 있는 터전을 마련했다.

3. 후기 플라톤 사상

---

19 이원론 : 1) 기본의미로 세계의 통일성이나 단일성을 부인하고, 대립하는 두 가지 것을 현실의 기본 규칙으로 삼는 관념론적인 세계관. 예컨대 정신과 물질, 오성(悟性)과 감성(感性), 본체(本體)와 현상(現象) 등을 서로 환원될 수 없는 원리라고 생각하는 입장이다. 이(理)와 기(氣)의 이원론 2) 철학적으로 정신과 물질의 두 실재를 우주의 근본 원리로 삼는 이론, 17세기에 데카르트가 정신은 의식을 그 속성으로 하고, 물질은 연장을 속성으로 한다고 규정함으로써 근세 철학의 이원론이 성립하였다. 3) 종교적으로 선(善)과 악(惡), 창조자와 피조물(被造物) 등의 대립되는 원리나 원인으로써 사물을 설명하려는 관점이다.

후기 플라톤(Plato) 사상(思想)은 예수님 이후로 나타난 것으로 플로티누스(Plotinus)가 주장하였다. 만물의 근원이자 선(善)한 존재인 일자(一者)가 있는데 이 일자(一者)의 속성은 충만(充滿)이다. 충만한 일자는 넘쳐 흐른다(유출). 유출의 순서를 일자로부터 정신(精神)이, 정신(精神)으로부터 영(靈)이, 영(靈)으로부터 물질(物質)이 된다고 보았다. 그리고 악(惡)은 선(善)의 결핍 내지 멀리 떨어져 있기 때문에 있는 것이지 악 그 자체(自體)가 존재(存在)하지 않는다 하여 이원론(二元論)을 일원론(一元論)으로 좁혔다. 이러한 사상은 어거스틴에게 영향을 주었다.

제2절 아리스토텔레스 사상

아리스토텔레스(Aristoteles, BC 384-322)는 개념을 질료의 형상으로 대치시켰다. 하나의 개념이 질료도 될 수 있고 형상도 될 수 있다. 질료가 형상을 찾아서 위로 상승하는 운동을 하면서 꾸준히 올라가면 최상류의 순수형상을 만나게 된다. 이 순수형상은 움직이지 않으면서 다른 하위의 질료들이 상승운동을 하게 만드는 운동의 제1 원리이다. 스스로 움직이지 않으면서 다른 것을 움직이게 만드는 부동(不動)의 동자(動子)이다. 이런 운동을 목적론적 운동이라 부르며 기독교의 목적론적 운동을 설명할 수 있게 되었다. 이 부동의 동자는 형이상학적(形而上學的)인 신(神)이다.

이와 같은 아리스토텔레스의 논리학적 개념은 중세 초기에는 보에티우스(Boethius)를 통해 전달되다가 토마스 아퀴나스(Thomas Aquinas)

에 의해 절정을 이루게 된다. 종교개혁은 아리스토텔레스에 기초(基礎)한 신학을 몰아내고 성경 중심의 신학으로 되돌아가려는 운동이었다고 할 수 있다.

제3절 스토아 사상

제논(Zenon, BC 320-250)에 의해 시작된 스토아주의(Stoicism)는 우주가 생성소멸 되는 변화의 원리를 로고스라고 하는데 우주는 로고스(Logos)에 의해 다스려지는 무한히 넓은 대우주와 로고스로서 씨앗을 가진 소우주로서의 인간이 있다. 소우주로서의 인간은 로고스의 씨앗을 가지고 있기 때문에 로고스의 원리에 따라 덕스럽게 살면 육체를 벗어나서 대우주의 하나가 될 수 있다. 이러한 덕목(德目)에는 네 가지의 덕(德)이 있는데 지혜(智慧), 용기(勇氣), 절제(切除), 정의(正義)이다. 인간이 이 네 가지의 덕목(德目)에 따라 살면 이것이 행복이다.

스토아주의(Stoicism)에서 인간 안에 로고스의 씨앗이 내재되어 있다고 말하는 것은 인간의 본래적인 능력을 긍정하는 자연법칙인 이론이다. 덕(德)을 쌓으므로 육체를 벗어날 수 있다고 말함으로써 금욕주의(asceticism)의 길을 열고 후대의 수도원적 금욕주의에 영향을 주었다. 이들의 행복론은 인간 행위에 둠으로 공로주의 구원론에 이론적 바탕을 제공하였다.

스토아학파는 처음 형성된 후 2세기까지 그 영향력이 가장 컸으며, 이후 사상의 발전에도 뚜렷한 영향을 미쳤다. 후기 로마 시대와 중세에 이르는 동안 스토아 철학의 일부는 그리스도교, 유대교, 이슬람교 등이 인간과 자연, 국가와 사회, 법과 제재에 관한 이론을 형성하는 데 적용되었다. 현대에 와서도 스토아 철학의 개인 중시 사상 및 갈등과 불확실성의 세계에서 가치의 중요성을 강조하는 학설은 실존주의와 비정통 프로테스탄트 신학에서 다시 매력을 느끼고 있다.

제4절 그리스 철학에 대한 기독교회의 입장

그리스 철학에 대한 기독교의 입장은 두 갈래로 나타나고 있다. 철학을 이용하여 신학을 정립하고자 하는 변증 신학자들과 철학을 반대하는 학자들로 철학을 철저히 배격(排擊)하고 철학은 신앙에 도움을 주지 못한다는 것이다.

1. 철학을 옹호하는 입장

철학을 옹호하는 입장의 변증 신학자들은 알렉산드리아학파(Alexandrian School)가 그 중심이다. 이들은 그리스 철학의 전통을 기독교에 적용하여 기독교를 재해석하였다. 이 경향은 중세의 스콜라 신학자들과 현대의 불트만(Rudolf Bultmann), 틸리히(Paul Johannes Tillich) 등 현대 신학자들 사이에 찾아볼 수 있다.

1) 변증학

변증학(Apologetics)은 기독교를 로마의 통치자들이나 지성인들이 알아들을 수 있는 언어로 재해석해야 한다는 인식(認識)이다. 대표자는 저스틴(Justin Martyr)으로 성자(聖者)를 성부(聖父)보다는 저급한 신(神)으로 보았다(종속론). 하나님은 인간과 만나기 위해서 창조 이전부터 선재적 상태에서 이성적(理性的) 기관으로서 아들이시며 말씀하신 로고스를 낳았다.

하나님은 로고스(Logos)의 접촉점을 가지고 아들은 인간을 만난다. 모든 인간에게는 로고스의 씨앗이 있다. 저스틴(Justin Martyr)은 헬라의 소크라테스(Socrates), 플라톤(Plato), 스토아 철학자들과 시인을 포함한 문인들도 로고스를 전달하는 자로 인정하였다. 그리하여 기독교와 세속 문화와의 만남을 찾으려 하였다. 이 로고스에 따라 경건하게 살면 영생을 받지만 악(evil)하게 살면 사단의 유혹에 빠져 영벌에 처해진다.

저스틴의 종속론은 그리스도의 신성(divine nature)을 약화시키고 로고스의 기원을 성육신한 그리스도뿐 아니라 일반으로 출생한 선지자들이나 철학자들에게도 찾음으로써 성육신(incarnation)의 유일성을 무너뜨렸다. 그는 누구든지 로고스를 지키기만 하면 구원을 얻을 수 있는 길을 열었다. 이는 기독교 이외에도 구원이 있을 수 있다는 종교다원주의(pluralism of religion)와도 연결된다. 그는 기독교를 합리주의

(rationalism)와 이성주의(rationalism)에 맞는 종교를 지향하고 있다. 이러한 사고는 현대신학과 이신론(Deism)에서도 나타난다.

2) 알렉산드리아 학파

동방교회(Eastern Church)는 기독교를 종교와 도덕에 관련한 일단(一團)으로 취급하였다. 지성적 관심으로 기독교에 개종(改宗)했던 유대인과 이교도들을 가르치기 위해 생긴 "알렉산드리아 교리학당"(Alexandrian Cathechtical School)으로 시작해 신학교로 발전해 클레멘트, 오리겐 등을 배출했다. 알렉산드리아는 필로의 신학, 영지주의적 이단, 신 피타고라스파, 신 플라톤 철학의 본산이다. 알렉산드리아 학파(Alexandria School)는 철학을 통해서 기독교를 표현할 수 있는 길을 찾았으며 기독교야말로 가장 뛰어난 철학이라고 과시하였다.[20]

변증 신학이 철학으로 기독교를 체계적(體系的)으로 설명하려 했다면 알렉산드리아학파는 철학을 수용하여 성경을 알레고리(allegory)적으로 해석하려 했다고 할 수 있다. 그리고 적용에 있어서도 그 철학적 사고방식(思考方式)이 깊이 자리 잡게 되었다.

알렉산드리아(Alexandria)는 문화 형태가 혼합주의(syncretism)적이었고 이러한 사고방식으로 기독교를 설명하였다. 알렉산드리아학파의 대

---

20 E. H. 클로체, 「기독교교리사」, p. 94.

표자는 영지주의(Gnosticism)와 오리겐이 있었다. 오리겐(Origen)은 신플라톤주의의 혼합주의적인 성격을 모두 수용하였다. 구원에 신화적인 경향을 받아들이고 행위를 구원의 조건으로 보았다. 이러한 구도는 인간의 전적인 타락의 상태에서 메시아의 대속적 죽음에 의해 구원을 받았다기보다는 로고스의 중재적 기능에 의해서 구원을 얻게 되는 이론적 결과가 도출되었다.

3) 안디옥 학파

안디옥 학파의 창시자는 장로로 순교한 루시안(Lucian)이다. 아리우스와 이후 네스토리우스(Nestorius)파들은 모두 자기들이 루시안의 이론을 받아들였다고 주장했다. 안디옥학파(Antioch School)의 가장 유명한 대표자는 타르수스이 디오도루스(378, 사망)로 그는 크리소스톰(Chrisostom)이라 알려졌다.[21]

안디옥 학파는 성경의 비평적, 문법적, 역사적 해석을 중시했다. 이들은 알렉산드리아의 알레고리(allegory)적 해석 대신 주어진 문법적, 그리고 역사적 상황을 중시했다. 교의를 설명하기 위해서는 권위보다 이성에 의지해야 한다고 생각했다. 이들은 성경 계시의 생산 가운데 인간적 요인에 보다 더 많은 관심을 가질 것을 주장했다. 그래서 기독론(Christology)에서도 그리스도의 인격 가운데 인간적인 요소를 더 강조

---

21 전게서, p. 101.

하고 신적 요소를 부정하게 되고 그리스도를 도덕적 윤리적 모범 교사로 생각하게 되었다.

2. 철학을 반대하는 입장

서방교회의 신학자들은 알렉산드리아 교부들과 달리 기독교를 새로운 철학으로 생각하지 않았다. 이보다는 새로운 삶, 인간과 신(神)사이의 새로운 관계라고 생각하였다. 신앙은 우선 신적 진리에 관한 지식이 아니라 영혼의 구원을 얻는 방법이라고 보았다.

서방교회 교부들 중에서 철학을 반대했던 대표적인 인물은 터툴리안(Tertullian)이었다. 그는 신학을 정립하면서 되도록 철학적 요소(要素)를 제거하고자 하였다. 또 이단(異端)들이 플라톤(Plato), 에피쿠로스(Epikouros), 제논(Zenon), 헤라클레이토스(Heraclitus), 아리스토텔레스(Aristoteles) 등의 철학을 빌려 기독교의 진리(眞理)를 왜곡시키는 것을 지적하였다. 이런 경향은 바울(골 2:8, 20-22)과 종교개혁자 루터(Luther), 칼빈(Calvin) 등에서 찾아볼 수 있다.

우리는 2세기 말, 3세기 초에 내외적으로 여러 반대에 부딪친 기독교회가 나름대로 계시 진리인 기독교의 고유한 본질을 유지한 것은 정경인 성경에 진리의 뿌리를 박고 나아가 성경에 기초한 신조 및 신앙고백(信仰告白)을 공표했기 때문이라 믿는다.

제 6 장

율법과 은혜의 관계
Relationship between Law and Grace

 교회(Church)는 유대교(Judaism)와 헬라적 철학(philosophy)의 배경을 가진 사람들이 구원(salvation)을 조건(條件)으로 인간의 행위(行爲)와 공적(功績)을 강조하는 방향이 생기게 되었다. 유대주의자들이 개종하였으나 개종 후에도 유대교의 율법을 지켜야 구원을 받는다는 주장을 계속했고, 헬라주의자들도 인간의 노력을 구원을 얻는 예비적 단계로 보았다.

 이런 사상(思想)은 유대적 기독교이자 이단으로 정죄 받은 말시온(Marcion)과 몬타누스주의, 그리고 변증 철학자들과 종교개혁(The Reformation) 이후에 일어난 알미니안주의(Arminianism)에게 영향을 끼쳐 구원의 조건으로 행위를 강조하는 경향으로 나타났다. 이것은 두 가지의 경향으로 구분한다. 하나는 보상심리(報償心理)이다. 구원을 값없이 받기에는 너무 부담스러운 것이다. 무엇인가 행함으로서 인간의 책임(責任)을 어느 정도 면하자는 것이다. 다음으로 금욕적 생활을 통해 세속적 삶에서 탈피하고자 시도하고 그것을 인정받고자 하는 심리이다. 이는 모두 비성경적이며 반기독교적인 것이다.

제1절 스토아 사상

제논(Zenon, BC 320-250)에 의해 시작(始作)된 스토아주의(Stoicism)는 우주가 생성소멸(生成燒滅) 되는 변화(變化)의 기준과 원리(原理)를 로고스(Logos)라 전제하고, 우주는 이 로고스에 의해 다스려지는데 이 우주는 무한히 넓은 대우주와 로고스로서 씨앗을 가진 소우주로서의 인간으로 구분한다.

소우주로서의 인간은 로고스의 씨앗을 가지고 있기 때문에 로고스의 원리에 따라 덕스럽게 살면 육체를 벗어나 대우주와 하나가 될 수 있다고 보았다. 이러한 덕목에는 네 가지의 덕이 있는데 지혜, 용기, 절제, 정의이다. 인간이 이 네 가지의 덕목에 따라 살면 이것이 바로 행복이라 했다. 로고스에는 자연법칙과 도덕법칙이 있는데 덕을 따르면 무지로부터 벗어난다고 했다.

스토아주의(Stoicism)에서 인간 안에 로고스(Logos)[22]의 씨앗이 내재되어 있다고 말하는 것은 인간의 본래적인 능력을 긍정하는 자연법칙인 이론이다. 덕을 쌓음으로서 육체를 벗어날 수 있다고 말함으로써 금욕주의의 길을 열고 후대의 수도원적 금욕주의에 영향을 주었다.

---

22 로고스(Logos) : '말', '이성', '계획'을 뜻하는 그리스어이다 로고스는 철학, 이성(理性), 신학, 신의 이성, 하나님의 말씀(the Word) 삼위일체의 제2위인 그리스도(Christ)를 의미한다. 로고스(Logos)는 그리스 철학과 신학에서 우주에 내재하면서 우주를 다스리고 우주에 형식과 의미를 부여하는 신(神)의 이성으로 이해되는 개념이다. '로고스'라는 용어로 정의되는 개념은 그리스, 인도, 이집트, 페르시아 등의 철학, 신학 체계에서 찾아볼 수 있지만, 그리스도교 문헌과 교리에서 특히 중요한 의미를 가진다. 그리스도교에서는 예수 그리스도의 역할을 신이 우주창조 및 질서유지의 원리이자 신의 인간구원 계획을 계시하는 원리로 묘사하거나 정의하는 데 이 개념을 사용했다. 따라서 이 개념은 예수가 선재(先在)했다는 그리스도교의 기본교리의 기초를 이루고 있다.

그리스 사상에서 로고스(Logos) 개념은 BC 6세기의 철학자 헤라클레이토스(Heraclitos)까지 거슬러 올라간다. 그는 우주의 진행과정에는 인간의 이성 능력과 비슷한 어떤 로고스가 존재한다고 생각했다(그리스 종교). 그 뒤 기티온(Githion)의 사상가 제논(Zeno, BC 4~3세기)의 가르침을 따르는 스토아학파는 로고스를 모든 실재에 스며있는 활동적인 이성적·정신적 원리로 규정했다. 그들은 로고스를 섭리, 자연, 신과 우주적 영혼 등으로 불렀으며 이 로고스는 우주의 로고스에 포함되어 있는 많은 종자 '로고이'(logoi)로 이루어져 있다고 보았다. 1세기 유대인 철학자 알렉산드리아의 필론(Philon Judaeus)은 로고스가 신과 우주를 매개하고 창조를 수행하며 인간 정신이 신의 존재를 믿고 신의 뜻을 따르게 하는 역할을 한다고 가르쳤다. 필론과 중세 플라톤주의자(BC 4세기 그리스의 대표적인 철학자 플라톤의 가르침을 종교 용어로 해석 한 사람들에 따르면, 로고스는 세계에 내재하며 동시에 초월적인 신적 정신이었다.

〈야고보복음〉제1장에서 예수 그리스도는 성육신(成肉身)한 '말씀'(logos)과 동일시된다. 이렇게 예수를 로고스와 같다고 보는 것은 '주의 말씀'(신의 활동과 권능의 관념을 함축한)이라는 자주 쓰이는 구절에서 나타나는 구약의 계시관념과 지혜는 인간을 신에게 인도하는 신의 대리자로서 신의 말씀과 같은 것이라고 보는 유대인의 견해에 바탕을 두고 있다.〈야고보서〉의 저자는 헬레니즘 세계(그리스 문화)의 독자들이 쉽게 이해할 수 있는 철학적 표현을 사용했는데, 그리스도의 인성이 가지는 구원의 성격을 강조하기 위해 예수를 '길이요, 진리요, 생명'이라 했다.〈야고보서는 예수를 선재하다고 생각했으나 인류의 생명과 구원의 인성화(人性化)한 근원이라 여겼다. 이 복음서의 저자는 로고스를 예수의 인성과 분리할 수 없는 것으로 해석했으며 단순히 예수가 선포한 계시라고는 생각하지 않았다.

예수를 로고스와 동일시한 것은 신약성경의 여러 부분에서 암시적으로 나타나 있고 특히 야고보서 4장에 뚜렷이 나타나는데, 이런 관점은 초기교회에서 구약성경 보다는 그리스 철학에 근거를 두고 더욱 발전했다. 이 발전은 초기 그리스도교 신학자와 변증론 자들에 의해 이루어졌다. 이들은 그리스도교 신앙을 헬레니즘 세계 사람들이 잘 이해할 수 있는 용어로 표현하려 했고 또 그들에게 그리스도교가 가장 좋은 이교도 철학보다 더 뛰어나다는 인상을 심어주기 위해 노력했다. 이에 따라 초기 그리스도교 교부들은 변증론 및 논쟁적 저작들을 통해 그리스도는 다음과 같은 의미를 갖는 선재하는 '로고스'라고 주장했다.

① 그리스도는 하나님을 인간 앞에 드러내 주는 존재인 동시에 구약성경에 나오는 신의 현현(顯現)의 주체이다. ② 그리스도는 모든 인간이 공유하는 신의 이성이기 때문에 BC 6세기 철학자와 이성적 삶을 살았던 그 밖의 사람들은 그리스도 이전의 그리스도교도였던 셈이다. ③ 그리스도는 세계의 틀이 되는 신의 의지요 말씀이다.

이러한 자연법칙의 사상(思想)이 기독교에 영향을 미쳐 기독교인들도 윤리적인 실천 또는 수행을 통해서 죄를 극복하고 구원을 얻을 수 있는 것으로 생각하게 되었다. 그리고 이러한 경향은 말시온주의자들, 영지주의자들, 펠라기우스주의(Pelagianism)자들이 추종했다. 이들은 구원을 인간 행위에 둠으로 상향식 구원론에 이론적 바탕을 제공하였다.

제2절 말시온의 사상

말시온(Marcion)은 이원론(영과 물질)을 채택하여 신약성경의 하나님은 영적이지만 구약성경의 하나님은 물질적인 것으로 이해했다. 그리스도는 선하지만 단지 영적인 데 반해 데미우르지(Demiurge, 우주창조자, 반신론)는 그리스도를 죽이려고 대적하여 싸운다. 그리스도는 육체가 아니라 영이기 때문에 죽임을 당할 수 없으므로 죽은 것처럼 보이는 모습에서 부활했는데 그것이 구원의 방식이었다. 말시온주의(Marcionism)에 대해 변증가들은 그리스도가 진정한 사람이었으며, 진정으로 죽었으며, 진정으로 죽음에서 부활하였다고 논증했다. 또 창조자와 구속자는 하나로서 동일한 존재이다.

말시온은 복음이 율법(律法)과 혼합됨으로써 부패하여 졌다고 확신하고 율법(律法)과 복음(福音)을 분리하는 일을 시작하여 반대설 또는 대조설을 만들어 놓았다. 신약의 하나님은 선하고 자비로우시며 사랑의 복음과 구약 신의 율법에서 벗어난 자유의 복음을 전했다. 그를 믿는 신자들과 지옥에 있는 악(evil)한 사람들을 위해 구원의 길을 열어 놓았다.

말시온은 바울(Paul)만이 예수 그리스도의 복음을 참으로 이해한 사도라고 믿었기 때문에 신약성경은 누가복음과 바울 사도가 쓴 10 서신을 묶어 '말시온 정경'을 만들었다.

말시온은 금욕적이며 수행을 강조함은 복음이 죄로부터 해방이라기보다 도덕적 죄책(罪責)감을 경감시켜 주는데 의의가 있다할 것이다. 이러한 주장은 당시의 부도덕(不道德)한 사회에 종교의 이름으로 살아남을 수 있는 방법이었다.

터툴리안(Tertullian)에 의하면 말시온(Marcion)은 도덕적으로 부패한 사람이었는데 자신의 도덕적 부패를 엄폐하기 위해 율법과 참회 제도를 부정하고 자신들만을 위한 공동체(共同體)를 조직하였다는 것이다. 금욕주의는 그 시대의 유행이었다.

말시온은 AD 144년에 공식적으로 출교당하고 대다수 교도는 마니교로 흡수되었다. 이는 당시 교회가 은혜와 구원과 행위의 관계를 바로 이해하지 못한 것의 결과라고 할 수 있다.

제3절 영지주의 사상

영지주의(Gnosticism)는 고대교회의 이단(異端)들의 다양한 사상들을 혼합적(混合的)으로 집결시킨 것이다. 영지주의는 혼합주의(syncretism)의 산물이다. 알렉산더의 세계문화 통합정책 이후 동양의 신비적인 종교와 문화가 그리스 철학의 논리(論理)와 헬라어등이 혼합되어 새로운 문화 사조를 만들었다.

이러한 조류에 기반하여 기독교의 구원론, 육체를 경멸(輕蔑)하고 금욕주의적인 페르시아의 이원론, 바벨론의 점성술, 페르시아와 이집트의 마술(魔術)이 혼합(混合)되어 신비한 지식(知識)을 추구하는 종교가 형성(形成)된 것이 영지주의이다.

구원은 금욕주의적으로 노력으로 힘들어 얻는 지식(知識)으로만 된다는 것이다. 영지주의는 하나님으로부터 구원을 말하지 않고 신비한 지식(知識)을 추구하는 인간의 노력에 있다는 것이다. 영지주의는 이원론적 구조를 가지고 있다.

1. 육과 영혼

영혼(靈魂)은 육체(肉體)의 감옥(監獄) 안에 갇혀있다. 영혼이 육체를 벗어나서 영혼 본래(本來)의 세계로 복귀(復歸)하는 것을 구원으로 보았으며, 영혼이 물질의 세계에서 상승하여 신비의 세계로 들어간다는 것이다. 그리고 물질세계는 악(evil, 惡)하고 영적인 신비적인 것만 선(善)하다는 것이다. 이러한 이원론적 사상(思想)은 두 가지 현상으로 나타났다. 첫째, 물질을 멀리하기 위하여 철저하게 혼인을 금하고 탐식을 금하는 금욕주의요 둘째, 물질적인 것은 영혼 구원과 무관하기 때문에 육체로 범하는 성적 문란까지 정당화하는 자유방임주의를 인정하였다.

2. 창조의 이중성

창조(創造)는 음양(陰陽)의 복합적인 것으로 보았다. 이들은 완전하고 말로 표현할 수 없는 "이온"(Eon, 영원히 존재한다는 뜻)이 존재한다고 했다. '이온'(Eon)은 불가시적(不可示的)이며 이해할 수 없는 존재(存在)이며 비출생적이며 영원한 존재이자 만물의 시작이다. '이온'은 언제나 음양으로 존재한다. '이온'은 두 개씩 15쌍 즉 '30 이온'이 있는데 '이온'사이에 부정적인 정서 상태로 인하여 물질의 세계가 창조되었다. 그리고 인간은 이 물질세계에 갇혀있는데 여기서부터 그의 영이 영적세계로 복귀하는 것을 구원이라 했다.

3. 성경 해석

영지주의자(Gnosticinists)들은 성경을 풍유적(allegory)으로 해석(解釋)했다. 특별히 숫자를 풍유적으로 해석한다. 예를 들어 예수님이 30세에 공생애를 시작하였기 때문에 '이온'의 숫자도 30이고, '이온'의 숫자가 12로 증진된 것은 예수께서 12살 때 예루살렘 성전에서 신앙(信仰)토론을 하였으며 이 때문에 12 제자를 택했다는 것이다.

예수는 인간의 몸을 입고 태어날 수 없으므로 예수의 동정녀 탄생(童貞女 誕生)을 부정(否定)하고, 예수가 세례를 받을 때 그리스도가 성령을 대동하고서 인간에게 임했다고 했으며, 예수는 물질로 이루어진 인간이 아니기 때문에 십자가의 고난도 받을 수 없고 죽음도 없고 부활도 없다고 했다. 그리하여 예수의 33년간의 생애(生涯)는 인간 예수가 아니라 예수를 입은 '이온'이었다는 가현설(Docetism)을 주장했다. 그리스도 가현설(假現說)은 지상의 그리스도는 천상의 영적 실재자(實在者)로서의 그리스도의 환영(幻影)이라는 것이다.

이들은 인간을 계급적으로 이해하고, 구원을 받은 영적인 자들과, 구원의 가능성이 있는 혼적(魂的)인 자들과 구원의 가능성이 없는 육적(肉的)인 자들로 구분하면서 기성체제의 교회는 모두 육적인 자들로 구성되었다고 단정하고 교회의 예배가 끝난 다음에 영적인 자들이 별도의 집회(集會)를 가졌다. 이때 예배는 영의 인도를 받았다는 사람이 인도하고 각종 은사(gift)가 나타나고 성적인 혼음(混淫)까지 이어지기도 하였다.

영지주의는 성경을 지나치게 풍유적(allegory, 영적)으로 해석하고 그리스도의 성육신(incarnation)과 대속적 죽음을 부정하고 신비한 마술(魔術), 철학 등 비기독교적인 신지식과 연결되어 있는 영지획득에 의한 구원을 주장하고, 구원을 영혼(靈魂)에만 국한시키고 이원론적 사고(思考)

를 가지고 있으며 교회의 조직과 체제를 부정하는 무교회적인 운동이다. 그리고 교회의 열성 있는 사람들을 포섭하여 신비성, 비밀스러운 전승에 의한 비밀제의(秘密祭儀) 등으로 교회를 문란하게 하고 지금까지의 신앙을 부정한다.

제 7 장

이단들과 교회
Heretics and Church

　　신약성경이 정경화(Canon, 正經化)된 이후 외경(Apocrypha)과 위경(Pseudepigrapha)은 교회에서 인정받지 못하고 공개적인 전승만을 인정하게 되었다. 더불어 성경의 내용을 객관화하기 위하여 사도신경(Apostolic Creeds)과 니케아 신조(The Nicaene Creed, 325), 니케아-콘스탄티노플 신조(Nicaene Constantinopolitan Creed, 381), 칼케돈 신조(The Chalcedon Creed, 451), 아타나시우스 신조(The Athanasian Creed, 420-450) 등을 만들게 되었다. 신앙이란 주관적(主觀的) 체험과 입장에서 출발하지만 그 내용은 객관적이어야 하기 때문에 신조가 필요한 것이다.

　　그러나 이단자(異端者)들은 성경을 자의적이고 주관적 입장에서 해석하고 적용한다. 이에 정통기독교회는 성경과 교회의 진리(眞理)를 보호하고 밖으로부터 오는 잘못된 사상(思想)을 방어(defend)하기 위해 교회는 공교회(公敎會)의 결정인 신조(Creed)를 만들어 이단(異端)들을 척결하였다.

한편으로 교회는 이단과 함께 세속정부의 간섭과 박해를 맞이했지만 오히려 이러한 박해가 더욱 내실을 다지고 외부의 공격을 지켜내는 동기부여가 되었다.

제1절 데시우스 박해와 노바티안 분파

교회는 박해 시 배교(背敎)한 자들을 다시 교회로 받아들일 것인가에 대하여 온건파와 강경파 사이에 치열한 논쟁(論爭)과 갈등이 일어났다. 로마의 데시우스 황제(Decius, 재임 249-251)의 박해 시 배교자를 다시 교회로 받아들일 것인가, 받아들인다면 어떤 절차를 거쳐야 하는가 등에 대해 치열한 논쟁이 일어났다. 여기서 강경파와 온건파 사이에 대결로 말미암아 노바티안(250년 1월 21일부터 3월까지 감독) 분파가 발생했다.

노바티안 감독(Novayian Bishop)은 성경 지식과 인격을 갖춘 웅변가로 배교자(背敎者)들에게 냉정했다. 그런데 차기 감독으로 온건파인 코르넬리우스(Cornelius)가 당선되자 황제는 노바티안을 로마교회의 감독이자 교황으로 추대했다. 그러나 로마의회는 오히려 노바티안을 출교했다. 이에 양측 사이에 갈등이 증폭되었다. 안디옥의 파비안(Antioch of Fabian)은 노바티안을 지지했으나 카르타고의 키프리안(Cyprianus)은 코르넬리우스를 지지했다. 코르넬리우스 측은 배교한 첫날이라도 회개하면 용서하고 교회가 배교자들을 평화롭게 받아들여야 한다고 주장했다. 이에 재입교가 심사되었으나 그 해당자 수가 너무 많아 되레 감독의 영향력이 약화되고 말았다. 이에 키프리안은 이레니우스(Irenaeus)의 전통(傳統)에 서서 감독은 역사적(歷史的)인 사도의 계승자임을 주장하고 베드로의 사도적권위(使徒的權威)를 부여함으로써 교회의 통일성을 꾀하면서 교회안의 분열을 해소코자 시도했다. 이때까지는 로마교회의 감독의 권위를 따로 인정하지 않았던 시절이었다. 감독만이 성례전을 집행하는 권한을 가졌으므로 감독이 없는 곳은 교회가 아니며, 감독이 곧 교회라는 군주적인 감독권이 확립된 때였다. 이런 때 키프리안의 새로운 감독의 권위 주장은 훗날 교황제도의 시원이 되었다.

제2절 디오클레티안 박해와 도나투스 분파

디오클레티안(Diocletian, AD 286년 즉위) 황제 때 로마는 동서로 분리되어 통치되었다. 디오클레티안은 동로마를 통치하며 교회를 폐쇄(閉鎖)하고 집회를 일체 금지시키는 등 박해를 가했다. 이때 배교자(背敎者)들이 생겨나고 교회는 배교자들에게 베푼 성례전을 문제 삼았다.

카르타고 감독(Bishop)으로 케이실리안(Kesilrian)을 선출할 때 그의 안수식은 강경파에서 배교자로 불리던 펠릭스(Felix)에 의해 집례되었다. 이에 아프리카 지역의 경건파 감독들은 312년 70인 감독회의를 열어 케이실리안의 안수가 무효라고 선언(宣言)하고, 그 자리에서 마조리누스(Mazorinus)를 감독으로 세웠다. 마조리누스가 죽자 도나투스(Donatus)를 후임 감독으로 세우므로 교회는 카톨릭과 도나투스파로 나누어지고 도나투스는 330년 회의에 감독 270명을 회집할 정도로 세력을 과시하였으나 아프리카 지역에 국한되었다. 도나투스파(Donatists)는 감독 중심제적인 체계(體系)를 무시하고 감독을 경건한 자질과 박해 시 신앙고백자이어야 하며 이들이 집례 한 성례만이 효력을 가진다고 주장하였다.

이에 반해 로마의 감독인 스테판(Stephen)은 집례의 효력은 집례자에 있지 않고 얼마나 정당하냐에 있다고 주장하고 비록 이단(異端)에 속한 집단에서 성례를 베풀었다고 하더라도 성 삼위일체의 이름으로 베풀었다면 효력이 있으므로 배교자(背敎者)가 재입교할 때 다시금 세례를 베풀 필요가 없다고 하였다.

그러나 도나투스파는 파격(破格)하고 열광적(熱狂的)인 공동체(共同體)로서, 신비적 종말론(神秘的 終末論)에 치우치고, 무력(武力)을 사용하고, 무분별한 음란(淫亂)을 자행(自行)했다. 교회의 거룩성은 외적인 표준에 두지 않았으며, 사도적 전승(使徒的 傳承)에 의하여 안수례로 임직을 받은 감독이라면 비록 배교자였다 할지라도 집례 할 수 있게 하였다. 집례의 효과는 하나님께 있는 것으로 정의했다.

제 8 장

기독교 신학의 시작
Beginning of Christian Theology

    기독교회는 안으로부터의 사상적(思想的) 분열(分裂)과 밖으로부터 오는 잘못된 사조(思潮)의 압력으로 말미암아 기독교회의 진리(眞理)를 분명하게 설명하고 더불어 적극적인 옹호를 할 신학적 요구가 일어났다. 이에 주후 150년에 이르러 약 2세기 동안 초대교회의 교부들이자 변증가들(Apologist)이 이 사명을 담당했다.

    주요 인물로 저스틴(Justin Martyr), 타티안(Tatian), 아테나고라스(Athenagoras), 안디옥의 데오빌로스(Theophilus of Antioch) 등이 있다. 이들은 기독교의 참된 특성(特性)을 설명하고 그리스도에 대한 비난을 반박함으로써 그 목적(目的)을 이루려고 시도했다. 이들은 기독교는 유대교

(Judaism), 헬레니즘(Hellenism)에서 발견되는 모든 진리(眞理)의 완성(完成)이라고 말하였다.

제1절 기독교 진리의 건설과 계시

그러나 변증가들(Apologist)은 일반계시(general revelation)와 특별계시(special revelation) 및 사람의 지식(知識)으로 생겨나는 것과 초자연적으로 계시된 것을 잘 분간하지 못하는 등 계시신학에 미숙했다. 기독교의 계시를 모든 철학보다 우수한 것으로 보기는 했지만 철학적으로 생각했는데 그 이유는 철학이 합리적인 요소를 가지고 있고 문제를 해결하여 주기 때문이라 믿은 것이다.

그러나 한편으로 철학을 반대(反對)하는 변증가들은 철학과 반대(反對)로 기독교가 초자연계시(supernatural revelation)에서 출발(出發)하였다고 주장했다.

1. 신 개념과 로고스 개념

변증가들은 하나님을 스스로 계신 자요, 불변자요, 영원히 계신 자요, 세계의 제1 원인(第一原因)이라 하였지만 유일성(唯一性)과 완전성(完全性) 때문에 없다는 말로 나타냄이 가장 좋다고 하였다. 그들은 속성(屬性)이 없는 절대적 존재로서의 신(神) 개념(槪念) 이상 더 알지 못했다.

성자를 말하는 데 있어서 로고스라는 말을 사용하였는데 그것은 공통적 철학적 용어로서 지식(知識) 계층에 호소할 수 있었기 때문이다. 그리고 로고스는 독립적 인격을 가졌다는 데서 철학적 로고스와 구별했다. 철학적 로고스는 보편적 현인(賢人)들 속에 있는 것이다.

2. 그리스도론과 구원관

변증가들은 로고스(Logos)는 참된 인성(human nature)을 가짐으로 육신과 영혼으로 이루어진 인간이 되었다고 보았다. 그는 보통 인간이 아니며 신성(divine nature)이 감추어져 있기는 하지만 신(God)이며 완전한 인간(human)이라고 했다. 또 로고스는 순수한 인간이 아니고 십자가에 못 박힌 하나님의 아들이었다. 육(肉)을 취하시고 오시기 전에 이미 자신을 나타내 보인 것처럼 그는 영원 전부터 인류의 선생이 되었다는 사실을 강조했다.

변증가들(apologist)[23]은 그리스도가 받은 고난이야말로 사람으로 하여금 죄 용서함을 얻어 죄(罪)와 악마(惡魔)에게서 벗어날 수 있는 근거가 된다는 점에서 참된 큰 의의가 있다고 주장했다.

---

23 변증가들(The Apologist) : 변증가 들은 교회내부의 말시온, 외부의 셀수스(Celsus)의 비판세력의 비난에 답하면서 믿음을 옹호했던 2세기의 기독교 저술가들을 가리킨다. 이들의 논쟁적 성격은 그들의 살던 시대가 특별한 시대임을 말해준다. 로마를 중심으로 서방 변증가들은 '히폴리투스', '이레네우스', '터툴리안', 동방은 '아리스티테스', 순교자 '저스틴', '데오필로', '아테스고라스', '락타니우스', '알렉산드리아의 클레멘트', '오리겐' 등이다.

3. 중생과 내세관

또 중생(regeneration)의 시작은 이원적(二元的)으로 나타났다. 인간(人間)의 자유로운 선택과 하나님이 값없이 주시는 은총에 따르는 것이라 했다. 세례(baptism)는 신생(新生)을 시작하는 표(sign)이며 부활과 영생(永生)을 믿었다.

하르낙(Harnack)과 포브스(Forbes)는 변증가들은 복음을 바로 이해하지 못하고 기독교의 본질(essence)을 합리적인 내용에서 찾고자 복음을 헬라화 하였다고 했다. 다시 말해 첫째, 교리를 다루지 않고 변증론을 사용했는데 이 변증론의 성질은 항상 반대자에 의하여 결정되었다는 것이다. 둘째, 그들이 강조한 원리는 이성이 기독교 교리체계의 근본적 부분을 이룬다는 것이며 셋째, 그들의 책은 기독교의 많은 적극적 요소들을 내포하고 있으나 이것은 이성(理性)의 기본적 원리를 위한 기둥으로서 역할에 그친다고 했다.

변증가들은 기독교를 대체로 철학적 용어로 서술하면서 철학과 신학을 분명히 구별하지 못하였고, 계시진리(啓示眞理)와 로고스 교리를 희랍철학 사상(思想)에 섞어 손해를 입힌 점에서 과오가 있다. 그러나 변증가들은 계시진리(啓示眞理)를 바로 해석하려고 노력한 공로가 있다. 계시진리를 합리적으로 해석했다고 하여 모든 노력을 폄하할 수 없다. 2-3세기에 활동했던 변증가들의 시대적 한계에도 불구하고 로고스(Logos)와 구원(salvation) 방법(도덕주의)에서 철학적 방법 및 이성적 체계를 수립하고, 기독교 신학을 출범시킨 공로는 인정받아야 한다.[24]

제2절 기독교의 반(反) 그노시스 교부들

1. 이레니우스

이레니우스(Irenaeus)는 동방에서 태어나 폴리캅(Polycarp)의 제자가 되었다. 생애의 대부분을 서방에서 보냈고 장로로서 리용(Lyons)의 감독이 되었다.

그는 「이단에 반대하다」라는 책을 통해 영지주의(Gnosticism)를 겨냥하고 기독교회를 온전히 표현하였다. 그는 로고스(Logos)는 육신을 취하고 이 세상에 탄생하여 예수가 되셨고 이때부터 참 하나님이시고 참사람이었다고 하면서 예수는 수난하고 죽으실 때 인간이 아닌 그리스도와 나누어졌다고 하는 그노시스 이단(異端)을 물리쳤다. 그는 신(神)과 인성과의 연합에 가장 큰 의미를 부여했다. 그리스도의 죽으심은 우리를 대신해서 죽으신 것이라 했고, 그리스도의 사역의 중심적 요소는 그의 순종인데 그리스도의 순종으로 아담의 불순종이 없어졌다고 했다.

2. 히폴리투스

---

24 E. H. 클로제, p. 71.

히폴리투스(Hippolytus)는 이레니우스(Irenaeus)의 제자로 선생의 사상(思想)을 따르고 저서로 「여러 가지 이단에 대한 반박」(The Refutation of all Heresies)을 저술하고, 철학자들의 생각이 교리에 대한 잘못된 이해의 근본임을 지적했다.

3. 터툴리안

터툴리안(Tertullian)은 카트타고(Carthago)의 장로로 북아프리카 신학의 대표자이다. 그는 모든 이단(異端)이 그리스 철학에서 나온 것이라 생각하고 철학을 반대하고 제거하려고 했다. 그는 이단(異端)자들과 논쟁할 때는 간단한 이의로 반박하는 것이 좋다고 하였지만 말년에는 몬타누스주의(Montanism)를 옹호했다. 그는 하나님은 단 한 분으로 창조주이며, 구속 주, 하나님은 삼위일체이니, 세 인격으로 된 한 본체(本體)라고 주장하였다.

4. 반(反) 그노시스 교부들의 신관

참 신과 창조주를 구별 지은 것은 그노시스의 근본적인 잘못이며 악마가 가져다준 독신적(瀆神的) 사상으로 보았다. 단일신론자(Monarchians, 單一神論者)들을 반대하여 삼인격(三人格)이 수에 있어 나누어지지 않는 단 하나의 본질이라 강조했다. 그러나 삼위일체에 대한 완전한 이해를 못하여 한 위가 다른 위(person, 位)에 예속된다고 생각했다.

5. 반(反) 그노시스 교부들의 인간관

교부들은 인간은 선(善)과 악(evil, 惡)이 서로 같지 않은 자연적 천품이라 설명할 수 없다고 주장하는 영지주의(Gnosticism)의 인간관을 근본적으로 반대했다. 인간은 하나님의 형상으로 창조되었으나 불순종으로 완전함을 잃어버렸지만 순종하게 되면 영생을 얻을 수 있는 가능성을 가지고 있다고 보았다. 죄는 불순종이며 멸망을 가져온 원인이며, 죄를 지은 아담 안에서 온 인류는 죽음을 면할 수 없게 되었고, 사망은 온 인류에게 대대로 계속된다. 이것이 원죄 교리의 시작이다.

6. 반(反) 그노시스 교부들의 구속관

이레니우스(Irenaeus)는 하나님은 인간을 낙원에서 추방할 때 그들이 입은 상처가 영원히 남지 않도록 하기 위해서 죽음을 제정하셨다고 했다.

이후 하나님은 인류 구원을 위해 세 개의 언약을 주셨다. 제1 언약은 사람의 마음에 새긴 율법이요, 제2 언약은 십계명이요, 제3 언약은 그리스도로서 처음 율법 즉 사랑의 율법을 회복하셨다. 이 언약(covenant)은 이스라엘에 국한된 것이 아니고 세계적이므로 모든 인류는 성부와 성자에 대한 신앙(信仰)이 요구된다 하였다.

터툴리안(Tertullian)은 죄인이 회개하고 세례를 받으면 구원을 얻는다고 한 사상에서 도덕주의를 드러냈다. 하나님을 입법자이며 심판자로 보는 동시에 하나님은 허물과 범죄행위를 죄로 간주함으로 배상(倍償)을 요구하시는데 이 배상이 곧 신앙이라 했다. 이는 로마 카톨릭 신학의 고해성사(Sacrament of Penance, 告解聖事)의 기초가 되었다.

제3절 알렉산드리아 교부들

주후 2-3세기는 헬라의 학문과 복음의 진리가 결합하여 알렉산드리아 학파(Alexandria School)를 만들어 냈다. 이들은 영지주의(Gnosticism)자들의 성경해석을 경계하여 그리스 철학과 기독교 신학을 이용하여 풍유적(Allegory) 성경해석의 길을 열었다.

알렉산드리아 학파(Alexandria School)는 또 구원론에 있어서 자유의지(free will)를 인정했다. 구원(salvation)에 있어서 신앙(信仰)은 유일한 조건이 아니라 오히려 회개(悔改)가 더 필요하다고 강조했고, 이 회개는 하나님 앞에서 신앙의 고백으로 이루어져야 한다고 주장했다. 또 교회는 신자의 단체로 보고 교회(敎會) 밖에는 구원이 없다고 했다.[25]

1. 클레멘트

---

25 전게서, p. 81-85.

알렉산드리아의 클레멘트(Clement of Alexandria)와 오리겐(Origen)은 알렉산드리아 교회 학교를 대표하는 교수들로 사색적인 동방신학을 대표한다. 이들은 이레니우스(Irenaeus)와 터툴리안(Tertullian)과 같은 정통신학자들처럼 정통적 신앙(信仰)의 법칙을 지키지 않고 자신들이 이해한 대로 시대의 철학과 기독교의 전통을 결합하려 했다. 그러므로 이들은 실제적인 면에서 정통주의자들보다 현실적(現實的)이며 기독교의 진리(眞理)를 철학적으로 이해하고 설명하고자 시도했다. 그러나 결국 혼합주의에서 탈피하지 못했다.

그는 신적 지식의 근원은 성경이지만 이성적인 면에서 철학의 사유를 더 강조했다. 성경의 해석을 풍유적(Allegory)으로 시도함으로 인간의 다양한 사상적 자유의 문을 열었다.

그는 신론에서 로고스(Logos)의 인격적 실존과 성부와의 하나됨과 영원 발생 등을 강조하였지만 한편 로고스는 신적 이성이며 성부에 예속된다고 하였다. 즉 하나님의 참된 로고스와 육신으로 나타나신 성자 로고스를 구분했다. 로고스는 태초부터 창조의 사역에서 신적 지혜를 나타내며, 인간에게 이성(理性)의 빛을 주며, 진리(眞理)를 특별히 열어 보이며, 또 로고스는 이방인이 더 충분한 복음의 빛으로 갈 수 있도록 디딤돌의 역할을 했다고 했다. 더불어 로고스는 예수 그리스도 안에서 육신의 몸을 취하고 오심으로써 하나님을 계시했고, 근본적으로 성부이신 한 분 하나님이지만 오직 로고스를 통하여 자기를 계시하셨다고 했다.

클레멘트의 한계도 분명하다. 성령 하나님과 다른 위(person)들과의 관계를 설명하지 않았고, 성육신 로고스는 육신의 몸을 취하는 과정에서 완전한 인성을 취하여 참 인간이 되었다고 했다. 결국 그는 가현설(Docetism)을 피하지 못했다.

2. 오리겐

오리겐(Oregenes Adamantius)은 터툴리안(Tertullian)의 제자로 신자의 가정에서 태어나 신앙교육을 받았다. 그는 어릴 때부터 종교적 금욕주의(asceticism)를 실행하며 당대의 사조인 플라톤 철학과 이단적(異端的) 체계(體系)들과 그노시스주의를 연구했다. 그는 영지주의자들과 싸웠고, 단일신론을 반대(反對)했다.

그는 「원리에 대하여」를 통해 기독교 교리의 조직체계(組織體系)를 세워 신학 발전에 영향을 주었다. 또 그는 성경 해석의 표준으로서 하나님의 말씀이나 신앙(信仰)의 법칙에다가 자기의 입장을 바로 세우고 성경에 반대되는 것이나 합당치 않게 인출한 것과 반대되는 것을 받아서는 안 된다고 주장함으로 정통주의적 입장에 섰다.

그러나 그의 신학은 플라톤 철학의 빛을 띠고 풍유적(Allegory) 성경 해석을 통해 모든 종류의 사색과 개인적인 해석의 자유를 인정함으로 교회로부터 이단(異端)으로 정죄 받았다.

그는 신론에 있어 영지주의(Gnosticism)를 반대하고 하나님은 신약과 구약에서 동일한 분이라고 하였다. 하나님은 절대 원인이시며 전지전능하시며 공의로우시다고 하였다. 인간론에서 영혼의 선재설을 주장하였고 인간이 현재 존재하는 상태는 선재할 때 영들이 타락하여 범죄 함으로 그들을 위하여 물질세계를 창조한 것이라 했다. 또 타락한 영들은 영혼들이 되어 육체로 옷 입혀졌다고 했으며, 물질이 창조된 목적은 타락한 영들에게 거처를 제공하고 가르침을 통해 깨끗하게 하는 수단을 삼기 위해서라고 했다.

그리스도의 성육신에 대해서는 그리스도의 영혼은 다른 모든 영혼과 같이 '저 세상'에 벌써 존재했는데 그것이 먼저 존재할 때부터 로고스와 연합했다고 했다. 즉 육신으로 오기 전에 로고스와 영혼이 서로 완전히 교통하였다는 것이다. 로고스로 가득 찬 영혼은 신체까지도 침투(浸透)되어 신화(神化)하여 그리스도 안에서 신성과 인성이 섞여졌기 때문에 그는 영화에 의하여 사실상 무소부(無所不在)하게 되었다고 보았다. 그러나 오리겐은 그리스도의 인성의 완전성에 성공하지 못했다.

오리겐(Origen)은 사후에 착한 사람은 낙원, 즉 그들은 다시 더 교육을 받을 곳으로 들어가고, 악한 자는 불의 심판을 받지만 그 심판은 영원한 형벌이 아니라 깨끗하게 하는 수단이라 했다. 그는 천년왕국(Millennium)을 부정하고 부활을 영적인 차원에서 일어나는 일로 보았다.[26]

---

26 전게서, p. 81-85.

오리겐의 주요 이론을 정리하면 다음과 같다.

① 성자를 성부보다 열등하다고 주장함으로써 성부와 성자의 동일 본질을 부정한 4세기 아리우스주의의 선구자가 되었다.
② 육체의 부활을 영적인 뜻으로 해석했다.
③ 지옥을 부정함으로써 사람들의 도덕적 열정을 무기력하게 만들었고 보편구원설을 주장하였다.
④ 영혼의 선재성과 세계의 순환을 주장했다.
⑤ 우화적 해석을 사용함으로써 구원사(救援史)를 무시간적인 신화로 전락시켰다.

제 9 장

기독교회의 삼위일체 논쟁
Trinity Disputes of the Church

　초기의 삼위일체 교리(The Trinity Dogma)는 하나님이 어떻게 동시에 하나이면서 셋이 될 수 있는가를 설명하는 것이 중심이었다. 이 교리는 유대교의 단일신론(monarchianism)이 올바른 하나님을 표현하지 못하고 있다는 데서 출발하여 역사적(歷史的) 발전을 거듭하다가 381년 니케아-콘스탄티노플 교회회의(Council of Nicaea- Constantinopolitan)에서 정점을 이루었다. 하지만 이 교리는 성경이 이미 말씀하신 것을 교회가 나중에 발견하고 이를 표명했다고 보아야 한다.

　삼위일체 교리에 대한 논쟁은 아타나시우스(Athanasius)와 아리우스(Arius)의 논쟁 이전부터 있었다. 최초의 연구자는 터툴리안

(Tertullian)이다. 물론 삼위일체에 대한 명확한 설명을 하지는 못했지만, 삼위의 세 인격성(Trinitas)을 분명히 말하고 세 인격의 실체적 통일성을 주장했다. 터툴리안은 반삼위일체론자들과 싸웠다. 그의 대적들은 하나님의 단일성과 그리스도의 참된 신성을 강조하는 단일신론(유대교적 유일신)[27]과 군주론이 있었고, 또 역동적 단일신론[28]과 양태론적 단일신론[29]이었다.

제1절 삼위일체론 논쟁의 배경과 성질

1. 삼위일체론 논쟁의 배경

삼위일체론(Trinitarianism)의 논쟁(論爭)의 시작은 아리우스(Arius)와 아타나시우스(Athenaisus)가 대립하면서부터다. 그 이전에는 그리스도에 대한 이성일인격의 논의는 있었으나 삼위일체론에 대한 논의는 없

---

27 단일신론(Monarchianism) : 회교, 유대교는 만유를 지배하시는 오직 단일한 신이 있다고 믿는데 그들은 그들이 믿는 신 외에 다른 신이 존재하지 않다고 말한다. 그러므로 다른 종교를 갖고 있는 사람들은 이교도이며 우상 신을 믿는 자들이라는 것이다.
28 역동적 단일신론(dynamic monarchianism) : 테오도투스(Theodotus)는 예수는 동정녀에게서 탄생하였으나 최상의 덕목과 경건성을 가춘 인간에 불과하다. 그의 신성은 세례 시에 주어졌던 능력(dynamic)에 불과하다. 사모사타 바울(Paul of Samosata)은 예수는 기적으로 탄생한 인간에 불과하다. 예수는 로고스에 의해 영감을 받아 점차 신적인 위엄과 기풍을 갖추게 되었으며 결국 하나님이라 이름을 받기에 적당한 존재가 되었다. 그는 성부, 성자, 성령은 한 하나님이시다. 그러나 로고스와 성령은 모두 비위격이시다. 그러므로 예수는 실체가 될 수 없다.
29 양태론적 단일신론(modalistic monarchianism) : 그리스도의 신성을 강조하며 신위의 통일을 강조한다. 성부, 성자의 명칭은 동일한 주체를 가리키는 명칭에 불과하다. 처음으로 주장한 사람은 프락세아스(Praxeas)로 그리스도는 단지 성부의 현현한 모습이라고 주장했다. 이들은 호모우시아유사본질(homoousia), 동일본질(homo ousios)을 주장하고 있다. 그리고 한분 하나님이 삼 양태로 나타났다는 것이다. 단일신론으로 비위격을 주장하며 종속론적이며 양태론적이다.

었다. 그러나 이단(異端)들의 도전을 통해 삼위일체 교리를 정립할 필요가 나타났다. 이에 최초로 터툴리안이 삼위일체의 실질적인 통일성을 주장했다.

그동안 단일신론(Monarchianism)이 나타나 하나님의 단일성과 그리스도의 참된 신성을 강조했는데 이것은 삼위일체를 부정하는 것이다. 서방교회(Western Church)에서는 터툴리안(Tertullian)에 대해 히폴리투스(Hippolytus)가 다투었고, 동방교회(Eastern Church)에서는 오리겐(Origen)이 공격하였다. 그들은 사도신경(Apostolic Creeds)에 나타난 삼위일체 입장을 변호하였다.

2. 삼위일체론 논쟁의 성질

1) 변증 신학자들의 삼위일체론

변증 신학자들은 삼위일체에 대하여 사변적(思辨的)으로 접근했다. 그들은 삼위 간의 동일성이 유대교의 유일신관과 어떻게 다른가를 설명하고자 했다

순교자 저스틴(Justin Martyr)의 삼위일체적 표현은 구원론적인 면보다는 사변적인 경향을 지녔다. 하나님은 본래 한 분으로 계셨지만 이성적 힘에 의하여 로고스를 낳았으며, 이 로고스가 곧 아들이며 하나님의

최초의 피조물이었다고 했다. 아들인 로고스는 하나님은 아니고 천사도 아니지만 신성을 가진 자라 했다. 저스틴은 성부와 성자의 관계는 설명하였지만 성령에 대해 분명하게 언급하지 않았다. 한편 아들을 저급한 신으로 보는 종속론에 반(反)하는 군주론이 등장했다.

2) 군주론

유대적 경향을 가진 신학자들 사이에서 일어났으며 하나님은 한 분이어야 한다는 것이다. 아들을 인간으로 낮추는 역동적 군주론, 아버지와 아들을 하나로 묶어서 하나의 신을 말하고자 하는 형태론적 군주론이 있다.

군주론이란 용어를 처음 사용한 자들은 영지주의자들이다. 즉 로고스주의를 반대하는 자들이 하나님의 이중성과 '이온'을 배척하고 하나의 통일성 내지는 군주성을 강조하고자 한 데서 기원했다. 군주성이라 한 것은 하나의 군주국가에 임금이 한 사람이듯이 하나님도 한 분으로 존재하신다는 것이다.

3) 역동적 군주론(단일신론)

역동적 군주론을 주장한 사람은 로마 감독 빅토르(Victor)에게 출교당한 데오도투스(Theodotus of Byzantium)이다. 그는 190년경 비잔틴에서 로마로 이주한 부유한 상인이었다. 역동적 군주론 이전에 알로기파(The Alogi)에서 동력적 단일신론이 나타났다 하지만 근거가 희박하며 데오도투스에 의해 역동적 군주론이 형성되었다.

그는 성경의 풍유적(allegory) 해석을 반대하고 문자적 해석을 주장하였다. 예수는 인간이었고 세례를 받을 때 하나님의 성령을 그리스도가 경험함으로써 기적을 행할 수 있는 신적인 존재가 되었다고 했다. 그러므로 그의 신성은 세례 시에 주어진 능력에 불과하다고 했다. 그의 이론은 나중에 예수는 멜기세덱의 영을 받아 하나님의 아들로 인정받았다는 양자설(adoptionism)로 발전했다.

이것을 더욱 발전시킨 것이 역동적 군주론이다. 데오도투스에 이어 역동적 군주론(동력적 단일신론)을 완성시킨 사람은 사모사타의 바울(Paul of Samosata)이다. 그는 예수님은 하나님이 아니며 예수 안에는 지혜, 혹은 말씀이라는 영원한 힘이 있었는데 이 힘의 능력이 도덕적으로 연결되어 마침내 신과 연결되어 심판자가 되었다고 했다.

이 사상(思想)은 유일신 사상을 지키기 위해 삼위 간의 연합을 희생시키고 아들을 단순히 인간적 차원에서 도덕적 율법적 완성자로 부각시킴으로 하나님과의 연결을 시도했으며, 이것으로 예배와 기도의 대상이 되는 것으로 설명했다. 이런 주장은 유대주의적 문자주의의 해석을 강조하는 에비온주의(Ebionites) 색채가 있으며 지역적으로는 안디옥, 소아시아 계열에 속했다. 성경의 문자주의적 해설, 양자설, 도덕적 연결, 로고스 내재설 등은 후에 안디옥학파(School of Antioch)의 기본적인 강조점이 되었다. 이 설은 사모사타 바울이 정죄 되면서 대중적인 지지를 얻지 못하고 잠잠해졌다.

4) 양태론적 군주론(단일신론)

양태론적 군주론(Modalistic Monarchianism)은 아들을 신(神)으로 승격시켰기 때문에 동방교회(Eastern Church)와 서방교회(Western Church)에 심각한 도전을 주었다. 이 설을 체계화(體系化)한 사람은 노에투스(Noetus of Smyrna)이다. 그는 삼위 간에 구별을 없애고 아들이 곧 아버지이고 아들의 수난이 아버지의 수난이라 했다. 이 이론은 후계자 에피고누스(Epigonus)가 로마에서 크게 발전시켰다.

로마에서 사벨리우스(Sabellius)는 삼위일체(Trinity) 간의 기능을 중심으로 형태론적 군주론을 주장했다. 그에 의하면 신성은 단자인데 이 단자는 자신을 세 가지 기능으로 표현했다. 성부는 본질이고 성자와 성령은 자기표현이라는 것이다. 양태론은 한 본질이 때와 사역에 따라 세 양태로서 성부로도 나타나고, 성자로도 존재하며, 성령으로도 역사(歷史)하신다. 즉 삼위일체는 세 양태에 불과한 것으로 하나님이 대하는 상황(狀況), 장소에 따라 변한다는 것이다. 즉 양태론적 단일신론(monarchianism)으로 아버지는 구약, 아들은 신약, 성령은 현재적 활동으로 본다. 이들은 대부분 동방교회 출신으로 이단(異端)으로 정죄 되었다.

5) 삼신론

하나님은 성부, 성자, 성령으로 마치 예수님의 세 제자인 베드로(Peter), 야고보(James), 요한(John)처럼 하나님도 세 분이라고 했다. 이 견해는 세 인격의 구별을 지나치게 강조한 나머지 삼위의 통일성을 무시한 것에서 나온 결과로 하나님은 결코 세 분으로 나눌 수 있는 분이 아니다. 하나님은 유일하시고 한 분이신 하나님이시다.

6) 오리겐의 삼위일체론

오리겐(Origen)은 알렉산드리아 학파로 영지주의의 그리스 철학에 의한 삼위일체론을 배격하기 위해 활동했으나 스스로 기독교와 그리스 철학을 혼합하는 우를 범했다.

그는 통일성을 위해 플라톤(Plato)의 철학 개념인 '동일본질'(homoousios)이라는 개념과 개별성을 말하기 위해서 '본체'라는 개념을 도입했다. '동일본질'이라고 한 것은 아들과 성령이 아버지로부터 발출되었다는 개념이며 '본체'는 아버지 하나님은 존재 그 자체이며 초월해 계신다는 의미이다.

한편, 로고스(Logos)는 아버지로부터 분리되거나 나눔에 의하지 않고 영적인 방법으로 발출(拔出, proceed)한다고 했다. 성부는 아들을 낳으시며, 한번 낳으시고 버리시는 것이 아니라 마치 광채가 빛의 근원으로부터 방사되는 것처럼 언제나 낳으신다고 했다. 그러므로 로고스는 아버지와 동일본질이며, 두 본체는 동일한 의지와 행동을 가지고 있으며 조화를 이룬다고 했다.

그러나 오리겐은 끝내 종속론의 범주를 벗어나지 못했다. 성자는 성부보다 저급하며 성령은 성자보다 저급하다고 했다. 그는 플라톤의 계층 구조적인 것을 도입하여 아들은 두 번째 하나님이시며 아버지의 형상이시고, 아들은 절대적인 하나님은 아니며 절대적인 참이 아니라 다만 아버지의 형상으로서 그리고 유출하고 선하고 참될 뿐이라 했다. 그리스도는 아버지의 실행보좌관이며 따라서 예수에게 어떤 형태로든 기도해서는 안 된다고 했다. 기도는 아버지에게 드리며 아들을 통해서 전달된다고 했다.

오리겐(Origen)의 이런 설명은 영지주의적이며 신플라톤(New Plato)적 사고이지만 당시에는 철학이 언제나 지식(知識)계층을 사로잡고 있었기 때문에 신학적으로 커다란 반대에 직면했지만 완전히 배척받지는 않았다. 325년 니케아 회의 때까지 그의 사후 약 70년 동안 그의 발출설을 따르는 우파들은 알렉산드리아(Alexandria) 학파를 중심으로 활동했고, 영원 동등을 따르는 좌파들은 안디옥(Antioch) 학파를 결성하여 교회는 두 파로 분열하여 사로 다투었다. 그리하여 삼위일체 논쟁은 알렉산드리아 학파와 안디옥 학파(School of Antioch) 간의 대결로 이어지고 '유사본질'(homo iusios)이 아니라 '동질본질'(homo ousios)로, 또는 '발출'(proceed)이라는 개념 정립에 기여했다. 또 알렉산드리아 학파(오리겐)는 성경을 철학적이며 영적으로 해석함으로 신앙을 옹호한 반면에, 소아시아 안디옥 학파(이레니우스)는 문법적, 역사적 성경해석을 강조하고, 북아프리카 학파(터툴리안)는 성경해석에 이성과 권위를 강조했다.

7) 이레니우스 삼위일체론

이레니우스(Irenaeus)는 소아시아 안디옥 학파로서 '경세 삼위일체론'(trinitarianism)을 야고보복음에 도입했다. 그는 영지주의를 반대하고 하나님의 창조와 아들을 낳으심과 성령의 보살피심을 동일한 선상에서 설명하고자 했다.

그는 하나님은 구원을 위해 경세(경륜) 속에서 자신을 계시하시며, 하나님의 존재와 본질과 본성으로 보아 하나님은 한 분으로 계신다고 했다. 그러나 우리의 구속의 경세에 따라 성부와 성자와 성령으로 계시는데, 성부는 만물을 포괄하시는 지성으로 창조를 통해 자신을 계시하시며, 하나님의 아들의 지식(知識)은 오직 성령을 통해서만 얻을 수 있고, 성부가 원하시는 누구에게나 성자가 섬기고 성령이 나누어 주신다고 했다.

그에게서 오늘날의 삼위 간의 동등한 관계에 대한 확실한 언급을 찾아보지 못하지만 삼위일체 교리형성에 많은 진전을 보여 준 것은 사실이다. 여기서 경세 혹은 경륜이란, 하나님의 본래적인 존재 양상이 아니라 창조와 구속을 위하여 하나님께서 취하시는 특별한 존재 양상이다.

8) 터툴리안의 삼위일체론

터툴리안(Tertullian)은 북아프리카학파로서 하나님은 본질적으로 삼중적으로 계셨다고 했다. 성부는 만물 이전에 홀로 계신 분이시고, 아들은 자신과 함께 계신 자신의 말씀이며, 이 말씀이 출생된 말씀으로 아들의 위격이고 성부에 덧붙여진 제2위라는 것이다. 성령은 제3위의 어떤 것으로 성자의 대표 혹은 대리이면서 성령은 성부에게서 성자를 통해서 나오신다는 것이다. 그는 이것을 '나무 열매가 뿌리에서 나오고, 개울물이 샘에서 흘러나오고, 빛의 일점이 태양으로부터 나오듯이' 성령은 성부로부터 나오신다고 비유했다.

터툴리안은 성자와 성령을 성부의 제2의 어떤 곳 그리고 제3의 어떤 것으로 표현함으로써 아들과 성령을 성부에게 종속시킨 점이 없지 않다. 그런데 삼위의 구별은 형태론적 군주론에 대한 반박으로서 의의가 있다. 그는 경세 삼위일체론을 말함으로 영지주의와 군주신론에서 말하는 이단사상(異端思想)을 막았다.

9) 다메섹 야고보의 삼위일체론

다메섹 야고보(James of Damascus)는 성부와 성자와 성령은 세 '휘포스타시스'(인격)로서 유일한 '우시아'(본질)이지만 유일한 '프로포스'(인격, person)는 아니라 했다. 따라서 세 완전한 '휘포스타시스'의 단일한 '우시아'라는 말을 할 수 있게 된다고 했다. 세 '휘포스타시스'는 본질, 의사, 능력, 지배에 있어서는 하나이지만 출생되지 않는 것, 출생되는 것, 출발되는 것이라고 하는 존재 양식에 의하여 구별되며, 세 인격은 출생되지 않는 것과 출생하는 것과 출발하는 것을 제하면 여러가지 점에서 하나라고 보았다.

다메섹 사람 야고보(James)는 하나님은 하나의 신적 본질이 있을 뿐이지만 거기에는 또한 삼위가 있다고 하였다. 삼위는 신적 존재 안에 있는 실재들로 보이지만 세 사람의 관계처럼 서로 관계되지 않으므로 이들은 존재한 모양 이외에는 모든 점에서 하나님이시라고 했다. 성부는 비출생(非出生)을, 성자는 출생(出生)을, 성령은 발출(發出)을 특성으로 하고, 각 인격은 각자(各者)의 관계에 혼합이 없는 '상호침투(相互浸透)'의 관계라 했다.

다메섹 야고보(James)는 예속설(隸屬說)을 거절하였는데도 불구하고 성부를 신격의 원천(源泉)이라 말하고 성령은 로고스를 통하여 발출 유물(發出遺物)이라 하여 완전히 예속설에서 탈피하지 못하였다.

10) 아리우스 논쟁

아리우스(Arius)의 반삼위일체론은 일신론파의 이론에 근거를 둔다. 아리우스는 예수 그리스도의 신성이 성부의 신성과 동일하지 않다고 했다. 또 하나님은 나시지 않고, 성자는 피조물이라고 주장했다. 이에 반해 아타나시우스(Athanasius)는 성부와 성자의 관계를 동일한 신적 본질로 보고 분할이나 분리된 실체로는 보지 않았다. 그는 하나님의 유일성을 강조하면서도 하나님의 삼위일체성을 강력히 옹호하며 논쟁에 가담했다.

이 논쟁을 해결하기 위하여 325년 니케아에서 교회회의가 개최되었다. 여기서 "하나님은 유일하시다는 것과 전능하시며....성부와 성자는 동일본질"의 내용을 골자로 하는 '니케아신조'(The Nicaene Creed)를 작성하고 확정했다. 동질성이란 동질본질로서 자존하는 하나님을 의미한다. 이에 대해 아리우스파와 반펠라기우스파(Semi Penlagians)는 니케아 회의의 결의를 받아들이지 않고 성부와 성자는 '동질본질'(Homo ousios)이 아니라 동방의 교부 오리겐(Origen)의 종속설의 영향에 따라 '유사본질'(Homoi ousios)이라고 주장하였다.

알렉산드리아(Alexandria)의 감독인 아리우스(Arius)는 그리스도의 신성(divine nature)을 부정하고 반삼위일체(反三位一體) 견해를 가졌다. 그는 시초가 없는 영원한 분은 하나님 한 분으로 출생되지 않는 것이라 주장하므로 단일신론파의 단일주의 원리를 지지했다. 성자는 성부에게서 출생된 피조물이므로 영원하지도 않고 신적 본질이 아니라는 것이다. 아리우스(Arius)는 성자는 성부보다 열등(劣等)하다고 나타내는 뜻한 성구를 들어 지지를 받으려 했다(잠 8:22, 마 28:18, 막 13:32, 눅 18:19, 요 5:19, 14:28, 고전 15:28).

11) 아타나시우스의 주장

아리우스주의에 대한 반론은 아타나시우스(Athenaisus)가 도맡았다. 아타나시우스를 처음 반대한 사람은 알렉산드리아교회의 감독인 아리우스(Arius)이다. 알렉산더는 성자의 참되고 정당한 신성을 주장하고, 출생에 의하는 영원자격의 교리를 주장했다. 그러나 아타나시우스에 의해서 반론이 본격적으로 시작되었다. 아타나시우스(Athenaisus)는 하나님의 유일성을 강조하였지만 이 유일성을 위험에 빠뜨리지 않을 삼위일체 교리의 구성을 주장했다. 성부와 성자는 똑같은 신적 본체이며 하나님의 본질적 실유(實有)에는 분할(分割)이나 분리(分離)가 있을 수 없으니 제2신(神) 같은 것을 말하는 것은 잘못이라 주장했다. 그는 하나님의 유일성을 강조하면서도 또한 하나님 안에 개별적인 세 실재가 있다는 것을 알았다.[30] 삼위일체(Trinity)는 본체의 하나 됨을 표현한 것이라 했다.

12) 니케아 회의

---

30 L. 벌코프, 「기독교교리사」, p. 95.

아리우스(Arius, 256-336)가 예수 그리스도의 신성과 성부의 신성(divine nature)은 동일하지 않다고 하면서 성자는 피조물이라 주장하고 성육신(incarnation)까지 부정함으로 이를 반박하기 위해 교회는 처음으로 공식적인 신조를 제정하게 되었다. 니케아 신조(The Nicaene Creed, 325)는 로마교회와 희랍교회가 같이 사용하고 개혁파(The Reformed) 교회 다수가 승인한 신조이다. 니케아 신조는 기독교회가 역사상 처음으로 범교회적 공의회(公議會)를 열어 작성하고 채택한 교회공동체(敎會共同體)의 고백이라는 점에서 역사적 의의가 크다.

역사적 정통기독교회(正統基督敎會)는 313년 콘스탄틴 황제(Constantine the Great, 306-337)에 의하여 공인된 종교가 되기까지 수많은 박해를 받았으며 내적으로 이단적(異端的)인 교리(doctrine)에 시달렸다. 니케아 회의는 특별히 부활절을 지키는 문제와 그리스도의 신성을 부정하고 피조물이라 주장하며 성자가 성부와 같은 본질을 부정하는 아리우스(Arius)의 이단적 가르침에 대하여 콘스탄틴 황제는 종교적인 분쟁이 로마제국의 분열을 초래할 불씨가 될 것을 우려했다. 그리하여 황제는 325년에 니케아에서 교회 공회의를 소집하기 위해 각지 감독에게 안내장을 보내어 회의개최를 통지했다. 각 감독은 장로 2명과 수행원 3명의 대동을 허락받았으며, 체재 기간 모든 여비를 국가부담으로 제공받았다. 이때 회의에 참가한 감독은 318명이었으며, 대다수 동방교회(Eastern Church)였고 서방교회(Western Church)는 10명만 참석하였다.

아리우스(Arius)는 하나님은 나시지 않고 성자는 나셨다, 그러므로 성자는 신의 속성을 갖고 있지 않으며, 오직 하나님만이 영원하다. 성자는 존재하지 아니한 때가 있었고,. 성자는 아버지에게 종속적이며, 성자는 하나님의 완전한 피조물이므로 하나님이라고 일컬을 수 있는 존재가 아니라고 주장하며 그리스도의 신성(divine nature)을 부인했다.

이에 아타나시우스(Athenaisus)[31]는 그리스도는 시작이 없으시고, 아버지와 아들은 동일한 본질이시며, 그리스도는 아버지와 종속적이 아니라 성부, 성자, 성령의 3위가 하나이시고, 3위의 영광은 동등하며 영원하고, 성자는 지음 받지 아니했으며, 그는 하나님과 동등이며, 피조물이 아니라 창조자이시라고 논박했다.

이 회의에 참가한 아리우스파는 유세비우스(Eusebius), 아리우스(Arius), 니케아(Nicene), 칼케돈(Chalcedon), 에베소(Epenetus) 감독이 대표했고, 중립파로 가이사랴의 유세비우스(Eusebius)가 참여했으며, 삼위일체론을 옹호하는 정통파에선 알렉산더(Alexander) 감독과 골도바의 호세어스(Hoseias), 그리고 아타나시우스(Athanasius) 등이었다.

터툴리안은 하나님의 세 인격을 최초로 말했으며 그는 세 인격

---

31 아타나시우스(Athanasius, 283-373) : 애굽 알렉산드리아 그리스도인 가정 출신으로 326년 알렉산드리아의 감독으로 시종일관 정통주의를 고수하였다. 그는 아리우스주의(Arianism)를 반대함으로 아리우스가 반대하고 그를 모함하는 사람들에 의해 다섯 번이나 추방되었으나 그는 자신의 신앙을 지키고 그리스도가 하나님이심을 주장하고 니케아신조를 성취시키는데 공헌하였고 아타나시우스 신조(The Athanasian Creed, 420-450)는 그의 주장이라 할 수 있다.

의 실질적 통일성을 주장하였다. 그러나 일부 기독교회는 단일성론(Moarchinism)을 주장했다. 즉 하나님의 아들은 비인격적인 속성으로서 그는 실제 하나님과 동일 되신 분이 아니라는 것이다. 이 설은 동방 기독교회에 크게 대두되어 안디옥(Antioch)의 감독 사모사타의 바울(Paul, 260-272)이 크게 발달시켰다. 그러나 터툴리안(Tertullian)과 히폴리투스(Hippolytus, 165-235)는 성자 하나님은 성부 하나님과 같은 본체임을 변증했다. 이와 같이 삼위일체 교리가 불분명한 가운데 알렉산드리아(Alexandria)의 감독인 아리우스(Arius)와 알렉산더 감독의 수행원 아타나시우스와의 논쟁이 최고점에 달했다. 아리우스는 사모사타의 바울(Paul of Samosata)[32]의 제자로 스승의 원리(原理)에 찬동하고 예수 그리스도는 피조물(被造物)이라 했으며 예수 그리스도는 하나님의 본질(Homo ousios, one substance)과 동등(同等)하지 않고 유사(Homoi ousios, like substance)하다고 했다.

아타나시우스(Athenaisus)는 예수 그리스도는 성부 하나님과 동질(Homo ousios, one substance)이라고 했다. 그리고 니케아 신조는 아버지와 아들은 동질본질(Homo ousios, one substance)이라고 규정하고 있다.

---

32 사모사티의 바울(Paul of Samosata) : 통상적으로 삼위일체(Trinity) 부정론자들을 군주론 자들(monarchians), 혹은 일성론 자들(Uniterians)이라고도 하며 합리적 혹은 역동적 군주론 자들이라고도 한다. 이들은 삼위일체(Trinity) 하나님의 인격적 일치를 부정하고 숫자적으로 신성(divine nature)의 인격은 하나임을 강조하였다. 그리스도의 신성과 인성을 자연신론이나 이신론적으로 구별하여 그리스도의 신성(divine nature)을 부인하는 경향과 인성(human nature)을 부인하는 경향이 있다. 그리스도의 신성은 다만 하나님의 능력에 불과한 것으로 보고 예수와 로고스(Logos)를 구별하였다. 사모사티의 바울(Paul)은 합리적이며 역동적 단일신론(rationalistic or dynamic uniterianism)을 주장하였다. 그의 주장하기를 비인격적 이성, 즉 로고스가 특별한 의미에서 인간 예수에게 머물게 되었는데 그것은 예수가 세례 받을 때에 그렇게 되어 예수는 하나님의 신적 이성을 나누어 가지게 되었다는 것이다.

이 사상(思想)은 안디옥(Antioch)을 중심으로 내려오던 에비온 주의, 역동적 군주론, 아리우스주의(Arianism)가 하나의 흐름 속에 있었다. 이러한 아리우스(Arius)의 주장은 알렉산드리아(Alexandria)에서 이단(異端)으로 몰렸다. 그러자 아리우스는 동문수학했던 동로마 수도인 니코메디아 감독으로 막강한 정치적 힘을 가지고 있던 유세비우스(Eusebius of Nicomedia)에게 원조를 요청했다. 이들은 아타나시우스(Athenaisus)에게 모든 것을 다 양보하고 동질본질(homo ousios)이라는 말을 유사본질(homoi ousios)로 바꾸라고 강요했다. 이로 말미암아 상당한 논쟁이 있었고 결국 로마 황제 콘스탄틴(Constantinus, AD 280-337)이 아타나시우스파의 승리를 선언했다. "우리는 전능하신 아버지요 유형물과 무형물의 창조주이신 한 하나님을 믿으며 출생되었고 만들어지지 않으신 아버지와 동질이신 한 분 주 예수 그리스도를 믿는다"라고 하였다.

이로서 아리우스는 배척당하고 역사상 초유의 에큐메니칼 신조(Ecumenical Creed)를 채택하게 되었다. 그리고 양자설을 축출하고 반신반인(半神半人)을 말하는 자들을 이단으로 규정했다. 또한 영지주의의 가현설과 유대주의의 양자설이 교회에서 추방되었다. 예수 그리스도는 피조물로서 승격된 것이 아니라 참 하나님이시며 참 인간으로서 인간의 구세주 되심을 천명했다.

니케아회의에서 아리우스파는 정죄되고 아리우스(Arius)는 일루리아로 추방되었으며 니케아신조(The Nicaene Creed, 325)가 작성되었다. 그러나 반(半) 아리우스주의(Semi Ariusism)는 사라지지 않고 계속 동방교회(Eastern Church)안에서 성행하였다. 반면에 서방교회(Western Church)는 니케아신조에 충실했다. 동방교회(Eastern Church)는 오리겐(Origen)의 예속설(隸屬說)의 지배를 받았고 서방교회는 터툴리안(Tertullian)의 감화를 받아 아타나시우스(Athenaisus)의 견해와 더 나은 신학과 신조형태로 발전하였다.

삼위일체 사상은 일치성, 다양성, 동등성, 이 세 가지 개념으로 이루어져 있다. 하나님은 하나의 속성과 세 위격을 지닌 분으로서 세 위격은 모두 동일한 속성을 지니고 있다.

교회는 이러한 진리를 고백하면서 양태론(다양성을 희생시킨 일치성), 종속론(동등성을 희생시킨 일치성), 양자론(성부와 성자의 동등함을 피괴하여 성부보다 못한 존재로 절락시킴), 삼신론(단일성 없는 복수성) 등이 성령의 신성을 거절하고 있으므로 절대로 수용하지 않고 이단으로 정죄한다.

제2절 성령의 신성에 대한 논쟁

성령의 신성에 대한 논의는 362년 알렉산드리아 회의(Council of Alexandria)에서 시작되었다. 이전의 사람들 예를 들어, 클레멘트(Clement)는 성령을 다른 위(person)들과의 관계를 설명하지 않았고, 오리겐(Origen)의 제3위관은 제2위관보다 더 멀리 있었다. 성령과 성부와의 관계는 성자의 그것만큼 밀접하지 않았다. 성령은 창조의 과정에 일하지 않고 성도 가운데 일하신다[33]라는 정도로 말했다.

성령론의 논의는 당시 성령 훼방론자들에 시작되었다. 세바스테의 유세비우스(Eusebius)는 성령의 신성(divine nature)을 전혀 인정하지 않았고, 온건파에 속한 니코메디아의 마라톤(Marathon)은 성부와 성자의 공동본질은 인정하였으나 성령(聖靈)에 대해서는 인정(認定)하지 않았다. 이들은 교황 다마수스(Damasus I)와 381년 콘스탄티노플 회의에서 정죄를 받았고, 383년 공포한 테오도시우스(Theodosius) 황제의 반 이단(反異端)법에 의해 자취를 감추었다.

또 아리우스는 "성령은 성자가 만든 최초의 피조물"이라고 주장했는데 이것은 오리겐의 견해와 매우 잘 어울린다[34]" 이에 아타나시우스(Athenaisus)는 성령은 성부와 동일본질이라 주장하였다. 니케아 신조(The Nicaene Creed, 325)에서 "나는 성령을 믿는다"라는 말은 다소 설명을 요하는 부분이다. 또 갑바도기아의 세 학자 '대 바실'(Basil the Great), '닛사의 그레고리'(Gregory of Nissa), '나지안주스의 그레고리'(Gregory of Nazianzus)는 아타나시우스(Athenaisus)의 삼위일체론에 입각한 성령론을 따랐다.

---

33 L. 벌코프, 「기독교교리사」, p. 82.
34 전게서, p. 100.

아타나시우스(Athenaisus)는 첫째, 성령은 피조물과 공통점이 전혀 없으며, 성 삼위 안에 있는 신성에 속하는 것과 같이 성령도 본질에 있어서 성자에 속한다고 했다. 또 성령은 하나님께로부터 오며, 성화와 생명을 베풀며 불변적이고 무소부재하시며 유일하다고 했다. 둘째, 성령은 성부와 성자와 더불어 본질 공동체로 계시며 셋째, 성령은 성자와 밀접한 관계에 있으며 성자가 본질에 있어서 성부에 속하는 것과 같이 성령도 본질에 있어서 성자에 속하며, 성부의 창조 사역에 성자와 더불어 성령도 참여했고, 삼위는 그 자체로 분할할 수 없는 하나라고 했다. 그러나 아리우스(Arius)는 삼위의 신성에 차별이 있음을 주장했다.

대(大) 바질(Basil the Great)은 성령은 성부와 성자와 동등하고 불가분리의 관계로 계시며 성부와 성자와 더불어 영광과 영예와 예배를 받아야 한다고 했다.

닛사의 그레고리(Gregory of Nissa)는 삼위 간의 기원으로 구별하였다. 성령은 하나님과 그리스도로부터 나오고, 성령은 성부로부터 발출하여 성자로부터 받는다고 했다. 또 성령은 말씀과 분리될 수 없다고 단언했다.

나지안주스의 그레고리(Gregory of Nazianzus)는 성령의 발출이라는 개념을 사용하여 동일본질설을 주장했다.

서방교회의 포이티어스의 힐러리(Hilary of Poittiers)는 성령(Holy Spirit)은 하나님의 깊은 것들을 찾는 분으로서 신적 본질에 있어서 성부와 성자와 같다고 했다. 반대로 콘스탄티노플의 감독인 마케도니우스(Macedonius)는 아리우스를 따라 성령은 성자에게 예속되는 피조물이라 주장했다.[35] 이로 말미암아 381년 콘스탄티노플 교회 회의에서 그레고리의 지도 아래 325년의 니케아 신조를 재승인하고 성령에 관한 신조를 더욱 확고히 했다. 니케아-콘스탄티노플 신조(Nicaene Constantinopolitan Creed, 381)는 성령이 제3위의 하나님임을 확정하였다.[36]

"우리는 성령을 믿는다. 우리는 성령을 믿는다. 주되며 생명을 주시는 그는 성부에게서 왔고 성부와 성자와 함께 영광을 받으실 분이며 또 신자들을 통하여 말씀하시는 분이시다"

동서 교회가 최종적으로 분리하게 된 것은 1054년에 이르러서였다. 가장 중요한 쟁점은 이른바 필리오케(filioque) 문제와, 콘스탄티노플 교회가 로마 교황의 수장권을 인정할 것인가의 문제였다. 필리오케란, 신앙고백인 신경(Credo)에서 삼위일체를 말할 때 성령이 '성자와 함께

---

35 전게서, p. 100.
36 필로오게 논쟁 : 동서 교회가 최종적으로 분리하게 된 것은 1054년의 대분열에 이르러서였다. 가장 중요한 쟁점은 이른바 필리오케(filioque) 문제와, 콘스탄티노플 교회가 로마 교황의 수장권을 인정할 것인가의 문제였다. 필리오케란, 신앙고백인 신경(Credo)에서 삼위일체를 말할 때 성령이 '성자와 함께(filioque) 성부에게서' 발현된다고 볼 것인가, 아니면 단지 '성부에게서' 발현되었다고만 볼 것인가를 둘러싼 논쟁이다. 로마교회는 381년에 채택된 니케아-콘스탄티노플 신경의 구절에 '성자와 함께'라는 구절을 추가함으로써 예수의 신성을 강조하였다. 이에 대해 콘스탄티노플 교회는 381년의 니케아-콘스탄티노플 신경을 고수하였다. 지금은 로마교회의 견해를 믿는다.

(filioque) 성부에게서' 발현된다고 볼 것인가, 아니면 단지 '성부에게서만' 발현되었다고 볼 것인가를 둘러싼 논쟁이다. 로마교회는 381년에 채택된 니케아-콘스탄티노플 신경에 '성자와 함께'라는 구절을 추가함으로써 예수의 신성을 강조하였다. 이에 대해 콘스탄티노플 교회는 381년의 니케아-콘스탄티노플 신경을 고수하였다. 또한 콘스탄티노플 교회는 로마교회가 수석 교회이며, 교회들의 어머니임을 인정하라는 로마교회 측 요구를 수용하지 않았다. 이로써 콘스탄티노플 총대주교 케룰라리우스와 로마교회 사절대표 훔베르투스가 서로 상대를 파문하는 사태가 벌어졌다.

제3절 기독교 삼위일체 교리의 완성

니케아-콘스탄티노플 신조(Nicaene Constantinopolitan Creed)는 성부는 원인이고 다른 두 인격은 피동 원인이지만 성자는 성부에 의해서 직접 산출되었으며, 성령은 성자를 통해서 발출한다고 하면서 "성부로부터 성자를 통하여"라는 도식을 확립했다. 또 본질(ousia)과 본체(hypostasis)의 개념에 대해서, 본질은 삼위 간의 공통적인 본질을 말하는데 사용하였고, 본체는 구체적인 표현이나 개체적인 존재를 말할 때 사용하였다.

그러나 '호모 우시오스'(Homo ousios)란 말이 사용되지 않았기 때문에 성령과 성부와의 동질이 직접 주장되지 않았다. 또 성령과 다른 두 인격과의 관계가 정의(定義)되지 않았다.[37] 그 진술은 성령이 성부에게서 왔다는 것을 보여 주었지만 성자에게서 왔다는 것에 대해서는 부정도 긍정도 하지 않았다. 동방 정교회는 요한복음 15:26과 사도신경, 콘스탄티노플 신조가 성령의 이중발현인 성부와 성자로부터의 발현을 규정하지 않았음을 지적하면서 성령의 단일 발현인 성부로부터 발현만을 주장했다. 이로 말미암아 필리오케(Filioque) 논쟁(dispute)이 일어나게 되었고 이것이 동, 서방교회의 분열의 원인이 되었다.

한편, 삼위일체(Trinity)의 명칭에 대해서 성부는 "아버지의 자격(fatherhood)"으로, 아들은 "아들 되심(sonship)"으로, 성령은 "성령의 능력 또는 성화"로 칭했고, 아버지는 '낳으시지 않으신 자' 아들은 '낳으신 자' 성령은 '발출된 자'로 구별하였다.

또 니케아-콘스탄티노플 신조는 아들에 대해서 가현설(Docetism)적, 에비온적으로 표현하려는 모든 주장과 성령에 대해서 비하적으로 표현하려던 성령 훼방론자들을 배격하는 데 큰 공헌을 했다. 그리고 삼위의 신성을 확정함으로 아들의 성육신과 고난과 부활과 인간의 구원과 관계되어 있음을 강조하고 지금까지 사용되고 있는 하나의 거룩한 보편적이고 사도적인 교회론의 핵심적인 개념을 고백하였다.

서방교회(Western Church)는 일반적으로 '성령이 성부와 성자에게

---

37 전게서, p. 101.

서 나왔다'는 것을 주장하였으며 주전 589년에는 톨레도 대회(The Synod of Toledo)에서 "필리오케"(Filioque)를 콘스탄티노플 신조에 덧붙였다. 동방교회에 있어서 이 교리가 최종적인 작성을 보게 된 것은 다메섹 사람 야고보(James)에 의해서이다. 그는 단 하나의 신적 본질이 있을 뿐이지만 거기에는 또한 삼위가 있다고 하였다. 이들은 신적 존재 안에 있는 실재들로 보여 지지만 세 사람의 관계처럼 서로 관계되지 않으며 이들은 존재한 모양 이외에는 모든 점에서 하나님이시라고 했다. 성부(聖父)는 비출생(非出生)을, 성자(聖者)는 출생(出生)을, 성령(聖靈)은 성부와 성자로부터 발출(發出)을 특성으로 가지고 있다. 인격들은 각자(各者)의 관계는 혼합이 없는 '상호침투(相互浸透)'의 관계로 묘사되었다.

다메섹 야고보(James)는 예속설(隸屬說)을 거절하였는데도 불구하고 성부를 신격의 원천(源泉)이라 말하고 성령은 로고스(Logos)를 통하여 발출유물(發出遺物)로 정의했다. 이것은 헬라식 예속설의 유물이다. 동방교회(Eastern Church)는 톨레도 대회의 "필리오케"(Filioque)를 채용하지 않고 로마교회를 이단(異端)으로 규정했다. 이로 말미암아 동서교회를 갈라놓은 장애물이 되었다. 개혁파는 서방교회의 견해를 수용한다. 요한복음 15:26절 "내가 아버지께로써 너희에게 보낼 보혜사"는 성부와 성령의 본질적 관계를 말하는 것이 아니고 성령의 일시적 사명을 말한다고 본다.

제4절 어거스틴의 기독교 삼위일체론

서방교회(Western Church)의 삼위일체 개념은 어거스틴(Augustine)의 저서 "삼위일체에 대해서"(De Trinitate)라는 책에서 결정적으로 나타난다. 이 진술을 통해 이단(異端)들을 물리치고 교회(敎會) 안에 바른 삼위일체론(Trinitarianism)을 정립한 것이다. 어거스틴은 갑바도기아 교부들의 전통을 따라서 삼위의 구별을 외적인 활동에 두지 않고 내적인 관계성에 두었다. 삼위는 서로 나누어질 수 없는 단일한 행동, 단일한 의지를 가지고 계시므로 불가분리라 했다. 성령은 성부와 성자의 영이시고 성자도 성부로부터 나시고, 성령도 성부로부터 나신다. 삼위는 상호 침투와 상호 내주의 관계로 된다. 성자는 태어나시고, 성부의 아들이지만, 성령은 양자로부터 발출하시며 양자의 영이시다. 성부께서 성자에게 모든 것을 다 주셨기 때문에 성자도 성령을 발출시키신다는 결론이다. 그리고 어거스틴은 삼위일체 하나님을 창세기 1:26절[38]에 근거하고 있다.

어거스틴은 삼위일체에 대해 본질적으로 세 주체는 동일하다고 보았다. 그러므로 하나님은 자기 자신이 아버지로서 아들이며 성령으로서 존재하신다. 어거스틴(Augustine)은 나는 세 번 하나님을 말하는 것이지 셋 하나님을 말하는 것이 아니라고 했다. 왜냐하면 세 번 하나님을 말한 하나님은 셋 신보다 크시기 때문이다.

---

38 창1:26 '하나님이 이르시되 우리의 형상을 따라 우리의 모양대로 우리가 사람을 만들고 그들로 바다의 물고기와 하늘의 새와 가축과 온 땅과 땅에 기는 모든 것을 다스리게 하자 하시고'

제5절 라틴 신학의 기독교 삼위일체론

1. 로셀리누스의 삼위일체론

로셀리누스(Rosellinus)는 삼위일체(三位一體)가 주관적 개념에 지나지 않는다고 하는 유명론(Nominalism)을 적용시켜서 하나님 안에 있는 위(person, 位)들의 구별과 그 수적 통일을 결합하는 어려운 형편을 피하려고 애썼다. 그는 신격 안에 있는 세 위를 본질적으로 서로 다른 세 개체(三個體)로 보고 이것은 총칭적으로나 이름으로만 하나라고 말할 수 있다고 하였다.

2. 길버트의 삼위일체론

포이티에르의 길버트(Gilbert of Poitiers)는 명제가 하나하나의 물체 안에 존재(存在)한다는 모양의 실념론(實念論)의 관점에서 해석했다. 그는 신적 본체와 하나님을 구별하고 신적 본체는 하나님이 아니라 하나님의 양식(樣式)이든지 또는 그로 하여금 하나님 되게 하는 것이다. 이 본체, 양식은 삼위에 다 같이 공동하며 이런 점에서 삼위는 하나이다. 이렇게 구별한 결과로 사신론(死神論, Tetratheism)이 되고 말았다.

제6절 종교개혁기의 기독교 삼위일체론

1. 칼빈의 삼위일체론

칼빈(John Calvin, 1509-1564)은 기독교강요 제1권(Christianae Religionis Institutio, 1)에서 초대교회가 만든 대로 삼위일체 교리(Trinity dogma)를 옹호했다. 그는 "성자와 성령의 본체는 출생되지 않는다. 성자는 하나님으로서 인격적 고찰과는 상관없이 스스로 계시나 성자로서, 그는 성부에게서 나셨다. 이같이 그의 본체는 비(非) 기원적이지만 그의 인격의 기원은 하나님 자신이시다"(Institutes 1, 13, 25)고 했고, 또 "삼위는 영원부터 하나님 안에 존재한 것이 분명하기 때문에 발생의 계속적 행동을 생각하는 것은 미련한 일이니 성부가 언제나 발생하느냐 않으냐를 다루는 것이 무슨 유익이 있겠느냐"(Institutes 8, 28)라고 했다.

칼빈의 가르침을 따라 제2 스위스신조 제3장에 삼위일체 교리를 확실하게 진술했다.

제7절 삼위일체의 이단자들

1. 소시니안파

6세기에 발흥한 소시니안파(The Socinian)는 삼위의 공동된 본체를 부정하고 아리우스파를 넘어 선재(The preexistence of the son, 先在)를 부정하고 예수는 본질적으로 인간(人間)에 지나지 않으며 성령은 하나님으로부터 인간들에게 흘러내리는 덕(德)이나 세력이라고 하였다.

그러나 하나님은 유일하신 참 하나님이시다. 성자는 하나님이 성자가 존재하기 이전에 가지고 계셨던 직접적이고도 초자연적인 개념으로 창조한 거룩한 인간이다. 그는 인류에게 새 계명을 선포하기 위하여 창조되었고 이 임무를 완성하기 위하여 그는 신적 은혜에 참여자로 천국으로 올라가신 것이다.

2. 유니테리아니즘

유니테리아니즘(unitarianism, 일신론)은 아버지는 창조주, 아들은 피조물, 성령은 비인격적으로 보고 있다. 성자는 하나님이 창조한 거룩한 피조물이다. 성령의 신성을 부인하고 성령은 단지 하나의 힘(力)이요 세력(勢力)이다. 오늘날 유니테리안(Unitarian) 즉, 일위신론자(一位神論者)들은 현대주의(現代主義)의 선구자가 되었다.

3. 알미니안주의

알미니안주의(Arminianism)는 삼위는 다 같이 신성(divine nature)을 가지지만 순서로서나 위엄 권세, 주권에 있어서는 성부가 다른 위보다 어느 정도 우월(優越)하다고 하였다. 그들은 어느 정도 삼신론에 기울어져 있다.

제8절 삼위일체의 인격적 구별의 의미

삼위일체(Trinity)의 인격적(人格的) 구별(區別)은 그의 사역의 관계로 인간의 구원 문제와 깊은 연관이 있다. 즉 하나님께서는 죄인을 구원하시고 그를 끝까지 보호하시기 위해 삼위께서 각각 독특한 사역을 수행하셨다.

1) 성부는 구원에 대한 모든 계획을 세우고 선택받은 자를 위해 성자와 은혜언약, 즉 구속언약을 체결하시고 구원에 관한 모든 계획을 세우셨다.

2) 성자 하나님은 십자가를 통해 구원을 성취하신 분이시다. 성자는 성부께서 세우신 그 구원의 계획을 십자가를 통해 실행하시므로 구원에 관한 성부의 모든 계획을 이루신 것이다.

3) 성령은 성자께서 이루어 놓으신 구원을 우리에게 적용시키시는 분이시다. 성부 하나님께서 세우신 구원 계획과 성자 하나님께서 성취하신 그 구원의 효력이 선택된 자들의 심령 속에 믿음을 심어 주시는 것이다. 그리하여 구원의 계획을 온전히 완성하실 뿐만 아니라 신자가 행하는 모든 길을 끝까지 지켜 주시는 것이다.

이러한 의미에서 성부 하나님은 제1위, 성자 하나님은 제2위, 성령 하나님은 제3위로 구분된다. 그러나 이러한 개념은 하나님의 동등성에 위배되거나 종속론과 동일한 것이 아니다. 이 교리는 구원 사역에 한해서 적용되기 때문이다. 종속론은 성자가 성부에게서 나오고 성령이 성자에게서 나온다는 개념을 인간의 구원 사역에 제한시키지 않고 삼위가 본래부터 존재하게 된 근원과 상태로 생각한다는 점에서 개혁파(The Reformed) 교리와 다른 것이다.

삼위일체 교리는 하나님은 본질적 존재에 있어서는 한 분이시지만 한 분 안에는 성부, 성자, 성령의 삼위가 존재한다는 것이다. 이는 사람처럼 분리된 인격이 아니라, 신적 본질이 존재하는 세 형태인 것이다. 삼위일체의 중요성은 기독교 교리의 심장이며 실제적으로 가장 고귀한 가치를 가진 구속 진리의 열쇠이다. 성경은 하나님은 한 분이심을 말함으로 하나님의 유일성을 말하는데, 이것은 성경의 가장 핵심적인 진리이다.

구약에서의 여호와 하나님을 지칭하는 용어로 사용되는 엘로힘은 신을 뜻하는 '엘'의 복수 형태이며, 신약에서는 아버지와 아들 그리고 성령 하나님의 사역을 구분하여 분명히 명시하고 있다. 표준문서인 웨스트민스터 신앙고백서는 단일한 신성에 3위가 계시니 곧 그 본질과 권능과 영원성이 동일하신 성부 하나님, 성자 하나님, 성령 하나님이시라고 전제하면서 성부는 그 누구에게 속하지 않으시고 아무에게도 나타나지 아니했으며, 나오시지도 않으시며, 성자는 아버지에게서 영원히 나시고, 성령은 성부와 성자에게서 영원히 나오신다고 말씀하고 있다.

삼위일체 하나님의 역할은 성부 하나님은 모든 창조의 근원이시며 성자를 나타내시고 성령을 나오시게 하신다. 성부는 속죄 언약에서 성자에게 사명을 주시고, 구원을 계획하셨다. 칭의를 통하여 신자들을 의롭다고 선언하시는 분이시다(고전 8:6, 엡 3:14, 15, 요 1:12, 요 8:54). 성자 하나님은 성부에 의해서 영원히 나신다. 이 나심은 완성적이며 끊임없이 진행되고 있는 초시간적 개념이다. 성자는 하나님과 동등된 것을 취하지 아니하시고, 이 세상에 오셔서 믿는 자들을 위하여 십자가에 달려 죽으시고, 부활하시어, 택한 백성들의 구원을 완성하셨다(눅 1:31, 마 26:64, 요 1:49, 마 28:19, 20, 고전 1:9, 요 1:1). 성령 하나님은 성부와 성자로부터 나오신다. 생명을 발생시키시고, 인간의 일반적 재능을 부여하시며, 보혜사로 오셔서 택한 백성들을 믿게 하시며 구원을 적용시키시고, 오늘까지 교회의 부흥을 유지 시키시고 계신다(행 10:19, 20, 시 139:8, 시 40:13, 롬 8:11, 고후 13:13).

제9절 삼위일체 교리의 발전

1) 니케아 교회회의(AD 325)

그리스도의 신성을 부정하는 아리우스주의자들의 이단성을 조사하기 위해 콘스탄틴 대제가 소집한 교회회의이다. 중심주제는 크게 두 가지에 집중되었다. 하나는 그리스도는 완전한 하나님인가를 다루었고 다른 하나는 그리스도가 창조되었거나 하나님에게 종속되는 존재인가 하는 문제였다.

아리우스: 하나님은 나시지 않았고, 성자는 나셨다. 그러므로 성자는 신적 속성을 가지고 있지 않다. 오직 하나님만이 영원하시다. 성자는 존재하지 아니한 때가 있었다. 성자는 아버지에게 종속적이다. 성자는 하나님의 완전한 피조물이므로 하나님이라고 일컬을 수 있는 존재가 되었다. 그리스도의 신성을 부정한 것이다.

아타나시우스: 그리스도는 시작이 없으시다. 아버지와 아들은 동일한 본질이시다. 그리스도는 아버지에게 종속적이 아니다. 성부, 성자, 성령 삼위가 하나이시다. 3위의 영광은 동등하며 영원하시다. 성자는 지음을 받지 아니했다. 그는 하나님과 동등하며, 피조물이 아니라, 창조자이시다.

결과: 성자를 성부와 '유사본질'(homoousios)이라 주장한 아리우스주의는 정죄되었다.

2) 콘스탄티노플 공의회(AD 381)
아리우스주의가 정죄되었으나 부차적으로 마케도니아니즘이 대두되었다. 이들은 아리우스주의자들이 성자를 종속적으로 주장했듯이 성령을 종속화하였다. 중심주제는 성령은 완전한 하나님인가였다.

결과: 성자는 아버지로부터 출생하시고, 성령은 아버지와 아들로부터 나오신다. 그러므로 아리우스주의가 다시 정죄되고 니케아신조가 재

확인되어 마케도니아니즘은 정죄되고 성령의 신성이 확증되었다. 삼위일체론에 대한 주요 갈등은 해결되었으나, 기독론 논쟁은 AD 451년 칼케돈 공의회까지 계속되었다.

제10장

그리스도에 관한 교리
Doctrine on Christ

　　기독론(Christology)과 삼위일체론은 상호관련성이 있나. 그리스도에 관한 연구는 자연스러운 일이다. 삼위일체 논쟁이 이끌어준 것으로 하나님의 아들로서의 그리스도는 성부와 동질이며 때문에 그가 곧 하나님이라고 하는 결정은 곧 그리스도의 신성과 인성과의 관계에 대한 문제를 만들었다. 삼위일체 논쟁은 동일본질(homo ousios)이라는 그리스 철학의 개념(槪念)을 빌려 설명하는 난해(難解)한 점이 있었지만 기독론은 순수한 성경을 근거로 해결할 수 있었다.

　　교회는 그리스도에 대한 개념을 찾아 이단(異端)자들을 차단하고 잘못된 진리(眞理)를 성경적으로 막아내는 일에 심혈을 기울였다. 교회는

1) 그리스도의 참된 신성 2) 그리스도의 참된 인성 3) 한 위(인격) 안에서의 신성과 인성과의 연합 4) 한 위 안에서 신성과 인성이 확실히 구별된 것을 성경으로 규명했다.

다시 말해 교회는 그리스도의 신성과 인성 즉 양성에 대한 여러 잡음을 잠재우고 바른 교리를 세워야 했다. 즉, 어떤 사람은 그리스도의 참된 신성의 전부 또는 일부를 부정하고, 어떤 사람은 그리스도의 참된 인성의 전부 또는 일부를 부정하고. 어떤 사람은 위(person)의 단일성을 강조하되 아주 다른 이성(二性)을 무시하기에까지 이르렀고, 또 그리스도의 이성(二性)이 아주 다름을 강조함으로 그리스도의 단일성(單一性)을 희생시키기까지 하고 있었기 때문이다.[39] 특히 기독론 문제는 주로 두 학파의 차이에 기인했다. 즉 알렉산드리아 학파(Alexandria School)는 그리스도의 신성(神性)에 강조점을 두었지만 안디옥 학파(Antioch School)는 인성(人性)에 강조점을 두었다.

제1절 기독론의 논쟁

1. 아리우스주의

기독론(Christology) 논쟁은 아리우스, 에비온파, 알로기파, 동력적

---

39 전게서, p. 111.

단일신론파(Ebionites, Alogi and Dynamic Monarchians)들은 그리스도의 신성을 부정하였다.

2. 아폴리내리우스주의

양식적 단일신론자들(Docetists, Gnostics Modalists)은 그리스도의 인성을 부정하였다. 아리우스주의(Arianism)는 그리스도의 신성을 인정하지 않았으나 아폴리내리우스주의(Apollinarism)는 인성을 부정하였다. 이에 갑바도가아 포이티어스의 힐라리(Hilary of Poitiers)는 만일 로고스가 완전한 인성을 가지지 못하였다면 우리의 완전한 구속주(救贖主)가 될 수 없었을 것이라고 주장하고 아폴리내리우스(Apollinarius)의 주장에는 가현설(Docetism) 요소가 있다고 하였다.

3. 네스토리우스주의

네스토리우스(Nestorius)는 그리스도의 완전한 신성과 인성을 인정하면서도 그 두 본성의 일치를 거부했다. 그리스도가 한 인격 속에 두 성품이 결합되지 못하고 도덕적으로만 결합(의지의 결합)된 두 본성을 소유했다고 하였다. 그는 알렉산드리아학파의 영향을 받아 그리스도 안에 이성의 연합을 부정하고 단일성을 가정하여 "육신이 되고 존경받을 만한 말씀"이라고 주장했다.

네스토리우스는 마리아(Mary)가 로고스(Logos)와 함께 하는 인간을 출생했다는 이유만으로 신의 어머니가 된다는 것을 반대했다. 그는 그리스도의 신성과 인성을 인정하였지만 연합적 통일을 이루며 동시에 단일인격을 이루는 것을 생각지 못하고 이성(二性)은 이인격(二人格)을 가지는 것으로 보았다. 이성을 합하여 단일자의 의식화(單一自 意識化) 대신에 이를 양성(兩性)의 도덕적이며 합의적인 연합에 지나지 않도록 각자가 병행(竝行)하게 하였다. 인간 그리스도는 하나님이 아니라 신격을 가지신 분 곧 하나님의 지참자(持參者)였다. 그리스도가 경배 받는 것은 그가 하나님이시기 때문이 아니라 하나님이 그의 안에 계셨기 때문이라 했다. 그는 은혜와 구원의 근원이신 신적 인간으로서의 구속 주를 빼앗아 버린 우를 범했다.

4. 씨릴파

알렉산드리아의 씨릴(Cyril of Alexandria)은 네스토리우스(Nestorius)의 신성과 인성의 연합과 이인격(二人格)을 반대하고, 로고스는 인성의 구원을 위하여 완전한 인성을 취하였으나 동시에 신인(神人) 안에서 유일한 인격적 주체를 이루었다고 하였다. 그는 그리스도 안에 두 개의 성(二性)이 있으며 이 두 성은 그들 자신의 어떠한 변화도 없이 로고스의 일인격(一人格) 안에서 나눌 수 없는 연합을 하였다고 하였다.

그러나 후에 유티케스파(Eutychests)의 잘못을 옳게 보는 듯한 표현을 사용하였고 성격(性格)이라는 말을 로고스에게만 적용하고 그리스도의 인성에는 적용하지 않았다. 이러한 표현은 일성론자들로 하여금 중보자에는 일위만이 있는 것처럼 보이게 하였다.

5. 유티케스파

반(反) 네스토리우스파(anti Nestoriust) 경향을 가진 수도사 유티케스(Eutichus)는 신성 안에 인성이 흡수되거나, 그렇지 않으면 이 성(二性)이 혼합(混合)하여 이것도 저것도 아닌 하나의 제3성인 것으로 되었다고 주장했다. 그는 그리스도 안에서 인간적 속성이 신적 속성에 합(合)해 졌다고 하는 견해를 가진 유티케스설(Eutychianism)을 만들었다.

유티케스는 448년 콘스탄티노플 회의(Council Constantinople)에서 정죄되었다. 칼케돈 신조(The Chalcedon Creed, 451)도 같은 입장이었다.

그는 첫째, 그리스도 안에 이성이 있으며 그것은 영원히 구별 되고, 둘째, 이성은 일위 안에서 연합하여 이들 각자는 육신의 몸을 취하신 생활 속에서 자신의 알맞은 힘을 발휘하며, 셋째, 위의 통일성에서 속성의 교통이 오고, 넷째, 구속의 일을 위하여 중보자에게는 인간적인 것과 신적인 것과 종의 형상 하나님의 형상을 깎아내리지 못하며 다섯째, 그리스도의 인간성은 영구적이라서 이것을 부정하는 것은 그리스도가 실제로 고난 받으신 것을 환상적(幻想的)이라고 하여 부인하는 것이 된다고 했다. 이것은 서방교회의 기독론(Christology)의 강요다.

6. 오리겐의 기독론

오리겐(Origen)의 기독론(Christology)은 사변적이며 영지주의(Gnosticism)적인 색채를 띠고 있다. 그는 예수께서 인간적 영을 가지셨다고 주장하면서도 영적 존재이며 선재했다고 이중적으로 말했다.

다른 영들은 타락으로 인하여 하나님으로부터 멀어졌지만 예수의 영(靈)은 이미 선재적(先在的) 상태에서 로고스와 연합하였으므로 죄를 짓지 않았다는 것이다. 그뿐 아니라 성육신 때에도 이 영이 로고스와 예수의 한정적인 몸 안에서 중재자의 역할을 감당하며, 그러므로 예수 안에는 신적인 로고스와 인간적인 몸이 영의 중재로 인하여 동시에 존재한다고 했다. 나아가 이 두 본성은 교류에 의해서 하나 된 혹은 연합을 이룬다고 했다. 오리겐(Origen)은 항상 신성과 육신이 본질적으로 연합되어 있지만 신인(神人)의 구조 가운데 언제나 신성이 실재적(實在的)인 요소라 보았다.

그리스도의 몸은 껍질에 불과한데 오로지 그 안에 있는 영혼(靈魂)이 몸을 움직이게 한다. 이러한 주장은 알렉산드리아(Alexandria)를 중심으로 성행했는데 이것은 '말씀-육신 기독론'이라 하며, 안디옥학파는 '말씀-인간 기독론'이다.

제2절 칼케돈 교회회의의 기독론 결정

1. 칼케돈 교회회의의 역사적 배경

교회는 예수 그리스도의 신성(divine nature)을 믿으면서 그의 인성(human nature)을 더 우세한 것으로 강조한 알렉산드리아 학파(Alexandria School), 네스토리우스주의(Nestorianism)[40], 몹수예스티아의 테오도레(Theodore)와 안디옥 학파(School of Antioch)의 유티케스 등이 일으킨 교리 논쟁(dispute)을 해결하기 위해 주후 451년 말시아누스(Malssianus) 황제에 의해 칼케돈(Chalcedon)에서 제4회 종교회의를 개최했다. 출석한 감독이 530명(대부분 동방교회)이었으며 교황 레오 1세(Leo I)의 대리와 황제가 보낸 위원들이 참석했다. 회의는 10월 8일에 시작되어 그달 30일에 종료되었고 칼케돈 신조(The Chalcedon Creed)를 공표했다.

2. 칼케돈 신조의 특징

칼케돈 신조(The Chalcedon Creed, 451)는 아리우스(Arius)의 사상

---

40 네스토리우스(-450) : 아리우스설에 대항하여 싸웠으나 그리스도의 완전한 신성과 인성을 인정하면서도 그 두 본성의 일치(이성일인격)를 거부했다. 그는 그리스도가 한 인격 속에서 두 성품이 연합(이성이인격)되지 못하고 도덕적으로만 연합(의지의 결합)된 두 본성을 소유했다고 주장, 즉 완전한 신성과 완전한 인성을 지닌 하나의 인격이라는 것이다. 그는 네스토리우스설이라는 이단 창시자가 되었다. 431년 에베소 종교회의에서 이단으로 선고받고 435년에 추방되어 450년에 죽었다. 사후 451년 칼케톤회의에서 다시 이단, 제2 스위스신앙고백서(1564)에서도 이단으로 규정했다.

(思想)을 반대하고 교회의 공회의로서 콘스탄티노플회의가 니케아회의를 재확인한 것처럼 칼케돈 회의는 니케아 신조(The Nicaene Creed, 325)를 중심으로 새로운 칼케돈신조를 작성하고, 예수 그리스도는 참 하나님이시며, 참 사람이시며, 한 인격이라는 그리스도의 이성일인격에 대한 고백을 확정지었다.

다시 말하면 그리스도의 신성과 인성에 대해 성경적으로 정립함으로 오해를 명확히 정리했다. 이는 후대에 신학적 기틀을 놓았고, 그리스도의 인성이 신성에 의해 흡수되었거나 양성이 융합하여 단일한 본성이 되었다면서 그리스도의 양성을 부인하는 유티케스설(Eutychianism)을 금지하였다. 칼케돈 신조는 기독론[41] 중심이다.

1) 아폴리내리즘

아폴리내리우스는 라오디게아 주교로 4세기에 활동했다. 그는 그리스도는 인간의 육체를 지녔지만 그 속에는 신적인 로고스가 인간 정신을 대신하고, 말씀은 인간 정신을 취하지 않고 육체로 구현되었다고 했다. 그러나 만일 그리스도가 인간 정신을 결여했다면 인간 이성을 통합하지 못하였을 것이고, 그렇다면 인간의 부분 중 그리스도 안에 통합된 것만 구원받는 문제가 발생하다는 점에서 인정받지 못했다.

---

41 기독론(Christology)에 잘못된 견해들 : 아리우스는 신성을 부정, 아폴리내리우스는 인성(로고스 육체 기독론(Christology)으로 인간의 영혼대신 로고스로 대치)을 부정, 네스토리우스(Nestorius)는 양성의 분리(두 본성 기독론(Christology)로 일치를 부정, 유티케스주의는 단성론으로 본성과의 구별을 부정했다.

그 결과 안디옥 공의회(AD 378)와 콘스탄티노플 공의회(AD 381)에서 정죄 받았다.

2) 네스토리아니즘

네스토리우스는 콘스탄티노플 주교로 5세기경에 활약했다. 그는 신성과 인성의 연합은 도덕적이지 유기적이 아니라고 했다. 그러므로 그리스도는 한 인격 안에 두 본성을 가졌고 그리스도는 완전한 인간적 본성이라 하며 '두 본성 기독론'을 주장했다. 그러나 모든 인류가 신성과 결합하여 구원받게 하기 위하여 그리스도는 완전한 인간적이어야 한다고 주장한 것은 두 본성 사이의 구분을 너무 강조하는 결과를 낳아 인성과 신성이 어떻게 결합 되는지 알지 못하도록 만들었다는 비판을 받았다.

431년 에베소공회에 이어 칼케돈회의에서 정죄되었고, 종교 개혁기에 제2 스위스신조가 이를 재확인했다(1566년).

3) 유티키즘

유티게스 데오도시우스 3세로 5세기에 활약했다. 그는 그리스도의 인간성은 새로운 제3 본성을 창출하기 위해서 삼키운 바 되었다고 했다. 그러나 그의 단성론은 인간적인 것과 신적인 것은 하나님의 인격 속에 공존해야 하며 인격의 단일성은 각 본성을 다른 본성에 적용하지 못하게 하는 문제를 낳았다. 칼케돈 공의회에서 정죄 되었다.

4) 단일육체론

세베투스는 그리스도는 비인격적인 인간성을 수용할 수 없는 한 본성만을 가지고 있다고 했다. 아리비아의 데오도로가 '그리스도는 인간 의지가 없고 오직 신적 의지만 있다'고 주장했다. 이러한 단일단성론은 그리스도의 이성일인격을 부정하는 것이다.[42]

칼케돈 신조의 결정은 '그리스도는 혼합되지 않고 변하지 않으며, 분리되지 않고 나뉠 수 없는 두 본질의 한 인격체이다"고 규정했다. 칼케돈 신조의 특징은 첫째, 양성은 1위에 속한다. 예를 들면 전지(全知)와 제한된 지식(知識)과 같은 것이다. 둘째, 신인의 수난은 무한한 것으로 간주될 수 있으나 그 신성은 느낄 수 없다. 셋째, 그리스도의 인격의 뿌리와 기초를 이루는 것은 신성이지 인성이 아니다. 넷째, 로고스(Logos)는 별개의 개인과 연합한 것이 아니라 인성과 연합하였다. 즉, 신격의 제2위와 합체(合體)된 개인이 처음부터 있는 것이 아니라 동정녀의 복중에서 인간의 신과 연합한 것이었다.

칼케돈 신조는 기독론의 본질적인 요소를 규정함으로 이단(異端)과 경계선을 그어주었다. ① 그리스도의 참된 신성 ② 그리스도의 참된 인

---

42 L. 벌코프, 「기독교리사」, p. 118.

성 ③ 한 위 안에서 신성과 인성의 연합 ④ 한 위 안에서 신성과 인성의 확실한 구별된 것을 확정지었다.

그리하여 이원론(Dualism)과 유티케스주의(Eutychianism)의 단성론을 저지하고 기독론을 확립하였다. 또 내용이 신조(Creed)들의 정통성에 의지하고 있다. "그러므로 교부들을 따라서 우리는 모두가 한 분이신 성자, 우리 주 예수 그리스도를 고백하도록 가르치는 일에 하나가 되었다."

칼케돈회의는 그리스도의 이성일인격(二性一人格) 교리(doctrine)를 확립하였다. 그리스도의 신성은 성부와 동질이며, 인성은 우리 인간과 동질이면서 죄가 없는 완전한 인성이며, 두 성은 유일 인격이며, 혼합도 분리도 변화도 분할도 되지 않으면서 각각 그 본질(essence)을 보유하고 있다는 기독론을 성립시켰다.

이성일인격 기독론은 칼케돈 공의회 이래로 지금까지 삼위일체론(Trinitarianism)과 함께 변함없이 기독교의 근본교리가 되어 계승되고 있다. 이것을 변경하려고 하는 것은 기독교를 변질시키는 것이다. 예수 그리스도께서는 참 하나님이시라는 고백을 종교 개혁자들은 그대로 수용하였으며 루터(Martin)와 칼빈(Calvin)의 신학적인 골격을 이루고 있다.

제3절 칼케돈회의 이후의 기독론

1. 그리스도의 일성론

단성론(Monophysites)은 그리스도의 단일성(單一性)을 주장하는 학파이다. 니케아회의가 삼위일체론을 끝마치지 못한 것처럼 칼케돈회의도 기독론을 종결 짓지 못했다. 애굽, 수리아, 팔레스틴은 유티케스주의(Eutychianism)의 많은 광신적(狂信的)인 수도사들을 숨겨 주었으며 로마는 점진적으로 정통의 중심이 되어 동방으로부터 서방으로 교리의 발전이 돌아가게 되었다.

칼케돈회의 이후 씨릴과 유티케스 지지자들을 일성론자들이라 불렀다. 그들은 "그리스도의 인성은 그 신성 속에 흡수되어 졌으므로 그의 육체는 우리들의 육체와 같지 않다. 그러므로 그리스도에게는 인간적이라고 부를 만한 것이 아무것도 없다"[43]고 했다. 그리고 연합 후의 그리스도의 성(性)을 혼성적(混成的)인 것으로 구별된 이성(二性)의 소유를 부정하였다. 또 그들은 이성은 이중인격을 포함하는 것으로 보았다.

451년 칼케돈 회의에서 그리스도는 하나의 인격과 두 성(二性一人格)을 가진다고 결의했다. 553년 콘스탄티노플회의에서 다시 일성론(一性論)이 승리하였으나 680년 총회에서 배척되었다. 그러나 다른 문제가 대두

---
43 조선출 발,「기독교대사전」, p. 783.

되었다. 그리스도의 성(nature) 안에 의지(意志)가 얼마나 들어 있느냐 하는 것으로 의지(意志)가 신성에 속하느냐 인성에 속하느냐 하는 문제가 일어났다.

이것은 그리스도 안에 한 의지만 있다고 한다면 그리스도의 참된 인간 의지를 빼앗아 버리는 것과 같으므로 그리스도의 인성을 크게 해치는 것이 된다. 그리고 두 개의 의지가 있다고 말하면 네스토리우스파로 전락하고 마는 것이다.

2. 그리스도의 일의파

일의파(Monothelites, 一意派)는 그리스도 안에 유일한 의지, 즉 나눌 수 없는 의지의 활동만이 존재한다는 학파이다. 인간의 의지가 신적 의지 안에 합하여 후자만이 역할 한다고 보는 주장과 신적 의지와 인적 의지가 혼합한 결과로 합하여 이루어진 것이라고 보았다. 일의파의 반대자들은 이의파(二意派)라 불렸다. 이의파는 그리스도 안에 두 의지(二意志)가 존재한다고 주장하였다.

680년 제6차 콘스탄티노플 세계교회회의는 로마 감독의 도움을 얻어 이의지(二意志)와 이정력(二精力)의 교리를 정통적 입장으로 채택하였고, 동시에 인간의 의지는 언제나 신적 의지에 속하게 된다고 결정했다. 이 확정된 의결은 인간의 의지가 신적 의지와 연합함으로써 본래의 인성보다 둔하여진 것이 아니라 고상하여지며 완전케 되어서 둘은 언제나 완전한 일치를 이루어 움직인다는 것이다.

3. 다메섹 야고보의 기독론

인간의 육체와 영혼의 연합을 말함으로써 그리스도의 이성적 연합을 설명하였다. 그리스도 안에서 신적 속성이 인성에 전달됨으로 후자는 신화(神化)되었으며, 또 하나님이 육신으로써 고난을 받았다고 말할 수 있다. 다만 이와 같이 인성이 변하였기 때문에 순수하게 감수적(感受的)이며, 피동적이다. 이제 완전한 인간성을 포함한 하나님의 아들은 교회가 예비할 대상이 될 것이다. 우리는 야고보(James)에게서 예수의 인성은 단순히 로고스의 기관이나 기구로 떨어뜨리는 경향을 볼 수 있지만 그는 이성의 도움과 한 인격이 각 성에서 행동하고 의지한다는 것을 인정하였다. 의지는 성에 속하는 것으로 간주하면서도 그리스도 안에서 인간의 의지는 육신의 몸을 입으신 하나님의 의지가 되었다고 주장하였다.[44]

제4절 서방교회의 기독론

7-8세기에 서바나에서 일어난 사상(思想)의 새 운동이 양자설(養子說)이다. 675년 톨레도 회의(A Council of Toledo)가 그리스도는 본래 하

---

44 L. 벌코프, 「기독교리사」, p. 121.

하나님의 아들이고 양자된 것이 아니라고 선언(宣言)한 이래 양자(養子)라는 명사는 스페인에서는 잘 알려졌다.

양자론(Adoptionism)의 옹호자는 우루겔라(Urgella)의 감독 펠릭스(Felix)였다. 그는 그리스도는 로고스(Logos)인 신성으로서 본래 의미의 하나님의 독생자였으나 인성 편에서는 양자의 형식으로 하나님의 아들이 되었다고 하였다. 이는 본래적 아들의 자격과 양자적 아들의 자격을 따로 구별하고 전자는 신성에 속하고 후자는 인성에 속한다. 양자론은 "그리스도의 신성과 인성을 구별하여 신성에 있어서 '나는 아버지와 하나다'라고 하였지만 그 인성에 있어서는 '아버지는 나보다 크시다'고 해석했다. 그 원인은 곧 그의 본성은 원래 하나님의 아들이 아니던 것이 아들 즉 양자가 된 까닭이라 하였다.[45] 양자론의 잘못된 교리는 792년 프랭크포트 대회(The Synod of Frankfort)에서 정죄 되었다.

제5절 중세의 기독론

중세는 기독론이 전면에 나타나지 않았으나 은혜론, 속죄론에 관계되는 문제들이 중심을 이루었다. 중세의 토마스 아퀴나스(Thomas Aquinas)는 로고스(Logos)의 위(person)는 성육신(incarnation)에서 양성(兩性)이 연합된 후에 합성적(合性的)으로 되었고, 이것과 인성과의 연합

---

45 조선출 발, 「기독교대사전」, p. 643.

(聯合)은 인성으로 하여금 독립적인 인격에 이르지 못하게 하였으며, 그리스도의 인성은 로고스와의 연합으로 말미암아 이중은혜를 받았다고 했다. 즉 첫째, 단회적(單回的) 은혜 또는 위엄이다. 이것은 인성과 신성의 연합으로 생겼는데 그럼으로써 인성도 예배의 대상이 되었다. 둘째, 지속적 은혜이다. 이것은 인간인 그리스도에게 주어진 성화의 은혜를 뜻하는 것으로서 이 은혜에 의하여 인성이 하나님과의 관계에서 자신을 유지한다는 것이다.

그리스도의 인성은 전능이 아니고 근심, 슬픔, 두려움, 놀람, 분노와 같은 인간적 성정(性情)을 가지고 있었다. 그리스도에게는 두 의지가 있지만 궁극적 원인 작용은 신적 의지에 속하고 인적 의지는 항상 신적 의지에 예속한다.[46]

제6절 종교개혁기의 기독론

1. 루터파 기독론(속성교류)

속성교류(Communication Idiomatum)란 그리스도의 인격적 연합(unio hypostatica)에 있어서 신성과 인성이 서로 교류한다고 주장하는 것을 의미한다. 이 같은 주장은 안디옥 교회감독(教會監督) 이레니우스

---

46 전게서, p. 124.

(Irenaeus, 115-200)의 기독론과 알렉산드리아 총대 주교 키릴(Cril, 376-444)과 다메섹 야고보(James)에게서 볼 수 있는 것으로 고대 교회에서 비판(批判)을 받았다.

루터(Luther)는 이성(二性)의 교리와 또 이 이성(二性)이 로고스의 위(person) 안에서 나눌 수 없는 연합을 한 것이라 했다. 그리스도가 성찬에 실재로 임해 계신다는 교리는 승천 후에도 그리스도의 인성이 편재한다는 견해를 가지고 있다. 이것은 루터파(Lutheran)로 하여금 그리스도의 각 성이 서로 침투한다는 뜻에서의 속성 전달의 견해를 가지게 하였다. 그러나 신적 속성들을 인적 속성에 귀속시키면서도 인적 속성들을 신성에 귀속시키는 것은 소극적이었다.

루터파 신학자들은 분명히 이성이 연합하는 그 순간에 속성들의 교통을 요구한다고 하였다. 그러나 오늘에 와서는 속성 교류의 견해를 버리고 양성(兩性) 각자의 특성을 위에 귀속시키는 개혁파의 견해를 따르고 있다.

개혁파에서는 칼케돈 회의의 결정된 바를 고수하고 있다.
① 신성과 인성의 구별에 있어서 결코 한 쪽이 다른 쪽이 되는 일은 있을 수 없으며 또한 한 쪽이 다른 쪽의 성을 받아들일 수 없다.
② 만일 하나님이 인성의 유한한 아래에 들어오게 된다면 그는 이미 하나님이 아닌 것이 된다. 이와 마찬가지로 만일 하나님의 속성이 사람에게 들어오게 된다면 그는 이미 사람이 아닌 것이다.

개혁파 입장에서는 그리스도의 두 성품, 즉 신성과 인성의 교류를 의미하는 것이 아니고 연합이다. 그리스도는 신성과 인성의 모든 속성을 가지고 있으나 두 성은 구별되어 있다.

2. 개혁파 기독론

개혁파(The Reformed)의 기독론(Christology)은 1566년에 작성한 제2 스위스신앙고백서 "제11장 예수 그리스도, 곧 참 하나님과 참 인간이시오, 이 세상의 유일한 구주에 관하여"에서 규명하고 있다. "그러므로 하나님의 아들은 성령 편에서 성부와 비슷하고 동질(同質)이시며, 참 신이시되 이름 만으로나 입양(入養)으로나, 특별한 사랑을 받으므로 그렇게 된 것이 아니라 본체(本體)와 성질에 있어서 그러하다. 그러므로 우리는 하나님의 아들을 반대하는 아리우스(Arius)의 모욕적인 교리를 물리친다. ..... 우리는 또한 영원하신 신의 영원한 아들은 아브라함과 다윗의 후손인 인자(人子)로 지음 받았다는 것과 이것을 에비온파(The Ebionites)가 주장하는 바와 같이 어떤 인간의 수단에 의하여 될 것이 아니고 성령으로 말미암아 가장 순수하게 동정녀 마리아에게 잉태되어 탄생되었음을 믿고 가르친다. .....더욱이 주 예수 그리스도는 아폴리내리스(Apollinaris)가 생각하는 바와 같이 이성이 없는 영혼을 가진 것이 아니고 이성을 가진 영혼과 감각을 가진 육체를 가졌다. .... 그러므로 우리는 한 분 예수 그리스도 우리 주 안에 신성과 인성의 이 성이 있음을 인정하며 또 이 성은 결합되었거나 또는 연합되셨기 때문에 빼앗기거나, 혼돈되거나, 혼잡

된 것이 아니라 일위(一位)안에 결합되었거나 연합되었다(각성의 특성은 완전하게 그대로 잘 간수됨). 그리하여 우리는 두 분이 아니라 한 분 그리스도 우리 주님께 예배드린다. 우리는 한 분의 그리스도를 두 분으로 만들며 인격의 통일성을 깨뜨리는 네스토리우스(Nestorius) 이단(異端)을 물리치며 또한 그리스도의 인격의 특성을 넘어뜨리는 유티케스(Eutyches) 일의설자(一意說者)들의 불의한 행동을 미워한다. 그러므로 우리는 그리스도의 신성이 수난을 당하셨다 든지 그리스도가 그의 인성에 의하여 아직 세계 곳곳에 계신다든지 하는 것을 가르치지 않는다. 우리는 그리스도의 몸이 부활하신 뒤부터는 실제의 몸이 아니라든지 또는 그것이 신화(神化)되었기 때문에 육체와 영혼의 특성을 벗어 버리고 전부가 신성이 되어 한 실질(實質)만으로 되었다고 생각하며 가르치지 않는다. 그러므로 우리는 이 문제에 대한 슈뱅크펠드(Schwenkfeld)의 어리석고 간사한 말과 복잡한 것과 희미함과 충실치 못한 변론들, 그리고 그밖에 쓸데없이 이지럽히고 말썽부리는 자들을 허락하거나 받아들이지 않으며, 또 우리는 슈뱅크펠드주의 자들을 정죄한다."[47]라고 했다.

제7절 19세기 기독론

19세기의 기독론은 지금까지 신(神) 중심의 기독론에서 인간학적(人間學的)이며 인간(人間)중심으로 변화하였다. 성경의 초자연적인 것은 빼

---

47 박상경, 「신조와 신앙고백서」 (경기: 성화교회 출판부(실라버스), 2004), p. 197.

버리고 그리스도에 관한 교리는 예수의 교훈으로 각하시키고, 그리스도는 예배의 신적 대상이 아니라 단지 윤리교사로 전락했다. 그리고 기독교의 본질적(essence)인 문제의 보존보다는 시대정신(Zeitgeist)에 따라 예수 그리스도를 생각하게 되었다.

1. 슐라이어마허의 기독론

자유주의 신학의 원조로 불리는 슐라이어마허(Schleielmacher, 1768-1834)는 예수 그리스도는 인간 수준 이상을 올라갈 수 없다고 했다. 예수의 초자연적 위엄성은 하나님께서 예수 안에 특별히 임해 계셨기 때문이고 그래서 예수는 최고인 하나님 의식을 가졌다고 했다. 나아가 예수는 완전한 종교적 인물이며 모든 참 종교의 원천 이므로 모든 사람은 그를 믿는 산 신앙을 통하여 완전한 종교인이 될 수 있다고 가르쳤다. 그리스도의 비상(非常)한 특성은 그가 비상한 기원(起源)을 가졌다는 것으로 그 이유는 그에게 범죄케 하는 유전적 영향이 없기 때문이라 했다. 또 신앙에 있어서 동정녀 탄생(童貞女誕生)을 믿는 것은 필요치 않으며, 그의 인격은 인성을 이상적으로 완전한 수준에까지 높이 올린 창조적인 행위에 의하여 이루어진 것이라 했다.

2. 칸트의 기독론

칸트(Kant. Immanuel, 1724-1804)는 그리스도는 추상적(抽象的) 이상

(理想) 즉 윤리적으로 완전한 이상에 불과하다고 했다. 구원은 이 이상(理想)에 대한 신앙(信仰)에 있는 것이 아니요, 한 인격으로써의 예수를 믿는 데 있는 것은 아니며, 제대로 윤리적 이상에만 속하는 형용사와 개념들을 단순히 그 이상적 상징뿐인 그에게 적용하는 것은 교회의 잘못이라 했다. 예수는 이 신앙(信仰)의 뛰어난 교사이며 개척자(開拓者)이며 인간은 예수 그리스도와 어떠한 인격적(人格的) 관계(關契)가 없이도 구원을 얻을 수 있다고 보았다. 이 견해는 신약에 계시된 복음을 부정할 뿐만 아니라 신성을 부인하고 그를 도덕적 교사로 만들어 버렸다.

3. 헤겔의 기독론

슐라이어마허와 동문수학한 헤겔(Hegel, 1770-1831)은 예수 그리스도의 인격(人格)에 대한 교회의 개념(槪念)이 단순히 실체론적(實體論的) 관념들, 형이상학적 진리(眞理)를 표현하는 상징들을 애매(曖昧)하게 만들어 놓은 인간의 표현에 불과하다고 했다. 그는 예수를 인간적 선생(先生)으로 보았다.

4. 케노시스파의 기독론

케노시스(kenosis)라는 명사는 빌립보서 2:7절의 그리스도께서 "자기를 비어 종의 형태를 가져"라는 말에서 나온 말이다. '비어'라고 번역된 헬라어 원어는 '케노오'(kenoo)의 부정 과거 '에케노센'(ekenosen)이다.

그리고 이 구절을 틀리게 번역한 고린도후서 8:9절과 함께 '케노시스 교리'의 기초가 되었다. 이 성구에 대해 이들은 그리스도께서 육신의 몸을 취하실 때 자신의 신성을 비웠거나 아니면 포기하셨음을 가르친다고 해석했다.

케노시스주의자들은 이상의 구절을 기초로 하여 로고스가 자기를 전체로나 또는 부분적으로 인간의 규모(規模)에까지 떨어뜨려 글자 그대로 사람으로 변화하였다가 지혜(智慧)와 권세로 자라서 드디어 다시 신성(神聖)을 취하셨다고 하는 교리를 만들었다.

워필드(B. B. Warfild)는 '자기를 비어'라는 말은 보통 '자기를 생각지 않고'라는 뜻으로 보았다. 그리스도가 취한 이 행동에 암시적 목적은 그리스도의 신성에 있지 않고 그의 권세와 영광이 하나님과 동등함에 있다고 했다.[48]

케노시스에 대해 토마시우스(Thomasius)는 신적 로고스는 내재적 도덕적 속성들인 절대적 능력(能力), 자유(自由), 거룩(聖), 진리(眞理), 사랑(愛) 등을 보존(保存)하시고 그의 상대적 속성들인 전능(全能), 편재(遍在), 전지(全知)는 임시로 버렸으나 부활 후에 다시 취하셨다고 했다.

게스(Gess)는 로고스는 육신의 몸을 입을 때에 글자 그대로 우주적

---

48 전게서, p. 131.

기능과 영원적 의식(儀式)을 중지하시고 자신을 인성의 상태와 제한에 절대적으로 떨어뜨렸으므로 그의 의식은 순수하게 인간의 영혼의 의식이 되었다고 했는데 이것은 아폴리내리우스의 견해와 같다.

에브랄드(Ebrard)는 로고스는 한편 자신을 인간의 규모에까지 떨어뜨려 순수하게 인간의 느낌을 가지고, 다른 한편으로 삼위일체(Trinity)의 생활에서 끊임없이 신적 완성을 보존하시어 그의 자아는 무한하시며 유한하신 것이라 했다.

대표적인 개혁주의 조직신학자인 루이스 벌코프(Louis Berkhof, 1873-1957)는 케노시스 기독론에 대하여 "케노시스 이론은 헤겔의 생성 관념이 하나님께 적용되어 하나님과 인간이 절대적으로 차이가 없다는 범신론적 개념에 기초하고 있는데, 이 이론은 성경이 분명히 가르치고 있는 하나님의 불변성에 관한 교리에 전적으로 위배 된다고 했다. 또 이 이론은 실질적으로 삼위일체 신론의 파괴를 의미함으로 참 하나님은 배제되어 있으며 하나님의 속성을 비우고 인간이 되신 성자는 더 이상 삼위일체(Trinity) 안에서 신적 속성일 수 없게 된다고 지적했다. 이것은 분명한 오류로서 로마카톨릭교회의 화체교리와 관계되는 잘못을 내포하는 것이라 했다.

독일 루터란(Lutheran)의 케노시스론(Kenosis Theory)은 아폴리내리우스(Apollinarius of Laodicea, 310-390)가 그리스도의 신성을 보호하

면서 무죄적 인간성도 보호하려고 하였으나 결국 이중인격(二重人格)의 그리스도가 되게 하고 그리스도의 인성을 파괴시켰는데, 이 이론보다 더 심각하게 신성과 인성을 모두 축소시키고 말았다. 찰스 핫지(C. Hodge) 부자와 스트롱(Strong) 등이 이 이론을 그리스도 일성론이라고 판정하였다.

케노시스 교리(Kenosis doctrine)는 삼위일체 교리를 파괴하며 하나님의 불변성과 예수님의 신적 속성을 부정하는 결과를 가져왔다.

5. 리츨의 기독론

리츨(Albrecht Ritschl, 1822-1889)은 형이상학(形而上學)을 거부하고 헤겔(Georg Wilhelm Friedrich Hegel, 1770-1831)의 관념적 사고방식으로 사변적(思辨的)으로 기독교를 해석하는 것을 반대하였다. 그의 신학의 특징은 도덕 종교를 논하는 것이다. 리츨의 기독론의 출발점은 그리스도의 인격(人格)이 아니라 그리스도의 사역(使役)이다. 그는 그리스도의 사역을 강조함으로써 그리스도의 인격의 고상함을 입증하려고 했다. 그리스도는 단순한 인간이지만 그의 업적을 보아서 그에게 신격을 부여하여 그를 하나님이라 부르는 것은 당연하다고 하였다. 또 리츨은 그리스도의 선재와 성육신과 동정녀 탄생은 기독교인의 신앙체험과 아무런 관련이 없다고 하여 불문에 부쳤다.

이 이론에 대해 벌코프(L. Berkhof)는 리츨의 이론은 사모사타의 바울(Paul of Samosata)의 사고방식과 같은 것으로 역사적(歷史的) 예수의 현대판에 지나지 않는다고 폄하했다. 리츨은 예수에 의한 계시를 강조하며 자연적 이론에 의한 신인식(神認識)과 양심에 의한 신인식을 부인하고 전적으로 역사적 그리스도의 계시에 의한 인식(認識)을 주장했다. 역사적 그리스도상은 원시 교단의 신자들의 증언에 의한 그리스도상이다. 이 역사적 그리스도는 성경에 기록된 그리스도와 상관관계가 있다고 보는 것이다. 이같은 리츨(Ritschl)의 역사적 그리스도의 개념은 헤르만(W. I. G. Hermann, 1846-1922)에게 있어서 성경적 그리스도와 구별되었다. 그리스도의 신성(divine nature)은 그리스도인의 경험을 토대로 하는 교회의 신앙(信仰)에 대하여 계시의 가치를 표명하는 것에 지나지 않는 것이다.

제8절 현대 기독론

근대에 와서 역사적 예수의 문제, 즉 예수의 사실성(史實性) 문제의 기원은 라이마루스(H. S. Reimarus, 1694-1768)에게서 찾게 된다. 라이마루스는 성경계시(聖經啓示)를 부인하고 기독교의 기원을 순전히 자연주의와 이신론적 관점에서 설명했다. 또 퀼러는 그의 저서 「역사적 예수와 실존적 성경적 그리스도」(Historical Jesus and Existential Biblical Christ)에서 예수와 그리스도를 분리시켰다. 사적(史的, historisch)과 실존사적(實存史的 existential) 즉 초역사(geschichtlich)를 구별하였다. 그에 의하면 예수는 순수한 과거의 사실, 즉 나사렛 예수를 그리스도로 믿는 것은 교회가 선교하고 있는 영원한 실존, 즉 실존사적 성경적 그리스도만이 신앙자에게 있어서 영원한 의미를 가지게 되는 것이며, 소위 사적 예수는 이미 끝나버린 하나의 과거의 사실이라 본다.

이 같은 견해는 불트만(Rudolf Bultmann, 1884-1976)에게 더욱 적극적인 면을 볼 수 있다. 불트만은 그의 <예수>(1926)에서 사적 예수는 당시의 역사적 사정을 알기 위해서는 필요하지만 기독교 신앙에는 아무런 의미가 없으며, 예수는 하나의 인간으로서 유대인의 예언자이며, 사적 예수의 역사는 기독교의 역사(歷史)가 아니라 유대교(Judaism)의 역사(歷史)라는 것이다.

이는 사적 예수와 예수의 케리그마(Kerygma) 속에 나타난 하나님의 구원사(救援史)를 실존사적(實存史的)으로 해석(解釋)하여 사적 예수와 케리그마(Kerygma)의 그리스도의 연속성을 단절시키고 예수의 성육신을 부인하고 영지주의적 그리스도의 가현설(Docetism)에 근접하고 있다.

그리고 본질적(本質的)으로 모든 사람은 신적(神的)이라는 점을 전제하고 하나님이 모든 사람 안에 들어와 계시며 정도에 있어서 그리스도는 우리와 차이가 있는 하나님의 아들이라 했다. 또 그리스도가 우월한 것은 그의(義)보다 큰 신적 감수성과 보다 뛰어난 신의식(神意識)에서 볼 때 그러하다고 했다. 결국 현대주의자들은 아리우스주의(Arianism)에 빠지고 말았다.

제3부
중세 교회시대

Saint Augustine disputing with the heretic Fortunatus

제 1 장

헬라 교부들과 라틴 교부들의 인간론
Anthropology of the Greek and Latin Fathers

교리사적 논쟁은 시대마다 다른 관점(觀點)의 논쟁들이 일어났다. 고대교회의 교리 논쟁의 관점은 삼위일체론과 기독론이라고 한다면 중세교회의 교리의 관점은 인간론(Anthropology) 즉 은혜의 중요성에 강조점을 두었다.

기독론의 논쟁이 동방교회(Eastern Church)를 혼란케 하고 있는 동안 서방교회(Western Church)는 인간론의 문제로 죄와 은혜, 자유의지(free will)와 예정(predestination)과 같은 문제들이 전면에 나타나고 있었다. 이 문제는 기독교의 실제적 문제로 기독교의 분파(分派)들 사이에 중요한 경계선(境界線)이 되었다.

제1절 헬라 교부들의 인간론

헬라 교부들의 주요 관심사는 예수님의 신성과 인성에 관한 기독론이 핵심이었다. 물론 인간론(Anthropology) 문제에 관심은 가졌으나 주요 관심사는 아니었다. 헬라 교부들은 죄와 은혜의 문제에 있어서 주로 이원론적 사상(思想)에 기울여져 있었다. 이것은 그들이 어거스틴(Augustine) 사상보다 펠라기우스(Pelagius) 사상(思想)과 유사하다는 것을 뜻한다.

특히 죄에 대한 헬라 교부들의 사상은 초기에는 악의 물질적 필연성을 강조하며 자유의지를 부정하는 영지주의(Gnosticism)를 반대하는 일에 큰 영향을 주었다. 가령, 아담이 하나님의 형상대로 창조되었다는 것은 윤리적으로 완전치 못함을 뜻함이 아니고 다만 그의 성질이 도덕적으로 완전케 될 가능성을 가지고 있다는 것을 뜻한다고 해석했다. 그러나 아담이 범죄하여 사단과 죽음과 죄의 권세 아래 들어감으로 부패해졌고, 이 부패는 그 자체가 죄는 아니기 때문에 인류로 하여금 죄책(Guilt)을 입게 하지 않았다고 보았는데 이것은 결국 원죄(原罪)를 부정하는 결과를 낳았다. 다시 말해, 죄는 언제나 개인의 자유선택(自由選擇)에서 오며 약함과 무지의 결과로 유아는 물질적인 부패만을 유전 받았기 때문에 죄가 없다고 주장하였다.

오리겐(Origen)은 일정한 유전적 오염이 모든 사람에게 나면서부터 있다는 것을 시인하고 영혼이 출생하기 전에 생긴 타락에서 찾았으므로 원죄교리에 접근했다.

은혜교리의 강조점은 신령한 은혜의 역사보다 인간의 자유의지에 있었다. 중생(regeneration)은 하나님의 은혜가 아니라 자유의지이의 결과이며, 자유의지가 그 일을 시작했다 하여도 하나님의 도움 없이는 완성될 수 없으므로 신인협력을 통해 하나님이 인간이 소유한 자유의지로 하여금 악(evil)에서 돌아오도록 만든다고 보았다. 이렇게 헬라의 교부들은 자연인들이 할 수 있는 선(善)과 성령의 능력으로 할 수 있는 선(善)을 구별하지 아니했다.

제2절 라틴 교부들의 인간론

라틴 교부들은 헬라 교부들의 인간론(Anthropology)에 영향을 받아 3. 4세기에 터툴리안, 키프리안, 힐러리, 암브로스(Tertullian, Cyprian Hilary and Ambrose) 등이 주도했다.

터툴리안(Tertullian)은 헬라의 영혼 창조설 대신에 유전설을 주장하였다. 타고난 악(innate evil)과 구별되는 타고난 죄(innate sin)의 교리를 마련했다. 영혼의 전이(轉移)는 죄의 전이를 뜻한다(Tradux animae, tratux peccati). 그러나 내용(contents)에 있어서는 헬라 교부들의 견해를 뛰어넘지 못했다. 자유의지를 전적(全的)으로 부정한 것이 아니며 중생에 있어 인간의 능력을 최소화하는 차원에서 하나님과 인간의 합작이라는 것으로 풀이했다.

키프리안(Cyprian)은 인간의 원죄는 단독적 중생의 교리에 대한 경향을 나타내고 원죄의 실책이 실제로 일어나는 죄보다 크지 않다고 했고, 힐러리(Hilary)는 사람은 아담 안에서 범죄하였고, 죄 가운데 출생하였다고 하였으나 인간(人間意志)의 전적부패(total depravity)를 주장하지 않고 협력적 중생론을 붙들게 되었다. 이는 점차로 어거스틴의 죄론과 은혜론으로 향하게 하는 계단이 되었다.

제 2 장

어거스틴과 펠라기우스의 죄와 은혜관
Sin and Grace of Augustine and Pelagius

제1절 어거스틴

어거스틴(Augustine)은 신앙심 좋은 어머니 모니카의 사랑 안에서 자랐지만 하나님을 애써 외면하며 젊은 시절 방탕과 혼돈 속에서 살았다. 그는 자신의 참회록(Confessions, 懺悔錄)를 통해 도덕적 종교의 길에서 멀리 떠나 헤맸고 마니교(Manichaeism)를 믿어 그 함정에 빠져 방탕(放蕩)한 삶을 살았다고 고백했다. 드디어 하나님의 은혜로 밀라노의 암브로스(Ambrose)로부터 그리스도를 소개받고 회개하고 하나님에게로 돌아온 그는 밀란의 어떤 동산에서 심각한 통회(痛悔)의 시간을 거쳐 완전히 변화를 받은 그리스도인이 되었다. 주후 387년 세례를 받았고 397

년에는 히포의 주교가 되었고 이후 3년 동안 <참회록>을 집필했다.

어거스틴의 신학의 주요 요점(要點)은 세 가지로 정리된다. 첫째, 키케로의 철학, 마니교, 신플라톤 철학을 거치면서 끊임없이 품었던 '악의 근원이 어디인가' 하는 신정론이다. 둘째, 도나투스(Donatus) 이단(異端)과 논쟁에서 결론 지어진 '어떤 교회가 참 교회인가' 하는 교회론이다. 셋째, 펠라기우스(Pelagius)와 대립하였던 은총론이다.

1. 어거스틴의 죄와 은혜

1) 악의 정체

어거스틴은 젊은 시절 마니교를 통해 두 개의 상반된 힘이 서로 투쟁 상태에 있는데 이런 이중적 상태는 인간 안에도 있다는 것을 배웠고, 이 사실은 자신을 통해서 확신하게 되었다. 그러나 그는 마니교를 버리고 하나님에게는 악이 전혀 없으며 악의 가능성도 없다고 했다. 그럼에도 실제로 세상에는 악이 존재하는데 그 이유를 신플라톤 철학에서 얻었다.

이집트 알렉산드리아 출신으로 로마로 이주하여 신플라톤주의의 완성자가 된 플로티누스(Plotinus, 203-270)는 악이란 비존재라고 규정지었다. 선으로부터 더 이상 멀어질 수 없는 단계의 마지막을 산출하는데 그것이 악이라고 보았다. 또 악은 물질인데 이 물질은 자연학이 말하는 물질이 아니라고 했다. 물질이라는 개념은 그 자체로서 무형이며 헤아릴 수 없는 어떤 존재이지만 영원한 이데아(Idea)가 어떠한 형태를 주어서 감각적인 세계를 만들어 내게 하는 것이라 했다. 그리하여 악이란 비존재이며 부족이며 결핍(缺乏)이며 비실체인 것이다. 악은 사람이 있기 전에 이미 존재했기에 사람은 자체로 악은 아니며, 악이 인간을 의지와 반대로 붙들고 있다고 했다. 즉 타락한 영혼이 물질적인 몸을 가지고 있음으로 해서 인간이 고통을 당하는데 그것은 이 육체가 물질적인 것에 참여하였기 때문에 악이 존재한다는 것이다. 따라서 인간의 육체(肉體)가 물질적(物質的)인 것을 벗을 때 선을 얻고 자유(自由)를 얻는다고 했다. 그는 자신이 육체로 존재한다는 것을 몹시 부끄러워하여 자기 생일을 저주한 사람으로 유명하다.

이에 어거스틴은 하나님은 계층적으로 존재하는 것을 만들었다고 주장했다. 즉 존재는 다만 계층적으로 존재할 뿐이라는 것이다. 물질이라고 해서 다 악한 것은 아니고 물질은 창조자의 불가변성이 결여되어 있을 뿐이라 했다. 그러므로 하나님의 창조 단계에서 악의 단계는 있을 수 없고 저급한 단계의 피조물이란 악이 아니라 선의 부족이라 했다. 그는 하나님의 피조물(被造物)은 창조자(創造者)의 선하심을 나타내는 복합체이므로 어느 것도 경멸해서는 안 된다고 했고, 하나님이 만들어 낸 것은 모두 선(善)하며 나름대로 아름다움을 나타낼 뿐이라 했다. 이런 의미에서 그는 플라톤적이며, 마니교의 이원론적(二元論的) 세계관을 부인했다.

2) 악의 기원

어거스틴은 하나님의 모든 피조물은 선(善)하고, 악(evil)은 선(善)한 본질이 부족한 데서 기인하며 선의 결핍이라 했다. 악의 원인은 자유의지(free will)라고 했다. 그러나 악의 의지의 원인은 찾을 수 있는 것이 아니라 한정적(限定的) 자유의지(自由意志)를 가진 우리에게는 감추어져 있을 뿐이라 했다. 그리고 죄로 이끌려가는 것은 교만(驕慢)이며, 선(善)을 교만(驕慢)으로 바꿈으로써 악을 행하는 데로 흐르는 것이라 했다. 즉 가변적으로 창조된 인간은 악을 선택(election)한다고 보았다.

3) 어거스틴의 죄관

죄(罪)의 독자적(獨自的) 성격(性格)을 강조했다. 죄가 세상에 들어옴으로써 인간은 하나님의 사랑에 뿌리박고 있는 참 선을 하고자 하나 할 수도 없고, 또는 자기의 참 운명을 실현할 수도 없으며 다만 점점 더 깊은 죄의 노예상태로 빠져 들어가 하나님 의식을 완전히 잃어버리는 것이 아니라고 했다. 그 이유는 인간은 계속해서 하나님을 사모(思慕)하기 때문이다.

그는 죄(罪)를 적극적(積極的)인 무엇으로 보지 않고 소극(消極)이나 상실로 보았다. 죄의 근본 원리는 하나님을 사랑하는 대신에 자기를 사랑하는 데 있다고 보았다.

아담은 그의 후손과의 유기적 관계에서 죄책의 부패를 가진 자신의 타락된 성질을 후손에게 전달하였다. 죄의 결과로 인간은 전적으로 부패하여 어떠한 영적 선(善)도 행할 수 없다. 그러나 자연인들이 어느 정도 가지고 있는 의지를 부정하지는 않았으며 이 의지를 통해 어느 정도 세속적 선을 행할 수 있으나 하나님 보시기에 선한 것을 행할 수 없다고 주장하였다.

4) 어거스틴의 은혜관

어거스틴은 인간의 의지가 다시 새로워지기 위해선 오직 하나님의 불가항력적 은혜(irresistible grace, 不可抗力的 恩惠)가 필요하다고 보았다. 이것은 처음부터 마지막까지 독점적으로 하나님의 사역이다. 그리고 의지를 변화시켰기 때문에 인간의 의지는 자기 스스로 선한 것을 택하는 것이며 하나님의 은혜는 인간의 모든 선행의 근원이 된다고 했다.

어거스틴의 중생 교리는 완전히 독력적(獨力的)이다. 성령의 사역은 인간의 결핍을 보충하는 것만이 아니라 인간의 내적 성질의 방향이 완전히 다시 새로워짐을 위하여 필요하다고 보았다. 그것은 인간으로 하여금 율법(律法)에 영적으로 순종(順從)하게 하는 것이다.

쉐드(Shedd)는 "은혜는 인간이 믿었기 때문이 아니라 그로 하여금 믿게 하기 위하여 그 죄 안에 있는 인간에게 주어진 것이다. 그 이유는 신앙 자체가 하나님의 은사이기 때문이다."라고 하였다.[49] 어거스틴은 신적 은혜의 사역을 단계로 구별하여 "이끄는 은혜, 실시하는 은혜, 협력적 은혜"라고 불렀다. 첫째, 은혜에 있어서 성령은 죄와 죄책의 느낌을 일으키기 위하여 율법을 사용하시고, 둘째, 은혜에서 성령은 복음을 사용하여 그리스도에 대한 신앙(信仰)과 또 의롭게 하며 하나님과 화평케 하는 그리스도의 속죄사업을 낳고 셋째, 은혜에서 인간의 성화된 의지는 일생을 통하여 성화의 일에서 성령과 협력한다[50]는 것이다. 이렇게 은혜의 사역은 인간을 다시 새롭게 만들어 하나님의 형상으로 회복하도록 하여 죄인을 영적으로 변화시켜 성도가 되게 한다.

2. 어거스틴의 예정론

어거스틴은 구원에 대한 효과적인 원인으로서 하나님의 은혜는 예정에 기인한다고 했다. 하나님이 세상에서 죄인의 개혁을 위해 은혜롭게 일하시는 것은 무엇이든지 그의 영원한 계획에 따라 하시기로 미리 작정하신 결과인 것이다. 초기에는 예지적 경향이 있었으나 예정을 구원과 관련하여 생각하였고, 예정(predestination)을 시간적으로 영원한 관점에서 보았다.

어거스틴은 이중예정을 말하였는데 구원으로 예정된 자와 선택 받

---

49 L. 벌코프, 「기독교교리사」, p. 145.
50 전게서, p. 145.

지 못한 자에 대한 하나님의 작정을 간과(看過)의 작정으로 생각했다. 선택과 버림은 다르다. 버림에는 의도(意圖)된 결과를 보증하는 하나님의 직접적인 능력이 없다. 그리고 성도의 견인을 주장하였다.

3. 어거스틴의 교회론

당시 도나투스파는 대중적 지지를 받았다. 그들은 세속적인 것을 배척하고 악을 단절시키기 위해 폐쇄적 공동체 안에 머물렀다. 동시에 윤리적인 완벽을 추구하는 율법주의를 강화하고 국가 권력을 포함한 일체의 권력을 인정하지 않았다. 카톨릭교회의 지도자들은 도나투스 교회를 인정하고 혼합결혼을 용인하는 악습이 생겼다.

어거스틴은 도나투스주의자들과의 혼합결혼식(混合結婚式)을 금지시키고 쾌락주의를 경고했다. 이에 광신적 도나투스주의자들은 내부 이탈을 방지하기 위해 이탈자들을 가혹하게 처벌했다. 이들은 자신들이 모인 그 자리를 거룩한 곳으로 여겼다.

그러나 어거스틴은 교회는 장소적인 개념으로서 거룩성을 지닌 것으로 보지 않았으며 어디까지가 순수한 거룩을 가졌는가는 인간이 정할 수 없고 하나님만이 판단하실 수 있는 영역이라 했다. 사람이 성(聖)과 속(俗)을 구별한다는 것은 잘못이며 교회(敎會)의 거룩성은 하나님의 백성이 모여서 율법을 하나도 빠짐없이 지키는 그런 것이 아니라고 한 것이다.

교회의 거룩성은 늘 부족한 상태이지만 그 가운데서도 순례자처럼 더러움을 안고서 완성을 향해가는 자에게 하나님의 은총이 주어지고 교회는 성숙해진다고 했다. 교회는 알곡과 가라지, 양과 염소가 함께 살아가는 혼합(混合)된 공동체(共同體)라 했다.

한편, 성례전(Sacrament)의 효력은 순수한 사람이 집례해서가 아니라 불결한 사람이 집례 하더라도 성령께서 임재(臨在)하심으로 그 효력을 발휘한다고 했다.

제2절 펠라기우스와 논쟁

영국의 수도사이자 신학자로서 로마에서 수도생활을 한 펠라기우스(Pelagius, 360-418?)는 어스거틴(Augustine)과 전혀 다른 사고를 가진 사람이었다. 위걸스(Wiggers)는 두 사람을 비교하여 "그들은 정반대의 성격을 가지고 있었다. 펠라기우스는 신비주의(Mysticism)적인 경향을 가진 사람도 아니었고 열렬하거나 소망이 큰 사람도 아닌 그저 조용한 인물로서 그의 사상(思想)과 행동의 양상, 그리고 격식들이 전적으로 어거스틴과 달랐다. 그러므로 그 두 사람은 완전히 다른 영적 특징에 따라 생각도 달리 했다"[51]고 평했다.

---

51 L. 벌코프, 「기독교교리사」, p. 141.

펠라기우스(Pelagius)는 수도사로서 엄격한 생활을 한 사람이며 흠이 없는 성격을 가진 자이고, 침착한 기질을 가진 사람이었다. 반면에 어거스틴은 이런 펠라기우스와 대비되는 성품과 기질의 소유자였다. 두 사람의 사상형식(思想形式)을 보면 각자가 서로의 사상을 알기 전에 이미 자신들만의 독립적 사상의 체계를 갖추고 있었다. 그러나 상호 논쟁과 대립을 통하여 어거스틴주의는 펠라기우스주의에 의해, 펠라기우스주의는 어거스틴주의에 의해 서로 영향을 받고 이론화되었다.

펠라기우스는 인간의 자유의지를 강조하고 원죄와 그리스도의 구원, 세례 등을 부정했고 어거스틴은 인간의 자유의지 대신에 하나님의 은총을 최우선적으로 강조했고 기독교의 정통교리를 옹호했다. 펠라기우스가 인간의 자유의지를 강조한 배경에는 당시 로마인들의 방탕한 삶에 경악했기 때문으로 알려졌다. 그는 금욕적이고 종교적인 생활을 통해 교회와 세상을 개혁하고자 했고 이를 위해 인간 스스로 자신에게 주어진 의지를 사용하여 결단해야 한다고 주장했다. 그러나 그의 이 주장은 하나님의 은총을 배제하고 구원에 관한 결정권을 인간의 자유의지에 돌림으로써 어거스틴과 피할 수 없는 논쟁의 단초를 제공했다. 결국 펠라기우스(Pelagius)는 예루살렘 대회와 디오스폴리스 대회(The Synods of Jerusalem and Diospolis) 앞에서 이단자(異端者)로 고소되었다.

416년 펠라기우스주의는 밀레브와 카르타고 총회(The Synods of Mileve and Carthage)에서 이단(異端)으로 정죄 되었다. 나아가 418년 서

로마황제 호노리우스는 칙령을 내려 펠라기우스를 로마에서 추방했다. 같은 해에 카르타고 주교회의는 펠라기우스주의자들을 향해 대대적으로 정죄하였고 교황 조시모는 <회람서신>을 통해 이들을 파문했다. 이에 펠라기우스주의자들은 팔레스타인으로 옮겼지만 그곳에서도 이단으로 정죄를 받았다. 이후 이들의 행적에 대해선 알려진 바가 없다. 현재 전승되고 있는 그의 저술들도 원저자가 정말 펠라기우스가 맞는지 의심스러운 면이 많아 그의 사상을 온전하게 파악하기는 어렵다. 마지막으로 431년에 네스토리우스(Nestorius)를 정죄한 에베소 회의는 펠라기우스주의에 대해 다시 한 번 정죄의 선고를 내렸다.

1. 펠라기우스의 사상

펠라기우스(Pelagius)는 인간의 자유의지로 인간을 하나님께로부터 해방시키려 했다. 인간의 자유를 긍정하면 율법주의에 빠지고, 율법주의는 이신론으로 흐르게 되고, 사람이 원하기만 하면 죄를 짓지 않을 수 있으며 그리스도 이전에 많은 사람이 죄 없이 살았다고 했다.

그는 인간이 본래적으로 가지고 있는 능력을 통해 의를 충분히 이룰 수 있다고 보았다. 그러므로 외부로부터 오는 하나님의 은총이 필요치 않다고 했다. 그는 아담의 원죄를 부인하며 율법은 복음과 별개로 영생(永生)으로 이끌어 줄 수 있다고 했다.

1) 펠라기우스의 죄론

펠라기우스와 어거스틴의 논쟁에서 가장 핵심적인 두 주제는 자유의지와 원죄(original sin)의 문제이다. 펠라기우스는 아담은 하나님으로부터 창조될 때 원래 상태(original condition)는 거룩하지도 않고 죄악 되지도 않고도 선행도 할 수 있었고 악행도 할 수 있는 중성 상태였다고 했다. 아담은 자유의지(free will)와 미정적(未定的) 의지를 가졌는데 이 두 가지 가운데서 어느 것이라도 편리한 대로 선택(election)할 수 있는 자유의지가 있었다는 것이다. 다만 할 수 있는 성질은 선택에 의존할 수 없다고 했는데 그는 이미 죽을 가능성이 있는 사람으로 창조되어 죽음의 법칙에 매여 있었기 때문으로 보았다. 또 아담에겐 선재적 악이 없었으나 그는 그의 자유의지로 범죄의 길을 선택했다고 했다. 그의 범죄와 타락은 다른 사람이 아닌 자기만을 해하고 인성으로 하여금 선을 행할 수 없도록 영향을 끼치지 않았다고 했다. 그러므로 죄의 성질이나 죄의 유전은 있을 수 없으며 고로 원죄(original sin)도 없는 것이라 했다. 따라서 모든 사람은 아담의 죄책과 오염이 없다고 했다.

아담과 우리의 차이는 아담은 악의 모범을 자기 앞에 가지고 있었지만 이후 인간은 자기가 살아가는 환경과 통과하는 순간마다 선이나 악을 자유로이 선택할 수 있다는 점이라 했다. 하나님이 인간을 향하여 선을 행하라고 명령하신 것은 인간이 선을 행할 수 있다는 적극적인 증거라고 했다. 그리고 죄의 보편성은 잘못된 교육과 악한 모범과 고정된 범죄의 습관 때문으로 보았다.

반면에 어거스틴은 죄를 적극적인 무엇으로 보지 않고 소극적인 성질로 보았다. 그것은 실제로 인간에게 주어진 악이 아니라 선의 상실이라 했다. 죄의 근본 원리는 하나님을 사랑하는 대신 자기를 사랑하는 데 있다고 보았다. 또 어거스틴은 아담은 그의 후손과의 유기적인 관계에서 죄책과 부패를 가진 자신의 타락된 성질을 후손에게 전달하여 원죄를 낳았다고 했다. 또 어거스틴은 인류의 통일성을 언약론적(言約論的)으로 생각하지 않고 실재론적으로 생각했다. 전 인류는 최초 인(人)에 의하여 배종(胚腫)된 것으로, 즉 아담 안에서 실재적으로 죄를 지은 것으로 보았다. 아담 안에 있는 보편적 인간성의 유기적 부분들로 개체화(個體化)하여 만들어진 것으로 인간성의 죄는 그 인간성에 개체화한 각 개인이 범한 죄라 했다. 즉 죄의 결과로 인간은 전적부패(total depravity)에 이르러 어떠한 영적인 선(善)도 행할 수 없게 되었다고 진단했다. 그러나 자연인이 소유한 세속적 선은 어느 정도 인정했다.

2) 펠라기우스의 은혜론

그는 은혜의 사역은 악을 이기는 데 도움을 주는 것만은 틀림없지만 사람은 악으로부터 선으로 돌아오는 데는 하나님의 은혜에 의존하지 않는다고 했다. 이는 성령의 감화로 구성된 은혜가 아니고 인간의 이성적 성질 즉 자연적 은사(natural gift) 때문이라 했다.

어거스틴은 인간의 의지는 새로워짐(Renewal)을 필요로 하며 이것은 처음부터 마지막까지 독점적(獨占的)으로 하나님의 사역, 즉 신적은혜의 사역에 의하여 된다고 했다. 이것은 불가항력적 은혜(irresistible grace)라 했다.

한편, 어거스틴의 중생 교리(regeneration doctrine)는 완전히 독립적이다. 성령의 사역은 인간의 결핍을 보충하는 것만이 아니라 인간 내적 성질의 방향이 완전히 다시 새로워짐을 위하여 절대적으로 필요하다고 했다. 이에 쉐드(Shedd)는 "은혜는 인간이 믿었기 때문이 아니라 그로 하여금 믿게 하기 위하여 죄 있는 인간에게 주어진 것이다. 그 이유는 신앙 자체가 하나님의 은사이기 때문이다"[52]고 했다. 어거스틴은 신적 사역의 단계를 "이끄는 은혜", "실시하는 은혜", "협력적 은혜"로 나누었다.

2. 반(半) 펠라기우스주의

반 펠라기우스(semi Pelagius) 사상은 어거스틴주의(Augustism)와 펠라기우스주의(Pelagianism)의 양극단을 절충하여 그 중간에 서서 양측을 중재하고자 시도한 사상이다. 이 중간 입장은 어거스틴주의와 같은 강한 논리적인 일관성을 가진 체계(體系)만이 펠라기우스(Pelagius)의 갑작스런 공격에 대항하여 성공적(成功的)으로 그 지위를 유지할 수 있다는 것을 명백히 나타내 준 것이다.

---

52 전게서, p. 145.

헬라의 교부들은 하나님의 은혜와 자유의지를 병행하여 사용하였다. 반면에 자유의지를 포함한 모든 것이 신적 은혜에서부터 온다고 하는 어거스틴의 사상(思想)은 펠라기우스로 대표하는 반대적 사상적 경향과 극렬하게 부딪쳤다. 이에 반(半)펠라기우스주의의 중재(仲裁) 운동이 일어났다. 이는 인간을 다시 새롭게 함에 있어서 신적 은혜와 인간의 의지를 동위적(同位的) 요인(要因)으로 보았고, 인간의 부패를 부인하지는 않았으나 인간의 성질이 타락함으로 말미암아 치명적으로 상처를 받았다기보다 오히려 약화(弱化)하거나 병든 것으로 보았다. 타락한 인성은 아직도 자유의 요소를 보존하고 있으며 이것 때문에 신적 은혜와 협력할 수 있다고 했다. 중생은 그 두 요인이 합하여 산출한 것인데 그러나 그 일을 시작하는 것은 실제로 인간이지 하나님이 아니라고 했다.

반 펠라기우스주의(Semi Pelagianism)의 사상(思想)은 529년 오렌지 회의(The Council of Orange)에서 정죄 받았다. 그러나 라틴교회는 헬라 교회의 인간론(Anthropology)을 바탕으로 영구히 이 사상을 믿고 받들었다.

펠라기우스주의는 사람을 하나님으로부터 자유하고 독립된 존재로 만들어 그리스도의 대속적 죽음의 은총(grace)을 약화시켰다. 그리하여 결과적으로 사람을 죄에서 해방시키기는 것이 아니라 오히려 노예가 되게 하였다. 그러나 어거스틴은 사람을 하나님께 전적으로 복종시킴으로써 오로지 그리스도의 대속적 죽음에 의해서만 구원(salvation)을 받을 수 있다고 함으로써 사람을 죄(罪)로부터 자유(自由)케 하였다. 또 펠라기우스는 하나님을 형이상학적(形而上學的)으로 이해함으로써 인간에게 좋은 것을 주시지 않을 수 없다는 주장을 했다. 반면에 어거스틴은 하나님은 개인적으로 그리고 구체적으로 십자가를 통해서 만나기 때문에 죄인을 용서하시는 아버지의 따뜻한 사랑으로써 하나님을 이해하였다.

3. 오렌지 종교회의

529년 오렌지 공회(The Council of Orange)는 아르레스의 감독 카사리우스(Casaarius, 470-542)가 다시 반 펠라기우스주의(Semi Pelagianism)를 주장하자 이에 어거스틴(Augustine)의 원죄(origina sin)와 은혜에 대한 가르침을 채택해야 한다는 결론을 내리고 어거스틴주의(Augustism)를 교회의 교리로 채택하였다. 나아가 펠라기우스주의와 반펠라기우스주의는 모두 정통신앙(正統信仰)에 반대된다고 정죄하였다. 그러나 오직 하나님의 은혜로 구원을 받는다는 어거스틴주의의 구원교리는 승리(勝利)하였지만 여전히 불가항력적 은혜(irresistible grace)의 예정교리는 제외되고 대신에 세례의 성례적 은혜 교리가 보충(補充)되었다.

어거스틴과 펠라기우스의 주장의 대조는 아래와 같다.

내용	펠라기우스	어거스틴
원죄	부인	인정
구원에 대한 자유의지	완전한 가능성	전적 무능성
은혜	절대 필요한 것은 아님	절대 필요
예정	인식(예지)에 근거	사랑(미리 아심)에 근거

펠라기우스와 어거스틴은 인간 본성과 은혜에 필수성이라는 면에서 상반된 견해를 가지고 있다.

펠라기우스	어거스틴
아담은 죄를 지은 것과는 무관하게 결국 죽었을 것이다.	죄로 인해 세상에 사망이 들어왔다.
아담의 죄는 자신만을 손상시킴	아담 안에서 모든 인류가 타락
어린이들은 아담이 타락하기 이전 상태로 태어남	어린이들도 죄와 부패된 상태에서 태어났다.
율법과 복음은 모두 하늘나라로 인도한다.	그리스도를 통하지 않고는 누구도 하늘나라에 들어갈 수 없다
예수님이 오시기 전에 죄 없는 자가 존재했다.	의로운 자는 한 사람도 없다.
아담의 죄로 인해 전 인류는 죽지 않을 뿐 아니라 그리스도의 부활에 의해서도 전 인류는 부활하지 않는다.	모든 사람이 아담 안에서 죽었듯이 모든 사람이 그리스도 안에서 생명으로 부활한다.

제 3 장

중세의 인간론
Anthropology of the Medival Era

제1절 그레고리 1세

그레고리 1세(Gregory the Great, 590-604 재위)는 540년경 로마에서 출생했다. 어거스틴, 제롬, 암브로스(Augustine, Jerome, and Ambrose) 등을 연구하였고 590년에 만장일치로 초대 교황[53]에 선출되었다. 어거스틴의 사상(思想)은 중세에 그레고리에 의해 이해되었다. 이런 의미에서 중세의 교리사는 그레고리로부터 시작되었다고 할 수 있다.

---

[53] 실제로는 레오 1세(440-461) 이후 64번째 교황이다. 그러나 중세시대의 원년을 그에게서 찾는 점에서 초대 교황으로 대우받는다.

1. 그레고리 1세의 인간론

그레고리(Gregory the Great)의 어거스틴주의는 약간 빈약했다. 죄가 세상에 들어온 것은 인간의 약함 때문이라고 해석하였다. 어거스틴은 아담이 지은 최초의 죄는 자유 행위였고, 이 자유 행위에서 그는 하나님에 대한 사랑을 포기하고 범죄하여 영적으로 어두워졌고 또 영적 죽음에 종속하게 되었다고 했다. 이 최초의 사람의 죄 때문에 모든 사람은 죄인이 되고 정죄를 받았다고 했다. 그러나 그레고리는 이 사상(思想)을 끝까지 견지하지 못하였다. 죄는 죄책이라기보다 악함과 병으로 보았고, 인간은 자유를 잃은 것이 아니라 의지의 선(善)만을 잃어버렸다고 생각하였다. 그럼에도 그는 은혜 없이 구원도, 선행도 할 수 없으며 은혜는 인간으로 하여금 선을 행하게 한다는 등 오락가락했다.

2. 그레고리 1세의 예정론

그는 은혜의 불가항력성을 말하고 또 예정(predestination)을 확실한 숫자의 선택받은 자에 관한 하나님의 신비로운 계획이라고 말하기는 하였으나 예정은 마침내 미리 아심에 기초한 것이라고 하였고 선택은 아무도 알 수 없는 것이라 했다.

그레고리(Gregory the Great)의 어거스틴(Augustine)에 대한 잘못된 해석이 중세 1,000년을 지배하는 기본 골격이 되었다. 어거스틴의 전적으로 타락한 인간을 구원하시는 하나님의 무상의 은총은 사라져 버리고 목회적 차원에서 교회의 뜻에 순종함으로써 공로(merits)를 인정받은 자만이 세례(baptism)의 은총을 통해서 죄 사함을 받는다고 함으로써 다시금 펠라기우스적인 공로(merits) 사상(思想)으로 구원교리의 물길을 돌려놓았다. 중세에는 이것을 더욱 강화시켜 교회(敎會)의 지상 권력으로 발전시켰다.

그레고리는 처음에는 전통적 방법에 따라 삼위일체론과 인간론(Anthropology), 그리고 기독론(Christology)을 전개하였다. 그러나 죄의 은총(恩寵)에 있어서는 반(反)어거스틴주의(anti Augustinism)의 길을 걸었다. 즉 인간이 죄의 상태에 있을 때 선행은총은 자유의지를 선의 의지로 바꾸어 주고, 후속적 은총에 따라 우리로 하여금 선을 행하게 하며, 은총이 사람 안에서 행하는 첫 번째 일은 교회(敎會)의 교리적 가르침을 받아들이게 하는 것으로 즉 세례를 통해 원죄는 사면된다는 것이라 했다. 다음으로 말씀의 선포를 통해서 은총은 사람에게 선한 의지와 사랑을 주입시켜 주며, 의지는 그 말씀을 통하여 주어진 하나님의 계명에 협동하면 이것이 인간에게 보상(報償)을 안겨주는 공로(merits)가 된다고 했다.

이렇게 그레고리(Gregory the Great)는 어거스틴(Augustine)의 예정과 은혜를 왜곡 약화시키고 교회의 중재적 위상을 강화시켰다. 그레고리는 은총의 유일한 기관으로서 교회(敎會)의 역할을 강화했다. 교회는 죄인이 회개할 수 있는 장소요 주의 만찬에 참여함으로 죄의 사면을 받고, 성찬은 그리스도의 육적 임재를 강조함으로써 미사의 신비성(神秘性)을 강화시켰다. 특별히 미사(Mass)의 힘은 연옥(Purgatory)에 있는 죽은 자의 사면에까지 확대시킴으로써 후기 중세의 면죄부(indulgence, 免罪符)의 정당성까지 주장할 수 있도록 길을 터놓았다. 이로써 어거스틴의 근본정신은 사라지고 미신이 우위를 점하게 되었고 중세의 교인들은 모든 문제를 교회의 제도를 통하여 해결하였고 이로 인해 교인들은 사제의 손에 갇히고 말았다. 16세기 종교개혁(The Reformation)은 이것을 해결하고 어거스틴의 은총론을 회복하였다.

제2절 씨빌의 아이소돌의 논쟁

이중예정(二重豫定)은 처음으로 어거스틴이 말하였는데 씨빌의 아이소돌도 예정(predestination)은 이중이라 했다. 7-9세기까지는 이중예정에 대해서 알지 못하고 있었다. 씨빌의 아이소돌이 나타나 구원받을 자와 멸망 받을 자의 예정을 말하는 이중예정을 열심히 주장하였다. 이는 미리 아는 것에 기초한 예정설을 반대하고 죄를 허용 작정으로 본 것이었다.

씨빌의 아이소돌(Isodore of Seville)의 반대자들은 하나님으로 하여금 죄를 만드는 분이 되게 하였다고 비난하였다. 이 교리는 848년 메이언스(Mayence)에서 정죄를 받아 그는 평생 감옥에서 괴로운 형벌을 치루었다. 이에 반대자들이 어거스틴의 이중예정론에 반기를 들었고 그 결과로 논쟁이 생기자 프루덴티우스(Prudentius), 라트람누스(Ratramnus), 레미기우스(Remigius) 등 유력한 신학자들이 어거스틴의 이중예정을 옹호하였다. 반면 라바누스(Rabanus)와 라임스의 힌크말(Hincmar of Rheims)은 이중예정을 공격했다.

그러나 옹호자나 반대자나 모두 반(半) 어거스틴주의자들이었다. 전자는 미리 아는 것에 기초하고 후자는 예정을 생명의 선택에만 적용하고 버림은 선견에 기초하고 있다. 양자는 성례적 은혜의 사상을 인정하였다. 그 결과 853년에 모인 치얼스 대회와 발렌스 대회(The Councils of Chiersy and Valence)는 "우리는 선택자는 생명을 얻도록 예정되고, 악인은 죽도록 예정된 것을 고백한다. 그러나 구원받은 자들을 선택하는 데 있어서 하나님의 긍휼(矜恤)은 선한 행실보다 앞서며, 멸망자를 죄 정함에 있어서는 악한 공로가 하나님의 의로우신 심판보다 앞선다. 그러나 예정하는 데 있어서 하나님은 아무 대가가 없는 긍휼(矜恤)로서나 또는 의로우신 심판에서나 자기 자신이 하실 일만을 결정하셨다. 하나님이 악인에게서 그 악을 미리 아신 것은 그것이 그들로부터 오기 때문이다. 그리고 그것을 예정하지 않으심은 그것이 하나님으로부터 오지 않았기 때문이다"[54]라고 선언했다.

---

54 전게서, p. 151.

제3절 얀센의 인간론

어거스틴(Augustine)의 인간론(Anthropology)을 다시 논쟁의 테이블 위로 올린 사람이다. 루뱅대학교의 대표적 카톨릭 신학자 코르넬리스 얀센(Cornelius Jansenius, 1585-1638, 네덜란드)에 의해 비롯된 얀센주의(Jansenism)는 원죄로부터 타락한 인간은 죄와 욕정으로부터 자유롭지 못하고 오직 하나님의 은총을 통해서만 자유로워 질수 있다고 주장했다. 인간은 구원을 위해서는 오직 하나님의 은총만이 필요하고 인간의 의지로는 구원 받을 수 있다는 주장은 잘못이다. 이 은총은 선택 받은 사람에게만 주어진다고 주장함으로 칼빈의 예정설을 주장하고 엄격한 신앙생활을 강조했다. 그리고 얀센은 원죄 교리를 강조하였으나 원(原)이란 기원을 말하는 것이 아니라 현재의 상태에 있는 개인의 기원을 뜻하는 것이라고 주장하였다. 그는 원죄가 인성에 속하지 않고 인성의 창조 이후에 일어난 상태를 뜻하는 것이라고 하였지만, 원죄는 또한 고유한 죄(peccatum patirale)라고 부를 수도 있다고 했다. 원죄(original sin)나 자죄(自罪)의 모든 죄는 죄책을 이루고, 아담 안에서 실제적으로 죄를 짓고 죄가 있으며 부패하였다고 했다. 만일 아담이 타락하지 않았다면 인생은 타락하지 않았고 그리고 본성의 죄의 근원은 원죄라고 보았다. 그러나 아담의 죄의 전가에 대해서는 부정적이었다. 죄들은 아담 안에 있는 공통적 성질에 의하여 짓는 것이 아니기 때문이다. 아담의 죄는 독특함으로 그 같은 죄는 결코 없었다. 그것은 전 인류를 대표하는 개인이 지은 죄이기 때문이다. 이것이 얀센의 약점이다. 자유의지(free will)에 대하여 아담의 행위는 확실히 자발적이며 순수 자유의지의 행위였으나 진정한 자유의 행위는 아니었다. 자유 때문이 아니라 그 자유가 있었는데도 불구하고 죄 지을 가능성(possibilitas peccandi) 때문이었다. 의지는 창조에 의하여 오직 한 가지 대상 즉 거룩을 선택하는 데 국한된다.

얀센주의(Jansenism)는 반 카톨릭운동(Anti Catholic movement)이다. 얀센의 요지는 다음과 같다.

첫째, 하나님께서 사람들에게 의를 요구하는 계명들은 사람들의 현재적인 능력으로는 불가능하다.
둘째, 타락한 사람이라도 내적인 은총이 결여되어 있지 않다.
셋째, 타락한 본성을 지닌 사람이 공로와 죄과를 선행함에 있어서 필연성으로부터의 자유보다는 강요로부터 자유가 요구된다.
넷째, 반(反) 펠라기우스주의(Anti Pelagianism)자들은 단 하나의 행동에 있어서 심지어 신앙의 시작에 있어서까지도 선행적인 내적 은총의 필요성을 말한다. 이러므로 그들은 사람의 의지로서 은총을 순종하거나 거역할 수 있기를 바라기 때문에 이단이다.
다섯째, 그리스도께서 모든 사람을 위하여 죽으시고 피 흘리셨다고 말하는 것은 반펠라기우스주의이다.

얀센은 인간의 타락과 무능력, 은총의 불가항력성을 말하였으나 인간의 의지와 능력을 지나치게 부인한 나머지 신학적 염세주의에 빠지

기도 하였다. 그의 사상은 키프리안(Cyprianus), 안톤(Anton), 아르놀드(Arnold), 파스칼(pascal)에 의하여 계승되고 파스칼에 의하여 번성하였다.

제4절 로마 카톨릭교회의 인간론의 특징

로마 카톨릭의 인간론의 특징(特徵)은 반(半) 어거스틴주의(semi Augustism)와 반(半) 펠라기우스주의(semi Pelagianism)의 두 사상(思想)에 근거한다.

1. 로마 카톨릭교회의 원의관

원의(Original righteousness)는 자연적인 것이 아니고 인간에게 주어진 초자연적인 것이라고 하는 견해다. 하나님은 원의를 인간에게 주셨는데 이 원의는 인간의 열등한 부분으로 하여금 그 우월한 부분에게로 또는 월등한 부분으로 하여금 하나님에게로 각각 복종할 수 있게 하는 견제기(牽制機)이다. 이 원의(原義)는 적극적으로 의롭지 않고도 또 적극적으로 불의하지도 않게 창조되어 인간에게 주어진 초자연적 은사(supernatural gift)이다. 죄가 세상에 들어옴으로 인간은 원의를 잃어버림으로 중성 상태가 되어 육체와 영혼이 서로 부딪치게 되었다는 것이다.

2. 로마 카톨릭교회의 원죄관

아담 안에서 원죄(original sin)를 가지고 세상에 온다. 원죄에 대한 주도적 입장은 원죄가 적극적인 것이 아니고 당연히 있어야 할 어떤 결핍 특히, 원공의(原公義)의 결핍이다.

3. 로마 카톨릭교회의 협력적 중생관

인간의 영적 무능력의 관념과 중생(regeneration)하는 일에 하나님의 은혜에 완전히 의존한다는 것을 부정하고 하나님과 인간이 협력한다는 것이다. 개혁파 신학(The Reformed theology)은 중생은 하나님의 단독적 은혜의 역사로 보면서 로마교회의 교리를 반대했다.

제 4 장

중세 문학과 신학
Medieval Literature and Theology

중세(mediaeval ages)의 학문(學文)과 예술(藝術)은 두 가지 방향으로 발전(發展)하였는데 하나는 철학적 지식주의 방향이고, 다른 하나는 신비주의(Mysticism)적 묵상(meditation)을 위주로 하는 것이었다.

제1절 보에티우스

비시고트(Vichygoth)의 통치 아래서 황제의 자문으로 활동하던 보에티우스(Boethius, 480-524)에 의해서 기독교 신학이 학문적(學文的)으로 진전되었다. 그는 <철학의 위로>에서 하나님에 대한 그의 철학적 사유를 기록했다. 그는 또 <거룩한 삼위일체에 관하여>와 칼케돈신조의 기독론을 옹호하는 책 <유티케스와 네스토리우스를 반대하는 책>에서 정통 삼위일체론과 기독론을 옹호했다. 그는 철학적 개념을 신관에 사용하여 중세 신학을 발전시켰다. 그를 통해 소개된 아리스토텔레스(Aristoteles)는 주로 논리학에 국한되었으며 실재론의 기초가 되었다. 아리스토텔레스의 형이상학은 토마스 아퀴나스(Thomas Aquinas)를 통해 유명론(Nominalism) 신학의 기초가 되었다.

제2절 디오누시우스

사도 바울(Paul)의 전도를 받고 아테네에서 개종한 디오누시우스(Dionysius, 행 17:34)로 알려진 그는 <신의 이름에 관하여>, <교회의 계층 구조에 관하여>, <신비신학에 관하여> 등의 저서를 통해 신(神)에게 이르는 길을 3단계로 제시했다. 즉 '긍정신학의 길'과 '부정신학의 길', '신비신학의 길'이 그것이다.

'긍정신학(肯定神學)의 길'은 존재하는 모든 것을 다 인정한다. 보편적으로부터 시작하여 중간개념을 거쳐서 개별자에게 이르렀다가 다시 보편을 넘어서 있는 존재를 찾아가는 방법이다. 즉 선의 개념을 정의한 다음 인간이 소유하는 선을 찾아본다. 이후 인간의 선을 초월한 초자연적인 선의 개념을 얻을 수 있다. 이것을 신이라 한다. 신(神)이란 선(善)을 넘어서 있는 존재이다.

'부정신학(否定神學)의 길'은 긍정신학을 넘어서 있는 것이다. 하나님으로부터 가장 먼 것으로부터 시작해서 하나님에게 없는 피상적 속성을 부정하면서 하나씩 제거해 올라가면 오로지 신적인 요소에 도착하게 된다. 즉 술 취함, 추함, 부정 등 본질적 어두움들을 부정함으로 하나님의 잠재적인 형상을 들어내게 하는 방법이다.

'신비신학(神祕神學)의 길'은 부정신학의 길을 거쳐서 인간의 마음속에서 신에 관한 인간적인 사고 유형과 신성의 부적절한 개념을 다 제거하면 인간으로서 도저히 알 수 없는 무지의 어두움에 들어가게 된다. 이 상태에서 모든 깨달음을 획득한다는 생각을 버리게 되고 만져지지 않으며 보이지 않은 것에 완전히 힙씨여서 연합되고 완전히 알 수 없는 자와 하나가 된다. 즉 눈을 감고 침묵과 암흑에 가라앉아 본질을 넘어서 있는 빛 속에서 모습도 없고 소리도 없고 개념도 없이 신비적인 침잠(沈潛)과 탈아에 빠져서 신과 일치하게 된다는 것이다. 그는 만물은 신에게로 계속 회귀하는데 그 과정을 정화, 조명, 완성이라 보고, 인간의 영혼도 신앙(信仰), 관상적 기도, 일자의 탈아적인 길을 밟아서 신(神)에게로 돌아간다고 했다. 이 신비신학은 중세 전반에 걸쳐 수도원을 중심으로 발전했다.

제 5 장

중세 카톨릭교회의 초기 신학
Early Theology of Roman Catholic in Medieval Era

서로마 멸망 후 영국은 독립하였지만 그레고리 1세(Gregory the Great)의 선교 활동 결과 영국에도 수도원이 세워지자 이곳을 중심으로 학문(學文)과 예전(禮典)의 발전이 이루어졌다. 이것을 켈트전통(Celtic tradition)이라 하는데 카롤링 문예부흥(Carolingian Renaissance) 때 프랑크 왕조로 소개되었다. 이후 AD 800년 경 신성로마제국의 설립과 더불어 서로마교회의 전통으로 정착하였고, 카롤링 왕조 때 신학이 크게 발전하여 성찬, 예정론, 사고백제도, 필리오케[55] 논쟁 등이 정리되었다.

---

55 필리오케 : 6세기말 성령의 발현에 대한 논쟁으로 서방교회와 동방교회가 중요한 차이점을 가지고 있다. 야고보복음 15:26절이나 사도신경, 니케아콘스탄티노플 신조가 성령의 2중 발현을 규명하고 하지 않기 때문에 동방교회는 성령의 단일발현을 고수했다. 그러나 15:26절의 "내가 아버지께로서 너희에게 보낼"은 발현의 문제가 아니고 성령의 사명 파송에 대한 문제를 말하고 있다. 이와 반대로 서방교회는 성령의 이중 발현 즉 성부와 성자로부터 발현한다는 것이다.

제1절 로마 카톨릭교회의 성체성사

초대교회는 성찬을 그리스도의 살과 피라 믿고 참여했다. 그러나 점차로 성찬이 가벼운 죄를 사면하는 효과가 있다고 생각했고 나아가 불멸의 약으로 생각했다. 중세 로마 카톨릭교회는 교황 겔라시우스 1세(Gelasius I, 493-496)가 제시한 새로운 이론 즉, "성물 그 자체는 성령에 의해서 그리스도에게서 있었던 것처럼 신적인 본질로 바꾸어지지만 빵과 포도주의 본질적 속성은 그대로 전재한다"는 화체설을 수용했다.

1. 라드베라두스와 라트람누스

카롤링 왕조(Carolingian dynasty, 750-887년에 서유럽을 통치한 프랑크 왕조) 때 베네딕트파(Benedictine Order)에 속했던 라드베라두스(Radberatus)는 AD 844년 <주님의 몸과 피에 대하여>라는 책에서 "예수의 동정녀 탄생을 가능케 하신 하나님께서 성찬을 거룩하게 하심으로 빵과 포도주의 본질을 그리스도의 피와 살로 만드신다"고 했다. 그래서 사제(司祭)의 봉헌(奉獻)으로 그리스도의 피와 살이 현존(現存)하고, 그 피와 살은 태어나시고 죽으시고 부활하시고 하늘나라 보좌에 앉아계신 그 분의 몸이라 했다. 그러므로 믿음으로 성찬에 참여하면 매일의 가벼운 죄로부터 사면 받고, 그리스도와 육적인 연합을 이루어 우리의 몸이 썩지 않을 몸으로 회복된다고 했다.

이 주장에 만족하지 못한 일명 '대머리 황제' 찰스(Charles)는 AD 835년경에 라트람누스에게 성찬에 관한 이론을 정립해줄 것을 요청했다. 이에 라트람누스(Ratramnus)는 첫째, 빵은 외적으로 그대로 남아 있으나 내적으로 고려해 볼 때 오로지 믿음의 영에 의해서만 보이고 받아들이고 먹을 수 있는 신적인 것으로 바뀌는데 그것은 영적으로 그리고 상징적으로 이해될 수 있다고 했다. 즉 신체적인 빵과 신체적인 포도주에 감싸져서 그리스도의 영적인 몸과 피가 존재하는 데 신적인 말씀에 의해서는 참으로 존재하시는 그리스도의 참된 몸과 피이므로 그리스도는 영적으로 임재 하신다고 주장했다. 둘째, 외관상 빵이지만 성찬으로서는 그리스도의 참된 몸이라고 했다. 즉 외적으로 보이는 것은 사물 그 자체가 아니고 사물의 형상에 불과하며, 마음으로 느끼고 깨닫는 것이 사물의 실체이며, 빵과 잔은 영적으로 받아드리는 것의 기념적인 상징이라 했다. 그렇지만 성찬은 신비스런 불가시적인 빵이며 그리스도의 영(靈)이며 로고스(Logos)의 능력으로서 말씀하신 그리스도는 신비스러운 성찬으로서 우리에게 영적으로 부여된다고 했다.

카톨릭교회는 시대적 요구에 따라 성찬의 물질성과 신비성을 강조한 라드베르두스(Radberatus)의 견해를 수용하자 라트람누스의 견해는 묻히고 말았다. 그러나 라트람누스의 견해는 쯔빙글리(Zwingli)의 '상징설'과 칼빈(Calvin)의 '영적 임재설'로 계승되었다.

2. 베랭가와 란프랑

11세기 중세 로마 카톨릭교회에서 이성은 신학에 큰 영향을 미쳤다. 카롤링 문예부흥(Carolingian Renaissance)에서 출발한 이성적 학문(學文)의 출발은 수도원 학교를 중심으로 해서 변증학의 발달을 가져왔다. 12-13세기에는 아랍에서 보존되어 오던 아리스토텔레스(Aristotle)의 재발견으로 인해 학문(學文)과 신앙(信仰)의 접합이 이루어졌다.

베랭가(Berenga, 1000-1088)는 이러한 시대적 정신을 대표하는 지성이며 합리주의자(rationalist)이다. 그는 성찬에 대해 합리적인 주장을 했다. 그리스도의 몸이 우주적으로 편재(遍在)한다는 사상(思想)을 부정하고 그리스도의 몸은 단 하나이며 하나님 보좌에 앉아계실 뿐이라고 했다. 그리스도의 몸이 성찬에 실제적(實際的)으로 임한다는 것은 바보짓이라고 하고 화체설(Transubstantiation)은 모순이며 대중의 어리석음이라고 했다. 성찬은 상징적으로 이해해야 하고 또 성찬은 희생된 그리스도의 몸에 대한 기념일 뿐이라 했다. 빵이 하늘로 올라갈 수 없고 그리스도의 몸이 땅으로 내려올 수 없다고 했다. 빵과 살은 상징적으로 나타내고자 하는 그리스도의 피와 살이지만 봉헌함으로 인하여 빵과 포도주는 물질적으로 본질은 잃지 않지만 믿는 자에게 공허함을 벗어버리고 효력을 지니게 되므로 성스럽게 하는 것이라고 했다. 또 그리스도는 성찬에 영적으로 임재하며 또한 영적으로 받아들일 수 있는 것이며, 주의 만찬을 나누어 먹음으로써 그리스도의 나누어지지 않은 인격에 전체적으로 참여하는 것이라 했다. 그런 의미에서 성찬은 영적인 방법이며 그리스도의 몸이 하늘에서 영광을 받으시듯 우리도 성찬을 통하여 영적으로 하늘로 올라간다고 했다.

베랭가(Berenga)의 요점은 화체설(Transubstantiation)에서 말하는 것처럼 문자적으로 먹고 마실 수 없으며 우리는 다만 믿음으로써 하늘에서 영원히 계시는 그리스도의 몸에 영적으로 참여할 수 있다는 것이다. 베랭가의 성찬론은 칼빈(Calvin)의 '영적 임재설'의 원형이라 할 수 있다.

이 이론에 반발한 사람은 베랭가와 동문수학한 람프랑(Lamfrang, 1010-1089)이었다. 그는 벡의 수도원장이었으며 1070-1089년까지 겐터베리 대주교(Archbishop of Canterbury)였다. 그는 성찬은 신비스러운 방법으로 그리스도의 몸과 피가 본질적(essence)으로 변화되어 그리스도는 참으로 성찬에 임재한다고 했다. 사제의 봉헌과 함께 성찬이 참으로 변화함으로 봉헌 이전과 이후의 성물(聖物)은 동일(同一)하다 할 수 없다고 했다.

당대에 정통신학(orthodoxy theology)자들과 교직자들 대부분 그리스도의 영적 임재설을 추종하고 있었지만 로마 카톨릭교회는 보편적인 이론을 버리고 AD 1215년 라테란 회의(Lateran Council)를 열어 기존의 '화체설'을 공인했고, 교황 인노센트 3세(Innocent. Ⅲ)가 화체설(化體說)을 공식적으로 선포함으로서 교회의 교리적 논쟁을 종결지었다.

12세기부터 시작한 화체설(Transubstantiation)은 평신도에게 잔을 거부하기 시작하여 신비성이 강화되다가 AD 1264년 교황 우르반 4세(Urban. Ⅳ)에 의해서 성체축제로 선포되었다. 그리하여 이후로 거룩한 그리스도의 몸이 땅에 떨어지지 않게 하기 위하여 평신도들에게는 포도주잔을 주지 않은 관행이 생겼다. 성찬은 날이 갈수록 성경적(聖經的) 의미는 상실되고 미신적인 신앙(信仰)으로 변질되었으며 마침내 성찬으로 인한 죄 사면의 역할을 강조함으로써 카톨릭교회에 부정과 부패가 초래하게 되었다. AD 1551년 트렌트 13차 회의(Council of Trent)는 프로테스탄트 교회의 반대에도 불구하고 화체설을 재확인했다.

제2절 로마 카톨릭교회의 예정론 논쟁

카롤링 문예부흥(Carolingian Renaissance)시대에 교권이 강화되어 가는 과정에서 어거스틴(Augustine)의 예정론이 오용되었다. 오렌지 회의(Orange Council)에서 은총의 전달을 교회의 세례와 성찬에 국한시킴으로써 교권을 강화하는 데 사용했다. 당시 무조건적이고 불가항력적인 은총론을 주장하다가 일평생 감옥에서 보낸 사람도 있었다. 대표적으로 수도사 고트샬크(Gottschalk, 804-868)는 848년 마인쯔 대회에서 이중예정설을 과감하게 주장했는데 이로 인해 정죄를 받고 심한 태형의 후유증으로 사망했다.

이로 말미암아 어거스틴의 예정론을 놓고 논쟁이 시작되었다. AD 588년 황제 로테어(Lothair)의 요청으로 소집된 발레스 대회는 어거스틴의 이중예정론을 옹호하는 결정을 내렸다. AD 859년 황제 찰스(Charles)

가 소집한 랑그레 대회도 이를 인정하면서 다음과 같이 결정했다.

    1) 모든 인간은 죄인이며 아담의 타락으로 인해 정죄 받는다.
    2) 인간은 본래적으로 자유의지가 없으며 죄의 노예이다.
    3) 하나님은 영원 전부터 불가변적으로 값없는 은총으로서 인류가운데 일부를 거룩함과 구원으로 선택하셨으며 이들 선택된 자들의 선행의 장본인이시다. 그러나 나머지는 하나님의 헤아릴 수 없는 경륜에 의하여 그들의 행위에 합당한 정죄를 확정하셨다.
    4) 하나님께서 회개치 않은 자들과 고집스러운 죄인들은 영원한 처벌로 예정하셨지만 그들이 죄를 짓도록 하시지는 않았다.
    5) 그리스도는 오직 선택된 자들을 위하여 죽으셨다.

    여기에 맞서서 힝크마(Hingkma)는 찰스 황제가 소집한 치에르시 대회에서 자신의 입장을 다음과 같이 제기했다.

    1) 전능하신 하나님께서 사람들에게 자유를 주셨으나 인간들이 이 자유를 남용함으로써 전 인류는 멸망의 무리가 되고 말았다. 그러나 이 멸망의 무리로부터 하나님께서는 선택된 자들을 은총(grace)으로써 영원한 생명으로 예정하였다. 반면에 나머지는 그들을 멸망할 것을 미리 아시고 의로운 판단에 의해서 버리셨다. 비록 그들을 멸망으로 예정하시지는 않았지만 그들에게는 영원한 처벌을 예정(predestination)하셨다.
    2) 우리는 첫 사람으로 인하여 자유의지(free will)를 상실하였지만

그리스도를 통해서 회복하게 되었다.

 3) 비록 모든 사람이 실제적으로 구원(salvation)을 받는 것은 아닐지라도 하나님께서는 모든 사람이 구원받게 하실 수 있다. 구원은 값없는 은총의 선물이며 멸망은 죄를 고집하는 사람들이 받아야 할 합당한 값이다.

 4) 예수 그리스도는 과거, 현재, 미래의 모든 사람을 위해서 죽으셨다. 그렇지만 모든 사람이 다 이 수난의 신비에 의해서 구원받은 것은 아니다.

 힝크마(Hingkma)는 교권 확보를 위하여 어거스틴(Augustine)의 본래적인 은총론을 거부했다. 대신에 반 펠라기우스주의(semi-Pelagianism)적인 은총론을 주장했다. 하지만 실상은 반(半) 어거스틴주의였다. 이때로부터 중세교회는 자유의지(free will)와 보편적인 부르심, 인간의 죄악과 공로(merits), 구원(salvation)을 위한 사제의 중재를 강조했다. 이로써 값없는 은총은 사라지고 공로에 따른 보상을 추구하게 되었다. 그리고 무자격자에게는 성찬이 거절되고 평신도들이 성찬을 받기 위하여 수도원 서약을 하고, 이로 인하여 막대한 돈이 교회(敎會)와 수도원으로 흘러 들어갔다. 나아가 순례(巡禮), 선행(善行), 구제(救濟) 등을 강조함으로써 신앙(信仰)은 점점 미신적(迷信的)으로 변질되었고 복음(福音)은 사라져 갔다. 이러한 경향(傾向)은 추후 확정될 7성례와 더불어 중세 부패(腐敗)의 원인(原因)들이 되었다.

제 6 장

로마 카톨릭교회의 고백제도
Confession of the Roman Catholic

로마 카톨릭교회(Roman Catholic Church)의 죄 사면제도는 크게 공고백(公告白)과 사고백(私告白)으로 나눈다. 공고백제도는 초대교회로부터 프랑크 왕조가 들어설 때까지 통용되었으며 사고백제도는 게르만의 풍습을 따라서 켈트교회로부터 받아들였다.

제1절 로마 카톨릭교회의 공고백제도

초대교회 때 죄 사면의 세례는 단 한 번 허용되었다(행 2:38). 그러다 보니 자연히 임종 시까지 세례가 연기되기도 하였다. 사도 후기를 지나서 교부들의 시대에 와서 대다수 교인이 유아세례를 통하여 교회로 들어왔기 때문에 자연히 세례 이후에 지은 죄에 대해서 생각하지 않을 수 없었다. 그리하여 2세기 말에 와서는 구타, 저주, 맹세, 거짓말 등의 일상적인 죄를 용서받을 수 있는 죄로 규정하였고 살인, 우상숭배, 사기, 증언거부, 신성모독, 간음과 간통, 성전훼손 등 7가지는 용서받을 수 없는 죄로 규정했다.

특별히 용서받을 수 없는 죄를 지은 자는 참회자로 구별하여 공중예배에서 제외시켰다. 이러한 훈련의 목적은 교회의 순수성 보전과 범법자의 영성 회복을 위한 것이었다. 해당자는 참회의 과정 동안 쾌락, 옷의 치장을 금하고 고백, 기도, 금식, 구제 등 선행이 의무화되었고 공중예배와 성찬의 참여, 축복기도 등이 금지되었다. 참회의 기간은 주로 3-4년이었지만 어떤 경우엔 평생 지속되기도 하였다. 이 참회의 기간에 당사자는 회중 앞에서 공적(公的)인 고백을 통해 자신의 죄상을 고백해야만 재입교가 가능했다. 이러한 과정에서 병약자인 경우 그 기간이 단축되기도 하였으며 단축 기간에 비례해서 일정 금액의 헌금을 내도록 유도했다.

중세에 접어들면서 용서받을 수 있는 가벼운 죄가 성경적으로 볼 때 중죄인일 수 있다는 의문이 제기되면서 평생에 걸쳐 회개와 구제 및 선행으로 죄를 다 사면 받지 못할 경우는 어떻게 할 것인가 하는 문제와 인간이 무지나 연약함으로 인하여 죄를 떨쳐버리지 못한 경우 어떻게 할 것인가 하는 문제가 제기되었다. 한편, 세상에서 세속적인 것을 어느 정도 사랑했느냐에 따라 연옥(purgatory)의 불을 거친다고 하면서 어떤 사람은 느리게 구원을 받고 어떤 사람은 빠르게 구원받는다는 등 구원의 등급을 제시하기도 했다.

연옥 교리는 그레고리 1세(Gregory the Great, 590-604)[56]가 확정한 것이다. 그는 마태복음 12장 31절 '그러므로 내가 너희에게 이르노니 사람의 모든 죄와 훼방은 사하심을 얻되 성령을 훼방하는 것은 사하심을 얻지 못하겠고'및 고린도전서 3장 12절 '만일 누구든지 금이나 은이나 보석이나 나무나 풀이나 짚으로 이 터 위에 세우면'을 참조로 해서 이 세상에서 지은 가벼운 죄는 심판 이전에 연옥의 불로서 용서받는다고 하였다. 따라서 미사(Mass)의 희생은 연옥에 있는 죽은 자의 영혼을 해방시키는 특별한 효력을 가진다고 했다. 이는 후대에 죽은 자를 위한 미사와 죄가 연옥의 영혼에 효력을 가진다는 이론으로 발전하게 되었다.

제2절 로마 카톨릭교회의 사고백제도

서방교회(Western Church)에서 사고백제도(私告白制度)를 최초로 인정한 사람은 교황 레오 1세(Pope Leo I, 440-461)이다. 5-6세기에 이르러 큰 죄악이 아닌 경우에는 사적인 참회와 고백으로 대치했다. 이에 공고백

---

56 'the great'라는 칭호는 레오 1세(440-461)와 더불어 단 두 사람에게만 주어진 칭호이다. 그레고리 1세는 64번째 교황이다.

(公告白)은 점차로 실시하지 않게 되었으며 참회제도는 성례전으로 격상되었다. 이는 영국, 아일랜드, 독일 등에서 공고백(公告白)을 싫어했기 때문이다. 본래부터 게르만족은 폭력이나 살인 등에 대한 처벌을 금전으로 대치시켰는데 이런 관습을 교회의 참회 제도에 그대로 적용시킨 결과였다. 이러한 제도를 처음으로 적용한 인물은 영국의 켄터베리 대주교였던 테오도르(Théodore, 609-690)이다.

그리고 이 제도는 프랑크 왕조에 전달되었으며 전 유럽으로 퍼져나갔으며, 샬롱 회의(813년) 이후로 모든 교회가 사용하게 되었다. 이렇게 해서 확정된 사고백제도는 다음과 같은 순서를 밟았다.

1) 가벼운 죄는 주의 기도를 암송하면 사면된다.
2) 무거운 죄는
(1) 죄를 알고 인정해야 한다.
(2) 사제 앞에 고백해야 한다.
(3) 사제는 참회의 행위를 보관한다.
(4) 참회의 행위를 완수함으로써 하나님께 만족을 드리고 자비를 얻는다.
(5) 사제는 하나님께 죄 사면의 기도를 한다. "전능하신 하나님이 그대의 조력자가 되시고 보호자가 되어서 그대의 과거, 미래의 죄에 대한 사면을 허락하시기를 원하노라"

참회자는 죄를 회개하는 가시적인 일로 금식, 무명 옷 착용, 맨발로 다니기, 순례, 수도원 서약, 채찍질 고통, 기도, 구제, 맨주먹으로 땅바닥 치기 등을 행하였다. 또 독일 중심으로 참회의 행위가 돈으로 대치되기 시작했다. 즉 구제금을 낸다거나 벌금, 배상금 형식으로 내었다. 이후 896년 트리부르 회의에서 돈으로 대치하는 제도를 공식적으로 채택함으로서 면죄부(Indulgence, 免罪符) 제도가 시행되었다.

제3절 로마 카톨릭교회의 연옥과 면죄부

후기 중세에 유명론(Nominalism) 신학이 교회(敎會)로 들어온 뒤로 교황은 그리스도의 대리자이며 베드로(Peter)의 후계자가 되었다. 교황(pope)은 사면(赦免)의 자격을 가지며 현세에서도 사면권을 행사할 수 있었다. 동시에 죄인도 최선을 다 하면 하나님께서 자비를 베풀며 사면의 은총(grace)을 내리신다고 했다.

중세 후기의 유명론 신학의 구원론은 인간 자신이 죄를 찾아서 고백하고 그에 따라 합당한 공로를 요구하였다. 그러나 자신의 죄에 합당할 만큼의 양심의 가책을 느끼고 그에 상당한 고백을 실행하고 여기에 사제의 합당한 참회행위 부과 등을 통해 죄의 사면을 받는다고 했다. 그러나 한 사람의 죄의 경중을 사람이 판단하고 규정하는 것이 과연 타당한 것인지에 대한 논란이 일어났다. 또 한 사람이 자신의 죄를 모두 빠뜨리지 않고 참회했는지 알 수 있는 방법이 없다는 점에서 문제가 대두되었다.

이로 말미암아 연옥교리(The Doctrine of purgatory)가 필요하게 되었고 연옥은 그 시대 사람들에게 다행스러운 장소가 되었다. 그런데 연옥의 고통조차 경감시킬 수 있는 방법이 등장하였다. 중세인들은 유아세례를 받고 원죄를 사면 받았기 때문에 지옥의 형벌을 면할 수 있다고 생각했다. 세상에 살면서 지은 죄는 완전하게 속하지 못하기 때문에 연옥에 가야 한다는 생각을 하게 되었다. 연옥이 제도화됨에 따라 신학적 이론이 필요하게 되었다.

이것이 "교회의 보화"교리다. 즉, 신자는 다 같이 하나의 지체이며 각 지체의 선한 행위는 모든 신자의 공동(共同) 재산이므로 죄가 많은 사람은 거룩한 형제의 선한 행위의 효력을 구입할 수 있다고 했다. 교회는 살아있는 신자들의 선행과 하늘 성도들의 선한 행위 및 메마르지 않는 그리스도의 무한한 공로 등이 교회의 창고에 가득히 쌓여 있다고 했다. 그러므로 교회의 수장인 교황은 죄 사면권을 손에 쥔 무서운 권력자가 되었다. 그는 죄를 발부할 수도 있고 은혜를 수여할 수도 있는 절대자가 되었다. 이로 말미암아 교황의 권위(權威)는 높아졌고 교황은 재량껏 신자들에게 은혜를 나누어 줄 수 있는 권한을 가지게 되었다.

이렇게 참회제도가 성례전으로 격상되면서 죄에 대한 죄책감뿐만 아니라 영원한 처벌까지 교회의 권위 안에 주어지면서 교회는 현세에서도 사면권을 행사했다. 즉 현세에서 죄의 사면에 대한 의문은 제기될 수 있어도 연옥에서 제기할 기회를 원했기 때문에 면죄부 판매는 가능했다. 이렇게 되어 중세 후기 참회제도는 본질적인 의도를 상실하고 교회(敎會)의 재정 수입을 늘이는 방편으로 악용되었다. 죄의 전정한 회개를 약화시키고 신앙(信仰)을 미신화 시키는 데 앞장서게 되어 교회와 사제들을 타락하게 하는 요인으로 작용하였다.

제4절 로마 카톨릭교회의 스콜라주의

스콜라주의(Scholasticism)는 11세기에서 15세기 사이의 합리적 신학을 나타내는 용어이다. 이 용어는 중세의 학문(學文)과 사색의 중심지가 된 대성당과 수도원들의 학교들인 스콜레(Scholae)에서 파생되었다. 이 학교 출신(出身)의 교사(敎師)들은 교의의 교사들(doctores ecclesiastici)로 칭했다. 12세기부터 파리 대학을 중심으로 대학들이 교회의 학교들을 대신하게 되었다.

스콜라주의자들은 신앙의 전통을 보수하는 것보다 아리스토텔레스의 논리적 구별을 교회 교리에 적용시켜 전체를 합리화하고, 또 교회의 권위 위에 수립된 교의가 인간 이성을 초월하기 때문에 그 결과 이성은 권위에 종속된다고 보았다. 그리고 신학의 지배하에서 신학적 관심과 철학적 관심들의 혼합이 스콜라주의자들에 의해 발생했다. 그들은 이성이 주도하는 철학을 교회의 권위를 나타내는 신학의 하녀로 삼았다.

한편, 스콜라주의는 신앙적 체계를 위해 기독교 의식(the Christian consciousness)을 소유했다. 어거스틴은 "믿음은 지식보다 우수하다"(fides praecedit intellectum)고 했는데, 스콜라주의는 '믿음을 지식에 없어서 안 될 시초'로 삼았다. 즉 믿음이 없이 믿음의 대상들을 경험할 수 없고 그런 경험 없이는 우리는 믿음이 대상들을 이해할 수 없다는 것이다. 안셀무스는 '나는 알기 위해 믿는다'(Credo ut intelligam)라고 말함으로 어거스틴의 '알기 위해 먼저 믿자'(ut intelligamus prius credamus)는 말과 반대의 견해를 나타냈다. 이들은 이성이 초자연적인 도움 없이도 믿음의 신비까지도 통찰할 수 있다고 보았다.[57]

1. 실재론(Realism)

실재론은 보편 논쟁에 가장 오래된 개념이다. 보편 논쟁은 중세 초기에는 진리(眞理)를 발견하기 위해서였지만, 후기 중세에 들어와서는 교권확보를 위해 사용되었다. 실재론은 감각적인 접촉을 통해서 습득되는 모든 경험을 사물에 대한 허상으로 간주했다. 오로지 사유를 통해서 얻는 개념적인 지식(知識)만이 그 사물에 대한 참이라고 인정하였다. 그러므로 실재하는 것은 독립적으로 사물 그 자체로 존재한다고 보았다.

---

57 E. H. 클로체, 「기독교교리사」, pp. 212-213.

예로 플라톤(Plato)의 '이데아'(Idea) 개념, 스토아 철학의 '로고스', 파르메니데스의 '존재 개념', 헤겔의 '우주정신', 스피노자의 '단자 개념'을 교회론에 적용시키면서 엄청난 결과를 가져왔다.

중세 초기에는 실재론에 가까웠기 때문에 지상의 불확실한 교회보다는 하늘의 완성된 교회를 참 교회로 보았다. 그러므로 중세 초기에는 교회(敎會)의 권위(權威)나 교황(敎皇)의 권위(權威)보다 눈에 보이지 않는 하나님의 권위를 강조할 수 있었다. 그래서 교회의 성찬에 있어서도 기적 등 신비가 강조되었다. 그리하여 하나님께서 원하셨다는 구호 아래 십자군도 동원할 수 있었는데 하나님의 뜻을 강조할 때에는 각종 신비한 환상, 자연현상에 대한 해석 그리고 꿈 이야기도 필요했다.

2. 온건한 실재론

스페인의 회교도들이 간직해왔던 아리스토텔레스 철학이 스페인 재탈환과 함께 서방 기독교로 들어왔다. 서방교회(Western Church)는 아리스토텔레스의 형이상학을 토마스 아퀴나스(Thomas Aquinas)를 통해 신학에 적용하였다.

아리스토텔레스는 존재 유비(analogia entis)를 통해서 현상계의 물질을 통하지 않고서는 '이데아(Idea)'를 알 수 없다고 하였다. 질료와 현상이 고리적인 상호작용으로 인하여 질료(質料)는 현상을 아직 완성 시키지 못한 미완성의 가능 상태가 되고 질료를 통하여 형상의 완성을 볼 수 있다고 했다. 따라서 현 상태의 저급한 질료는 '이데아(Idea)'의 순수 개념을 알 수 있는 유추적인 길잡이로 보았다. 이렇게 아리스토텔레스는 플라톤(Plato)의 이원론(Dualism)을 벗어날 수 있었다. 이러한 이론을 온건한 실재론이라 한다.

이 이론을 보편자에게 적용하면 감각적 사물을 떠난 독립적인 보편자가 우리의 사유 안에 있음을 인정하면서도 이 보편자에 대한 인식(認識)은 개별자에 해당하는 사물을 통한 감각적 지식(知識)이 선행해야 한다는 것이다. 이것을 교회론에 적용시킨 토마스 아퀴나스는 눈에 보이는 현상계의 가시적인 교회는 눈에 보이지 않은 하늘나라를 알 수 있는 다리라고 말하였다. 다시 말해서 보이는 교황에게 순종하는 자라야 눈에 보이지 않는 하나님에게 순종할 수 있다는 것이다. 이렇게 하여 교권이 점점 확보되어 갔으며 교권을 극대화(極大化)시키기 위해 우남쌍탐(Unam-Sanctam)[58] 교서가 나왔다.

3. 유명론(nominalism)

---

58 프랑스의 카롤링 왕조를 무너뜨리고 세운 카페왕조의 11대 왕 필리프 4세(1268-1314)는 재위 동안 교황 보니파키우스 8세와 끊임없는 갈등 관계를 지속했다. 필리프 4세는 평소 교황의 힘을 믿고 자신의 명을 거역하던 파미에르의 주교 베르나르 세세를 국가반역죄로 투옥했는데 이에 맞서 교황은 필리프 4세에게 주었던 성직자 과세권을 박탈하고 교황만이 '우남쌍탐'(유일한 거룩)임을 공표하고 세속적 권력은 영적인 권력에 종속된다고 선언했다. 나중에 필리프 4세는 자신의 입맛에 맞는 교황 클레멘스 5세를 세우고 아비뇽에 교황청을 두었다. 이것을 '아비뇽유수'라 한다.

온건한 실재론보다 한발 앞서간 이론이다. 보편은 사물의 실재와 아무런 일치도 없는 이름에 불과하다고 하면서 사유(思惟) 속에 있는 실재는 완전한 허구에 불과함으로 학문(學文)의 대상이 되지 못하며 오로지 감각적 사물만을 인정할 수 있다는 것이다.

이러한 주장은 철학사에서 유물론이라 하는데 소피스트, 회의론자들, 홉스와 록크, 존 스튜어트 밀, 허버트, 스펜서 등이며 신학에서는 유명론(唯名論)이라 부르는데 야고보, 둔스 스코투스, 윌리암 오캄 등이다. 유명론에 따르면 지상교회가 참이다. 하나님도 지상에 내려와 계셔야 하고 결과적으로 교황은 곧 하나님이란 도식이 성립된다. 그리하여 교황의 절대권 우주권, 교구권, 통치권 등이 성립하게 되었다. 동시에 교회가 신자들의 구원을 선포할 수 있으며, 죄에 의한 사면도 가능해졌다. 동시에 교황이 거처(居處)하는 건물도 하늘의 궁전처럼 아름답고 화려하게 지어야 한다는 논리도 성립할 수 있었다. 신자들도 하늘나라를 지상에서 획득하기 때문에 현재적인 조건에서 인간의 최선을 다해야 한다는 논리에 의해 인간(人間)의 공로나 노력에 의한 은총의 수여가 타당성을 갖게 되었다.

이처럼 보편 이론은 진리(眞理) 탐구와 학문(學文)의 발전을 위해서 보에티우스(Boethius) 이후로 발전된 중세의 학풍이다. 그러나 교회론(敎會論)의 전개와 함께 교황권 확장을 위한 도구로 전락하고 말았다. 그리하여 16세기 종교 개혁자들은 이러한 철학적 접근을 배격하고 신학의 방향을 성경에서 찾았다.

4. 관념론(idealism)

관념론의 대표자 아벨라드(Abelard)는 윌리암(William)의 극단적 실재론과 로셀리우스(Roselius)의 유명론을 중재하고자 했다. 아벨라드는 일반개념들이 개별적인 사물들과 결합하는 개념들과 마찬가지로 실제적인 존재를 갖고 있지만 단지 심령적으로 그러할 뿐이라고 주장했다.[59]

스콜라주의자들은 기독교 신앙을 합리적으로, 그리고 합리적인 것을 기독교적으로 증명해보려고 노력하여 성공한 것으로 보였으나 실패하고 말았다.

5. 신비주의

스콜라주의와 함께 12세기에 새로운 경향의 신학이 나타났는데 신비주의(Mysticism)이다. 스콜라주의는 지적이고 형식적이며 철학적인 데 반해 신비주의는 경건적(敬虔的)이며 묵상적이다. 스콜라주의는 이성(理性)에 의해 진리(眞理)를 발전시키려는 것에 반해 신비주의(神秘主義)는 감정(感情)과 묵상(默想)을 통해 진리를 발전시키려고 했다. 이들은 상반된

---

59 전게서, p. 215.

입장이지만 서로 반목하지 않았다.

　　신비주의는 오직 영적 생활을 수양(修養)함으로 세상적인 것을 완전히 포기(抛棄)하고자 했다. 세상으로부터 탈출로 금욕주의(禁慾主義)가 경건의 특별한 요소(要素)가 되었다. 신비주의는 스콜라의 합리주의적 사변(思辨)을 억제하는 일을 하였으나 신비주의도 주관적 경향을 가지고 종교의 합리성을 경시(輕視)하고 성령과 영적인 교통, 하나님을 아는 지식은 자연적인 지성(知性)에 의해서는 얻을 수 없고 신령(神靈)한 일들을 통해서 가능하다고 했다. 이러한 신비주의의 주관적 경향이 스콜라주의 합리주의적 사고를 견제했지만 신비주의도 형식만 합리주의를 부정하고 결국 신앙체험을 중시하는 이성에 근거하고 말았다.

제5절 로마 카톨릭교회의 교황권을 위한 교리

　　신성로마 제국의 정치적 힘을 배경으로 서방교회(Western Church)는 동방교회(Eastern Church)에 대한 우위를 점차적으로 확보하기 시작하였고 이를 위해 문서와 교령집을 조작하였으며 주교의 임명권을 놓고 황제와 다투어 교황이 승리하였다. 이로써 교회는 내부적으로 부패하여지고 외적(外的)으로는 인위적이고 의도적인 교리(doctrine)를 조립했다. 이러한 일에 반대하는 교회의 도전 세력에 대치하기 위해 종교재판소를 설치 운영하며 공포정치를 실시했다.

1. 콘스탄틴 황제의 증여문서

로마제국 역사에서 가장 중대한 위조문서가 등장했다. 그것은 동서 로마제국을 통일한 콘스탄틴(Constantinus) 황제의 이름으로 로마의 교황에게 로마의 통치권(統治權)을 위임(委任)하고 자신은 동로마의 비잔티움(Byzantium)으로 옮겨간다는 내용의 이른바 '이시도르의 교령집'라는 문서가 발견되었는데 훗날 이 문서는 위조로 판명을 받았다.

"끔찍 스럽고 더러운 문둥병이 나의 온몸을 침범하고 퍼져 나갈 때 나는 수많은 의사에게 진찰을 받았으나 건강을 회복하지 못하였다. 이렇게 세월이 흐르고 밤의 고요 속에 잠들었을때 사도 베드로와 바울께서 나에게 나타나서 말씀하시기를 '그대가 죄 짓 기를 그만두고 무죄한 자의 피 흘리기를 그친다면 주 하나님 그리스도로부터 보내심을 받은 우리는 그대의 건강을 회복할 수 있는 계획을 알려 주겠노라. 그러므로 우리의 충고를 들으면 우리의 명령대로 행하기 바란다. 그대의 박해를 피해서 로마의 감독인 실베스터(Sylvester)는 지금 세라프테 산의 바위 동굴에 숨어 있다. 그대가 그를 부르면 그대에게 경건의 연못을 가르쳐 줄 것이다. 그리고 그 연못에 세 번 몸을 담그면 그대 몸의 모든 문둥병의 세력이 떠날 것이다. 그뒤 나는 잠에서 깨어나서 거룩한 사도님들의 충고를 따랐으며 축복받으신 실베스터께서는 나에게 일정 기간 참회를 부과하셨으며 연못을 축복하신 다음에 나는 세 번 담금으로써 깨끗함을 입었다. 그리고 내가 연못 바닥에 있을 때 하늘로부터 손이 내려와서 나를 만지는 것을 보았다. 나는 물로부터 씻음을 입고서 일어났으며, 문둥병의 더러움으로부터 일어났다. 따라서 내가 지금까지 섬겨왔던 국가의 모든 신은 마귀이며 사람의 손으로 만든 조작이었다. 그리고 우리 제국의 권능은 지상적인 것에 불과하며 거룩하신 로마교회를 존경하고 섬겨야 한다고 선언(宣言)하며, 거룩하신 베드로의 신성한 교구는 우리 제국과 지상의 왕좌 위에 높이 들려서 영광을 받아 마땅하다고 선언(宣言)한다. 우리는 제국의 권한과 영광스러운 위엄과 힘과 명예를 드리며, 또한 우리는 그가 안디옥(Antioch), 알렉산드리아(Alexandria), 콘스탄티노플(Constantinople), 예루살렘(Jerusalem)과 더 나아가 이 세상의 모든 하나님의 교회를 다스린다고 선언(宣言)한다. 그리고 현재적으로 로마를 주재하시는 사제께서 가장 높으신 전 세계의 모든 사제의 우두머리이시다. 거룩하신 사도께서 나의 주인이시며 가장 축복받으신 우리의 아버지이시며 지고하신 사제이시며 로마의 교황이신 실베스터에게 그리고 그분의 뒤를 이어서 베드로(Peter) 좌에 앉으시는 모든 계승자에게 황실의 라데란 궁전과 왕관과 주교관을 수여한다. 그리고 동시에 황제의 목도리, 보라 빛 미사(Mass)복과 분홍빛 겉옷과 황실의 모든 예복을 드리며, 또한 황제의 기병대에 속한 모든 사령관까지 드린다. 우리는 또한 거룩한 로마교회의 성직자들을 황실의 장교라고 선언한다. 이에 따라 짐과 제국과 정부의 동방 지역으로 옮겨져서 비잔티움(byzantium) 지역의 가장 좋은 자리에 우리의 이름으로 도시를 세우며 제국도 거기서 세워져야 한다고 선언한다."

이 문서의 의도는 제국에 대한 교회의 우위권을 주장하는 것이었다. 교회의 우위권을 주장하는 데는 교리적인 힘이 필요하였다. 세속적 힘을 영적인 힘으로 굴복시키자는 것이다. 교회는 이런 차원에서 거짓 문서를 통해 세속권력을 견제하고자 의도했다.

2. 이시도르 교령집

이시도르(St. Isidore, 560-636)는 스페인 출생으로서 아리우스주의를 가진 고트족에 의해서 스페인이 점령을 당하자 아리우스주의를 반대하며 정통신앙을 고수하는 학문을 발전시켰다. 그는 교황 이 로마교회의 교권을 옹호하기 위한 교령집(Decretal of Isidore)을 편찬했는데 상당수가 거짓이었다.

교황과 로마교회는 자신들만의 성역을 만들고 싶어 했다. 그래서 성직자는 신적으로 제정된 침범할 수 없는 직분자로서 구약의 제사장처럼 하나님과 인간 사이를 중재하며 하나님의 가족이며 영적인 가족이다. 평신도는 세속적 가족이다. 성직자에게 죄를 짓는 것은 하나님께 죄를 짓는 것이며 성직자의 잘못은 하나님께서 치리하시는 것으로 세속적 재판정에서 논의할 사항이 아니다 라고 했다. 또 성직자의 교권의 원천은 교황청이자 교황은 '베드로(Peter)좌'의 모든 권위(權威)를 위임받은 자로서 모든 논쟁의 최종적인 심판자이며 교황에 대해서 어느 누구도 불평할 수 없다고 했다. 그래서 교황은 우주적인 치리권을 갖는다.

이로 말미암아 교황청과 황제 사이에 끊임없이 마찰이 생기게 되었다. 1122년에 이르러 교황 칼리투스 2세(Calixtus II)와 황제 헨리 5세(Henry V) 사이에 일단의 합의가 이루어졌다. 그 합의는 독일 내의 수도원장과 주교는 황제의 임석 아래 선출케 하였다. 그리고 선출된 주교는 왕관에 다른 홀을 황제로부터 수여받아서 주교권을 행사할 수 있다고 했다.

교황권의 절정은 이노센트 3세(Innocent III)에 이르러 확보되었다. 그는 교황의 우위성을 선언(宣言)하였으며 황제의 선출에 문제가 있을 경우 교황의 개입을 정당화시켰다. 교황권을 더 확대한 것은 뒤를 이은 보니페이스 8세(Boniface VIII)로 그는 전쟁을 위한 세금을 성직자에게는 부과할 수 없다고 선언하였다. 이에 프랑스 필립 4세(Phillips IV)는 반발하여 돈이 외국으로 나가는 것을 봉쇄하여 로마에 대한 헌금을 중단시켰다. 이에 보니페이스(Boniface VIII)는 1302년 "우남쌍탐"(Unam Sanctam)을 발표하고 교황권을 확보하기 위해 억지로 성경을 해석하였다.

교황권 우위의 주장은 토마스 아퀴나스(Thomas Aquinas), 클래르보 버나드가 적극적으로 지원하였다. 토마스 아퀴나스는 "로마교회에 순종하는 것이 그리스도에게 순종하는 올바른 도리이다"라고 하였다. 교황은 왕이며 제사장으로서 베드로(Peter)와 그의 후계자로부터 권위(權威)를 받는다고 하였다. 더 나아가 교황의 무오성을 주장하였다.

13세기부터 교회는 궁창, 교황은 태양, 황제는 달, 주교는 별, 성직자는 낮이며, 평신도는 밤으로 비유하였다. 이러한 사상(思想)은 하이스터바하의 카이사(Kajsa)에 의해서 정리되었다. 이렇게 하여 성직자와 평신도를 차별하는 사상(思想)이 후기 중세에 가속화하여 평신도는 아무리 선을 행하여도 자신의 죄를 속할 수 없고 구원(salvation)을 얻을 수 없는 것처럼 여겼다. 종교개혁(The Reformation)의 주자인 루터(Luther)는 이런 잘못된 주장에 대해 만인제사장(萬人祭司長) 이론을 전개하고 평신도를 사제에서 해방시켰다.

3. 7성례전과 교황권 확보

성경적 성례전(Sacrament)은 세례와 성찬이다. 그런데 로마 카톨릭 교회는 여기에 보태고 또 보며 다양한 행태의 성례전을 실시했다. 그러다 드디어 피터 롬바르드(Peter Lombard)가 7성례전(7 Sacrament)을 주장하자 1439년 플로렌스 회의를 통해 유제니우스 4세(Eugenius IV)가 교회의 교리로 확정했다.

7성례는 먼저 한 사람의 죄인이 세례를 통하여 새로 태어나면, 견진에 의해서 성장하며, 성체성사(성찬)를 통해서 영양을 공급받고, 참회(고해성사)를 통해 일상생활의 죄를 씻음 받으며, 종유를 통해서 사함 받지 못한 나머지 죄를 용서받고, 결혼을 통해 인간중심의 과정을 성별시키고, 임직을 통해 영적 지도자의 권한을 수여받는다는 것이다. 좀 더 구체적으로 설명하면 다음과 같다.

① 세례의 효과는 모든 원죄와 현세적인 죄를 사면시키는 동시에 그 죄로 인하여 발생하는 모든 처벌을 사면시킨다. 세례는 과거의 죄를 파괴시키고 선을 좋아하게 만들고 현세의 탐욕을 자제하게 하고 영적인 특수성을 수여해서 습관이 되게 한다.

② 견신은 세례의 보충으로 오직 주교에 의해서 집행되며 "내가 성부와 성자와 성령의 이름으로 그대에게 십자가 표시를 하고 구원의 성유로 견신례를 베푸노라"고 선언한다. 견신례를 받을 때는 보호자 즉 대부(Godfathers)를 보증인으로 세우고 그와 영적 관계를 맺는다. 모든 신자는 견신례를 통해 성령과 능력을 공급받는다.

③ 성체성사는 사제의 봉헌과 선언 후 떡과 포도주가 실제로 그리스도의 몸으로 즉시로 변하는 것을 말한다. 이때 그리스도의 참된 살과 피가 임재하며 영과 신성(divine nature)이 동시에 임재한다. 성체성사의 효과는 영적인 생활을 강화시켜 주고 은총을 수여해주고 가벼운 죄를 사면한다. 그 효력은 현세의 참여자뿐 아니라 연옥(purgatory)에 있는 영혼에게도 적용된다.

④ 고해성사(Sacrament of Penance)는 일종의 죄 사면의 기능을 갖는다. 세례에서 원죄를 사면시키고, 성체성사에서 가벼운 죄를 사면시켰

다면 참회는 무거운 죄를 쫓아낸다. 참회의 과정은 완전히 양심의 가책에 의한 회개다. 고백은 구두로 사제에게 하며 사죄는 죄의 사면을 선포한다. 구두 고백은 하나님의 은총의 주입에 의하여 죽음에 이르는 무거운 죄를 제거시킨다. 죄 사면은 은총의 주입으로 인하여 죄의 파괴에 이르지만 그 이전에 죄인 쪽에서 최선의 준비를 해야 한다. 완전한 회개가 있어야 하고 현세적 처벌에 대한 보상행위가 있어야 한다. 이것은 금식 기도인데 충분한 보속이 이루어지지 않으면 연옥에서 그 대가를 치러야 한다. 이로 죄의 타당성을 갖게 되었다.

⑤ 종유는 아직까지도 남아 있는 가벼운 죄를 임종 시에 제거시켜 준다. 재료는 사제의 축성을 받을 올리브 기름으로서 죽어가는 사람의 눈, 귀, 코, 입, 손, 발, 무릎에 바른다.

⑥ 임직은 7종류의 성례전의 집행을 자격 있는 사람에게 구별하는 것이다. 7종류는 크게 중요하지 않은 성직과 중요한 성직 두 개로 나누는데 먼저 중요하지 않는 성직은 성구를 읽는(lectores) 수문직(守門職, ostiarii), 귀신을 쫓아내는 축귀(逐鬼) 담당자인 구마직(驅魔職, exorcistae), 시종 또는 복사(服事 acoluthi)이고, 중요한 성직은 부보제(副補祭, subdiaconi), 부제(副祭 diaconi), 사제(presbyteri)이다. 직분에 임직된 사람은 특별한 영적인 권한을 가진다.[60]

---

60 전게서, p. 248.

⑦ 결혼은 남녀의 결합과 자녀 양육, 음란의 예방에 있다. 결혼은 그리스도와 교회의 연합을 상징하는 표이며, 결혼의 축복은 자녀의 생산과 상호 충실에 있다.

7성례는 중세 인들의 신앙생활(信仰生活)에 필수 불가결한 것이었다. 이로 중세 인들은 사제의 포로가 되었다. 죄의 사면은 보속으로 되는 것이 아니라 진정한 회개를 통해서 이루어지며 하나님의 값없는 은총에 의하여 자유함을 누리는 것이다. 7성례는 사람을 교회의 권위(權威)에 복종시키자고 하는 사슬에 불과하다.

제 7 장

운명론적 구원론
Fatalistic Soteriology

중세 후기의 유명론(Nominalism)은 인간의 능력을 긍정적으로 이해하는 데서 출발한다. 그 결과 교회(敎會)의 구원론은 행위구원론(行爲救援論)으로 변화되었다. 중세의 인간 이해는 헤일즈의 알렉산더(Alexander)가 제창하였던 이론을 보나벤투라(Bonaventura)와 토마스 아퀴나스(Thomas Aquinas)가 이어받아 발전시켰다.

제1절 추가적 은총

인간은 본래적인 상태와 특별 추가적 은총(Additional grace)을 받은 상태로 구별하였다. 본래적 상태(original condition)에 첨가해서 특별히 추가적 은총을 받을 수 있는 길은 자신의 감정을 하나님의 사랑과 일치할 수 있게 사람이 합당한 공로(merit, 功勞)를 쌓아야 한다는 것이다.

제2절 인간의 타락

원죄(original sin)란 본래적인 은총의 결핍이다. 그 결과 현세욕에 사로잡히게 된다. 인간의 영혼은 타락으로 인하여 무지 악, 연약함, 현세욕 등에 사로잡혀 있기 때문에 원래적인 질서를 상실하고 혼돈된 상태로 있다. 그러나 선한 본성은 완전하게 박탈당하지 않았기 때문에 선을 향한 본래적인 성향은 남아 있다.

인간의 타락을 구원하기 위해서는 은총이 필요하다. 이 은총은 하나님의 움직임이 있어야 한다. 인간은 하나님을 움직이기 위해 선행을 해야 한다. 중세의 은총은 병든 자를 회복시키는 것이다. 오렌지 회의(AD 529)에서는 은총이 성례전을 통해서 전달된다는 제도적 규칙을 마련하였다. 사람이 은총을 받기 위해서는 자유의지(free will)를 사용한다. 사람의 도덕적 성향이 하나님의 은총을 받을 수 있도록 준비된다. 따라서 은총이란 하나님께서 사람을 준비하도록 움직이신다는 면에서 하나님의 독자적인 활동이지만 결과적으로 볼 때 사람이 하나님의 은총에 동의해서 움직여야 함으로 협동적인 은총이다. 이로써 중세는 사람의 공로

(merits)를 정당화했다.

제3절 의인에 관하여

사람이 의롭게 되기 위해서는 은총이 주입되어야 하고 동시에 사람이 그것을 받으려고 의지를 사용하여야 한다. 이렇게 노력하는 영혼(靈魂)은 믿음을 가지게 한다. 여기서 믿음이란 그리스도의 신비(神秘)를 통해서 사람을 의롭게 하시는 분임을 믿는 것을 말한다. 사람이 자신의 죄(罪)를 깨닫고 하나님에게로 향하게 된다. 그러면 죄의 사면이 뒤따른다. 죄가 사면되면 하나님께서 의롭다고 인정하신다.

제4절 구원의 완성

사람이 의롭다고 인정되는 것은 은총의 주입에 의해서이지 사람이 개인적으로 하나님과 만나서 사귐에 의하여 이루어지는 것은 아니다. 사람으로서는 믿음도 마음대로 가지는 것이 아니기 때문에 사람으로서 가질 수 있는 것은 선행이다. 완전한 믿음은 사랑에 있다. 사랑은 하나님의 계명을 지키는 것이다. 사람이 믿음을 완성시키려면 계명을 끊임없이 지켜야 하기 때문에 공로는 타당성을 갖는다. 또 공로는 은총과 상호관계에 있다. 하나님의 은총은 인간의 공로(merit)에 따라 주어지고 은총이 주어지면 인간은 더 많은 공로를 쌓을 수 있다. 즉 인간의 공로는 하나님의 은총에 의해서 증진된다.

하나님의 은총과 인간의 공로는 상호 협동적인 관계에 있다. 이런 의미에서 은총과 공로는 다 하나님의 은총이라 할 수 있다. 사람의 공로가 쌓이면 보상으로써 영생을 획득하게 된다. 더 나아가 수도원적 삶과 같이 쾌락과 명예를 멀리하고 가난하게 수도자로 살면 자신의 구원에 넘치는 공로를 쌓을 수 있어 다른 사람들을 위해 중보 기도해 줄 수 있다. 이런 삶이 그리스도를 본받는 축복된 삶이라 하였다.

이렇게 중세의 구원(salvation)은 하나님의 은총과 인간의 협동(協同)으로 되어 있다. 그러면서도 지상에서 믿음을 완성할 수 없도록 함정을 만든 셈이다. 사람은 구원을 위하여 수도원적 삶을 택해야 했으며 다른 사람들의 중보기도와 공로를 돈으로 살 수도 있었다. 가장 큰 문제는 그리스도와 성령의 위치가 약화되었다는 점이다. 결국 유명론(Nominalism)에 의해서 인간은 높아지고 그리스도와 성령은 낮아지고 말았다.

제 8 장

신비주의
Mysticism

신비주의(Mysticism)는 중세의 제도권에 실망을 느낀 사람들이 자녀들에게 성경 읽기와 묵상, 그리고 학교 교육을 강조하였던 일종의 소리 없는 개혁운동이다. 그 흐름은 중세 초기부터 면면히 내려왔다. 참고로 루터(Luther)에게 영향을 끼친 신비주의(神秘主義)는 야고보(James), 타울러(Tauler)와 독일 신학이었다. 루터도 이러한 계열의 학교에서 학창시절을 보냈던 것으로 알려진다.

제1절 신비주의의 이상

신비주의는 신화(神化)된 인간을 이상(理想)으로 한다. 인간의 목표는 인간 안에서 활동하시고 의지가 되시는 하나님과 하나가 되는 것이다. 이런 연합은 인간의 교만이 모두 사라질 때 가능하다. 하나님이 철저하게 인간을 입음으로써 인간이 하나님의 신성을 주입 받고 하나님의 신성에 잠기는 것이다.

신비주의는 그리스도 안에서 하나님과 연합(unite)한 인간의 본성과 동일시함으로써 자신의 인간성을 완전히 파괴시킨다. 인간이 하나님을 입음으로써 인간을 벗어날 수 있는데 이것을 떠남이라 한다. 떠남은 자아나 자기 개성을 모두 포기하고 선을 사랑하는 것이다.

제2절 하나님과의 연합

인간의 자아 포기, 떠남, 자아 분리 등을 통해서 은총을 받을 준비를 한다. 신비주의의 의(義)는 자아 포기가 됨으로써 이루어진다. 겸손과 순종을 통하여 마치 자기가 존재하지 않는 것처럼 되어야 한다. 이것이 하나님과의 연합(聯合)의 실현이고 의(義)의 실현이다. 신비주의에 있어서 의(義)의 개념은 유명론(Nominalism)의 행위로 보지 않고 하나님과 연합(聯合)이라는 개념으로 사용된다.

제3절 신비주의의 죄

신비주의(Mysticism)는 죄를 어거스틴의 전통에 서서 본다. 불변적인 것으로부터 가변적인 것으로 돌아서 버린 것으로 보았다. 이렇게 해서 인간의 내면적 추구가 왜곡되어 하나님이 아닌 인간을 추구하게 한다. 이것은 인간의 본성의 연약성, 질병, 현세 욕 등이다. 인간은 철저하게 오염되어 있으므로 자아(self, 自我)나 개성(個性) 등을 주장하는 것이 죄가 된다.

제4절 인간의 수동성

인간이 자아(self)로부터 벗어나서 은총으로 돌아서는 것도 인간 안에서 활동하시는 하나님의 활동이다. 은총을 수용하는 길은 인간적인 행위에 있지 않고 오히려 고난, 죽음, 자아 포기에 있기 때문이다. 인간이 의를 획득하는 것도 협동적으로가 아니라 수동적이어서 다만 하나님의 활동에 의해서만 이루어진다. 수동성이란 인간의 육체적인 고행이 아니라 자아 파괴이다. 하나님께서만이 이룰 수 있는 순수한 본질이 됨으로써 하나님의 형상을 회복하게 된다.

후기 중세 신비주의(Mysticism)는 인간이 최선을 다하면 하나님께서 보상으로써 은총을 주신다는 공로사상(功勞思想)을 극복하였다는 점에서 인정받을 만하다. 인간의 전적인 수동성은 루터의 은총의 전가와 일치하는 듯 보인다. 그렇지만 하나님께서 개입하심으로 인간이 부정되고 무의식적인 변화가 일어난다고 하는 주장은 또 다른 자아 긍정이 되고 만다. 그리고 신(神)과의 연합(聯合)을 통하여 만물을 초월한다는 생각은 범신론적인 초월주의를 극복하지 못한 결과이다.

루터(Luther)는 여기에 머물지 않고 말씀을 통하여 인간의 처참한 처지를 인식(認識)하고 오로지 하나님께 의존할 때 그리스도의 의(義)가 전가된다고 함으로써 신비주의를 극복하였다.

제4부

종교개혁 시대

The Reformation Era

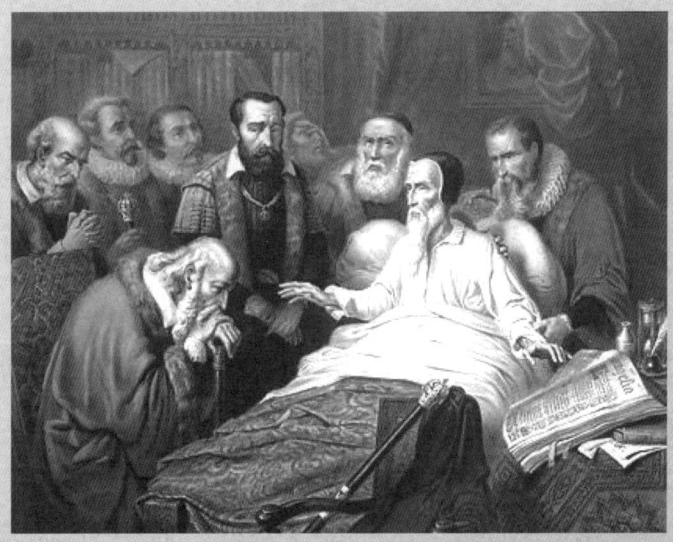

Jean Calvin on his deathbed, with eight men in attendance.
Lithograph by Jacott, 1850.

제 1 장

종교 개혁자들의 인간론
Reformer's' Anthropology

제1절 아담과 그 후손과의 관계

　종교 개혁자들은 죄(sin)와 구원 은혜의 교리는 어거스틴과 안셀무스를 따랐다. 그리고 터툴리안(Tertullian), 어거스틴(Augustine), 안셀무스(Anselm of Canterbury)의 실재설(realisic theory)을 대신하여 언약설(covenant theory)을 주장함으로써 아담의 죄와 그 후손의 죄와의 관계를 더 분명히 정의하였다. 베자(Beza)는 아담이 인류의 자연적 머리일 뿐만 아니라 언약(covenant)의 대표였고 따라서 그의 최초의 범죄는 모든 후손에게 죄책이 전가되었다는 것을 강조했다. 모든 사람이 아담 안에서 죄가 있기 때문에 모든 사람은 부패한 상태에서 출생한다고 했다. 또 그

것(원죄)은 이 두 기능을 통하여 적극적으로 행악하게 한다는 사실을 지적했다. 칼빈은 원죄(original sin)는 인간으로 하여금 하나님의 진노를 받게 하며 육(肉)을 위하여 살게 하는 인성의 유전적 부패라 했다. 우리는 아담 안에서 본래 죄가 있고 더럽혀져서 하나님 앞에서 정죄 받는 것이 합당하다는 것이다.

1. 개혁자들의 죄론

칼빈(Calvin)은 원죄(original sin)는 사상(思想)뿐만 아니라 인성의 전적 부패라고 했다. 어거스틴은 이 부패를 육감적 정욕에서 찾았으나 칼빈은 원죄가 영혼의 낮은 기능과 마찬가지로 높은 기능에라도 자리를 잡고 있다는 것과 또 그것은(원죄) 이 두 기능을 통하여 적극적으로 행악하게 한다는 사실을 지적하였다.

2. 인간의 전적부패

인간은 완전히 부패하여져서 영적 선(善)을 행할 수 없고 스스로 회복할 수 없다. 루터(Luther)와 칼빈(Calvin)은 전적부패(total depravity)를 강하게 주장하였고, 츠빙글리(Zwingli)는 병이나 조건적으로 보는 듯하다. 멜랑히톤(Melanchton)은 처음엔 츠빙글리의 견해를 따랐으나 나중에 전적부패를 인정했다. 그리고 비중생자라도 사회적 책임을 위한 일반적 선을 행할 수 있는 능력이 있다는 것을 인정했다.

3. 은혜론

전적 부패한 인간이 새로워지기 위해서는 하나님의 은혜(grace)가 전적으로 필요하다. 이에 루터(Luther)와 칼빈(Calvin), 츠빙글리(Zwingli)도 일치한다. 멜랑히톤(Melanchton)은 의지에 어느 정도 자유가 있다고 하여 협력 중생을 가르쳤다.

4. 예정론

개혁자들은 예정론자들이었다. 루터와 칼빈은 이중예정을 믿었으나 루터는 칼빈처럼 뚜렷하지 않았다. 츠빙글리도 이중예정을 기록하지 않았으나 가르쳤다. 멜랑히톤은 이중예정을 피했다.

제2절 소시니안파 입장

소시니안주의(Socinianism)는 개혁주의자들을 반대하고 펠라기우스(Pelagius)의 견해를 따랐다. 이들은 인간이 지니고 있는 하나님의 형상은 낮은 피조물을 지배하는 것뿐이요 어떤 도덕적 완전이나 인성의 우월성으로 되어 있는 것이 아니라고 보았다. 아담은 적극적인 의나 거룩을 가지지 못하였음으로 죄의 결과로 그것을 잃어버릴 수가 없었다. 아담은 죄를 지어 하나님의 불만을 샀지만 도덕적 성질은 피해 없이 남아 있어서 그의 후손에게 상하지 않는 죄로 전하여졌다. 사람이 죽는 것은 아담의 죄 때문이 아니라 죽을 수 있도록 창조되었기 때문이다. 인간이 죄 때문에 환경이 악화되어 죄를 지을 기회가 증가된 것이다. 그러나 죄 때문에 하나님의 심판을 받는 것이 아니다. 하나님은 인간의 약함을 아실뿐만 아니라 회개하는 마음으로 자기 앞에 나오는 자들을 용서하시고 긍휼을 베푸시며 인간이 구원 얻는데 구주나 하나님의 비상한 간섭을 요하지 않는다. 예수 그리스도의 교훈과 모범은 인간을 올바른 방향으로 이끌어 가는 데 도움이 되는 것이다. 인간은 자신의 의지로 선악을 구별하고 행할 수 있다.

제3절 알미니안주의 인간론

17세기 초엽 네덜란드에서 칼빈주의적 죄관과 은혜관에 결정적 반론을 제기한 사람은 아르미니우스(Arminius, 1560-1609)였다. 그는 칼빈의 후계자인 베자(T. Beza, 1519-1605)의 제자요, 엄격한 칼빈주의자였다. 그러나 후기에 보편적 구원과 자유의지의 교리를 믿었다. 그는 유기(abandonment, 遺棄), 즉 버림의 작정(作定)을 부인하고 원죄 교리를 수정했다. 레이덴에 있는 후계자인 에피스코피우스(Episcopius)와 추종자들인 위텐보 갈트, 그로티우스, 림볼그(Uytenbogaert, Grotius, Limborch) 등은 칼빈주의를 반박하는 5개 조의 항의서를 교회에 공식적으로 제출했는데 도르트 신조는 이들의 주장에 대한 반박으로 구성되었고 이것을 오늘날 교리의 앞 글자를 따서 TULIP이라 부른다.

1. 알미니안주의 죄론

알미니안주의(Arminianism)는 반(半)펠라기우스주의 입장이다. 그들은 원죄(original sin)의 교리를 부정하고 아담의 죄책이 전가된다는 것을 부정했다. 이들은 원죄로 보지 않고 질병 혹은 연약함으로 보았다. 인간의 전적 부패(total depravity)를 믿지 않았다. 실제적 의미에서 인간의 자유의지(free will), 다시 말하면 인간에게 영적으로 선한 무엇을 행할 수 있는 어떤 타고난 능력이 있다고 보았다. 그리하여 인간은 어느 정도 자신을 준비하여 하나님께 돌아갈 수 있고 그의 뜻을 행할 수 있다고 하였다.

2. 알미니안주의 은혜론

알미니안주의는 은혜를 세 등급으로 구별하였다. 첫째, 예비적 은혜 또는 보통은혜, 둘째, 복음적 순종의 은혜, 셋째, 끝까지 참는 은혜이다. 그들은 성령이 이어받은 부패의 발작을 깨뜨리며 또한 중생에서 하나님의 영과 협력할 수 있도록 충분한 은혜를 인간에게 베풀어 주신다고 했고, 사람이 중생하지 못하는 것은 인간의 의지가 신적 의지와 협력하지 못한 데 있다고 했다. 인간이 하나님의 은혜에 반항하고 협력하기를 거절한다면 중생되지 못한 책임을 자신이 지게 된다는 것이다.

3. 알미니안주의 예정론

알미니안주의는 절대적 예정이나 선택(election), 그리고 버림을 부정한다. 그들은 선택을 선견적 신앙(信仰)과 순종과 끝까지 견디는데 그 뿌리를 두게 하고 버림은 성경적 불신앙과 불순종과 죄에 대한 고집 등에 기초하였다. 그들은 예정(predestination)을 부정하는 사람은 미리 아심도 부정해야 한다고 주장하였던 소시니안(Socinian) 보다 더 부정적이었다.

제4절 도르트 회의 입장

도르트 회의(The Synod of Dort, 1618-1619)는 1618년 네덜란드 의회가 소집한 것으로 814명의 의원과 18명의 정계의 대표자들이 모였다. 이 중 49명은 네덜란드 사람이고 나머지는 영국, 스코틀랜드, 펠라틴, 헷세, 낫소, 브레멘, 엠덴, 스위스(England, Scotland, the Palatinate, Hesse Nassau, Bremen, Emden and Switzerland) 등을 대표하는 사람들이었다.

그리고 알미니안주의 사람들은 피고로 참석했다. 약 7개월 동안 154차례의 회의를 열어 항론파의 주장을 놓고 심의에 심의를 거듭한 결과 알미니안주의자들의 항론서를 거부하고 구원론에 관한 칼빈주의 5개 규준을 채용하였다.

첫째, 전적부패(total depravity) : 부분적 타락(항)

둘째, 무조건적 선택(unconditional election) : 조건적 선택(항)

셋째, 제한적 속죄(limited atonement) : 보편적 속죄(항)

넷째, 불가항력적 은혜(irresistible grace) : 가 항력적 은총(항)

다섯째, 성도의 견인 또는 성도의 궁극적 구원(preservation of the saints)이다. : 탈락 가능성(항)

1. 예정론

도르트 회의는 칼빈주의가 주창하는 이중예정을 결정했다. 이 예정은 하나님의 기쁘신 뜻대로 정하심에 뿌리를 둔 것이며, 선견(先見)된 신앙(信仰)이나, 불신앙에 의한 것이 아님을 명확히 했다. 그러므로 선택과 버림(유기)은 다 같이 절대적이라 했다. 선택은 아담의 죄 때문에 정죄 받은 타락한 인류 중에서 얼마를 뽑아낸 것이고, 유기 즉, 버림은 간과(看過)(롬 1:24, 26, 28, give up)로서 깊이 관심을 두지 아니하고 예사로 버려둠을 뜻하는데 즉 타락한 인류의 어떤 수를 그대로 멸망하도록 내버려 두어 그들로 하여금 자신의 죄 때문에 정죄함을 받게 하는 것이다.

2. 인간의 부패

도르트 회의(The Synod of Dort)는 원죄 교리를 단언(斷言)하였다. 아담은 인류의 법적 대표자이기 때문에 그의 죄책은 후손들에게 전가되어 모든 인간의 본성이 부패되었다는 것이다. 이를 교리적 용어로 '전적부패(total depravity)'라 하는 데 이는 영적 선을 행할 능력이 없고 하나님과 관계의 단절로 회복하려는 노력을 할 수 없다는 의미로 다음과 같이 선언했다.

"그러나 타락 후에도 인간에게는 희미한 자연적 빛이 그대로 남아 있다. 이것으로써 인간은 하나님, 자연에 관한 일, 선악의 차이에 관한 지식을 약간 가지고 있으며 도덕과 사회의 선한 질서와 질서의 외부적 행위에 대한 약간의 관심을 발견한다. 그러나 이 자연의 빛은 인간에게 하나님의 구원의 지식(知識)을 가져다주기에는 너무 충분치 못하여 그는 자연적 또는 세속적 일에 이것을 바로 사용할 능력뿐이었다."

3. 중생론

중생(regeneration)은 하나님의 단독적 행위다. 중생은 선택(election)을 근거로 하나님의 효과적인 행위를 떠나서는 구원(salvation)을 제공받을 수 없다. 그러나 구원은 신앙과 회개를 요구하고 있다. 이는 복음을 들은 모든 사람에게 주어진다. 낙원을 잃은 사람들은 다만 자기들에게만 책임이 돌아간다.

도르트 회의(The Synod of Dort, 1618-1619)의 결정의 중요성은, 첫째, 개혁파 신학(The Reformed theology)의 가장 중요한 교리에 대한 명확한 설명으로 그때까지 주의 깊게 고찰하지 못했던 구원의 교리를 확정했다.

둘째, 당시 가장 유능한 신학자들의 다수가 참여하여 일찍이 보지 못한 범유럽이라는 세계적 교회의 입장이 처음 표명되었다. 셋째, 그것은 네덜란드교회에서 유행하였던 불확실성과 다른 나라에서 느껴진 불확실성을 종료했으며, 나아가 개혁파 신앙을 위협하였던 큰 대적함을 막았다. 넷째, 후에 웨스트민스터 신앙고백서(The Westminster Confession)를 만드는 데 결정적인 영향을 주었다.[61]

제5절 쏘무르학파 입장

1. 가정적 보편 구원설

쏘무르학파(The School of Saumur)는 도르트 회의(The Synod of Dort)의 칼빈주의를 두 가지 점에서 약화시켰다. 아미랄더스(Amyraldus)는 보편적 작정과 조건적 작정에 대해 제한적 작정과 무조건적 작정으로 구별하였다. 전자에서 하나님은 예수 그리스도의 중보를 통하여 신앙(信仰)을 조건으로 모든 사람에게 공평하게 주어지는 보편적 구원을 주기로 작정하셨고, 후자에게는 아무도 자기를 믿지 않을 것을 아셨기 때문에 얼마를 영생하도록 선택하시고 그들에게 신앙(信仰)과 회개에 필요한 은혜를 주시기로 결정하였다. 또 플레세우스(Placaeus)는 아담의 죄가 그의 자손에게 직접 전가되는 것을 부정하였다. 죄 때문에 부패하게 태어나는

---

61 L. 벌코프, 「기독교교리사」, pp. 163-164.

것이 아니라 그로부터 부패의 성질을 받았다. 이를 간접 또는 결과적 전가라고 하였다.

1645년 차렌톤(Charenton) 대회에서 이들의 주장을 거부하고, 하이덱거, 튜레틴, 게널리(Heidegger Turretin and Geneler) 등은 스위스 신조(The Formula Consensus Helvetica)를 만들어 개혁파(Reformed) 입장을 명백히 진술하여 스위스교회의 표준(standard) 신조로 인정받았다.

제 2 장

마르틴 루터와 존 칼빈의 사상
The Thought of Martin Luther and John Calvin

제1절 마르틴 루터의 사상

행위구원(行爲救援)의 극단적 표현은 죄(sin)라 할 수 있다.. 루터(Luther)는 95개 조항을 발표함으로 개혁의 횃불을 들고 어거스틴(Augustine)의 은총 구원을 회복했다. 그리고 사제주의를 배격하고 만인제사장주의를 주창함으로 교인들을 사제들의 중재로부터 해방시켰다. 인간의 행위구원을 은혜구원으로 바꾸고, 인간의 전적부패(total depravity)와 무능력을 주장하고 중세의 제도적 신비로부터 교회들을 해방시켰다.

루터(Luther)의 개혁원리는 형식원리(形式原理)로서는 성경이며, 실질원리(實質原理)는 이신칭의(justification)의 은총이다. 이에 성경을 기준하지 않고 하나님과 신비적 만남을 추구하는 신령주의자, 재세례파, 반삼위일체주의자(Anti Trinitarianism)들이 반대를 했다. 루터(Luther)는 성경의 사람으로서 어거스틴의 역사적(歷史的) 정통신앙(正統信仰)을 이었다.

1. 루터의 영적 각성

루터는 유명론적 구원론(Nominalism Soteriology)에 따라서 의로운 사람이 되고자 노력했다. 그는 보속 행위를 통하여 의로워지려고 했으나 자신의 무능을 깨닫고 하나님의 무조건적 은총인 십자가의 속죄로 의롭게 됨을 깨닫게 되었다. 루터는 95개 조항을 통해 죄와 죽은 자의 미사(Mass)를 중단할 것을 촉구하였다.

2. 루터의 주요 사상

중세 교인들은 사제의 영적인 노예로 성례전에 묶여 있었다. 루터는 사제(司祭)와 교인이라는 이중 구조를 무너뜨리고 다 함께 성직자로 동일시하였다. 그리고 로마교황청 중심의 재정착취로부터 경제적 자유를 누리게 함으로 육적인 자유까지 얻게 하였다.

1) 그리스도인의 자유

루터(Luther)는 자신의 저서 「그리스도인의 자유」(On the Liberty of a Christian Man)에서 "그리스도인은 만물의 자유로운 주인이고 아무에게도 지배받지 않는다.[62] 믿음으로 그리스도인은 자유롭다"고 했다. 그리고 이신칭의(justification by faith)를 주장했다. 그리스도인의 자유는 공로주의를 벗어나서 복음에만 전적으로 의지할 때 가능하다고 했다. 선행은 구원받기 위한 조건이 아니라 믿음의 열매로서 선행이 선한 사람을 만드는 것이 아니라 선한 사람이 선행을 한다고 했다. 그리스도인들은 홀로 살지 않고 그리스도와 이웃들과 사는 사람들이며 믿음을 통해 그리스도와 생활하고 사랑을 통해 이웃들과 생활한다고 했다.

또 그리스도의 제사장직은 영적으로 이루어지는데 사제(司祭)가 신자(信者)와 하나님 사이를 가로막고 있다고 비판했으며, 신자와 하나님과의 관계는 사제의 중재 없이 직접적으로 이루어지면 신자들도 다른 사람을 위하여 기도할 수 있고 거룩한 일들을 서로 가르칠 수 있다면서 사제주의를 부정하고 만인제사장주의(萬人祭司長主義)를 주창했다.

2) 성례전에 관하여

루터(Luther)는 자신의 저서 「기독교회의 바벨론 포로에 관하여」

---

62 E. H. 클로체, 「기독교교리사」, p. 269.

(Babylonian Captivity of the Church)에서 7성례를 비판했다. 루터는 '포로'라는 말로 중세기식 해석을 차용하고, 성례들의 증가로 교회의 백성들이 노예 신세가 되었다고 질타했다. 루터는 성례 중 세례(baptism)와 성찬(Sacrament), 그리고 고해성사(Sacrament of Penance)만 인정할 수 있으나 나머지는 인위적이며 허구라고 했다. 회개 행위와 고백 제도 및 보속 행위를 강력히 반대하였다.

3) 그리스도인의 신분 개선을 위해 독일 귀족들을 대상으로 행한 연설문(Address to the Christian Nobility of the German Nation on the Betterment of the Christian Estate)에서 루터는 성직 계급제도의 부패를 비판했다. 특히 교황과 성직자들이 영적 사제들인 평신도들을 거부하는 것에 대해 종교개혁이 필요하다고 역설했다.[63]

4) 성경 해석권

루터는 저서 「독일기독교 귀족에게 요청하는 글」에서 교황만이 가지는 성경(Scripture) 해석권을 비판하고 누구든지 성경을 해석할 수 있다고 주장하였다.

3. 루터와 성경

---

63 전게서, p. 268.

루터는 비텐베르그 대학의 성경해석(聖經解釋) 교수였다. 카톨릭교회는 성경계시와 교회의 전통, 교리, 교회법 등을 동일한 권위(權威)로 간주하였다. 루터는 이것을 배격하고 성경만이 유일한 권위(權威)의 원천으로 삼았다. 로마 카톨릭(Roman Catholic)은 교회가 정경을 결정했기 때문에 교회가 성경보다 우위에 있다고 주장하였으나 루터는 교회가 성경을 정경으로 결정한 것은 성경이 지닌 권위(權威)를 추인한 것에 불과하고, 외부에서 인정하고 말고가 아니라고 했다. 신자는 성경에 따라 신앙(信仰)을 고백할 뿐이라고 했다.

성경은 저자인 성령의 영성에 의하여 해석하고, 성령은 성경을 통해 할 수 있으므로 성경은 성경 스스로 해석한다고 했다. 사람이나 기관이 성령보다 위에 서서 성경을 해석할 수 없으며, 성령은 하나님 말씀이 없으면 말씀하지 않으며, 또한 성령은 말씀 안에서 그리고 말씀을 통하여 말씀하신다고 했고, 하나님은 외적인 말씀의 선포가 없으면 성령을 주시지 않는다고 했다. 또 성령은 예배하는 공동체(公同體)에서 말씀을 선포하고 사람들이 그것을 듣고 마음으로 포착하면 성령께서 오셔서 그 말씀을 붙들 수 있는 힘을 주신다고 했다. 그러므로 성령은 교리적인 가르침이나 개인적인 묵상(meditation, 黙想)을 통해서 주시는 것이 아니라고 했다. 이리하여 루터는 로마 카톨릭과 신비주의자들을 동시에 거절했다.

4. 루터의 십자가 신학

중세 신학은 인간(人間)을 나타내는 '신 영광의 신학'(new glory theology)이라 한다면 루터(Luther)는 '십자가의 신학'이다. 십자가의 신학(Cross theology)은 그리스도의 고난(苦難)을 통하여 인간을 구원하시는 하나님의 은총을 표현하는 또 다른 개념이다. 영광의 신학은 외형적 화려함으로 하나님을 나타내려고 한다면, 십자가의 신학은 그리스도의 고난 가운데서 하나님을 아는 신학이다.

신 영광의 신학(new glory theology)은 하나님을 추론하여 교리를 세운 신학이지만 십자가의 신학은 하나님이 누구이며 나와 무슨 관계에 계시며 내가 어디서 오며 어디로 가는지 아는 신학이다. 신 영광의 신학은 인간 스스로의 노력으로 죄를 해결할 수 있다고 보는 도덕주의이며 합리주의(rationalism)이다. 사람이 하나님 앞에서 도덕주의를 내세워 영광의 신학을 추구(追求)하는 것은 하나님의 영광(God of glory)을 도둑질 하는 것이며 하나님에 대한 모독이다. 루터는 신 영광의 신학의 집단(集團)을 로마 카톨릭(Roman Catholic), 이슬람(Islam), 유대교(Judaism), 수도원 운동(Monastery movement), 신비주의 운동(Mysticism movement)까지 포함시켰다. 그리고 신비주의는 인간을 가장 크게 인정(認定)하기 때문에 신 영광의 신학(new glory theology) 중에서 가장 뚜렷한 형태라고 하였다.

5. 루터의 율법과 복음

루터(Luther)는 신구약 성경은 다 함께 복음과 율법을 포함하고 있으나 구약은 대부분 율법(律法)이며, 신약은 복음(福音)이라고 하였다. 루터가 발견한 것은 상반적관계(相反的關係)가 아닌 상관적관계(相關的關係)였다.

1) 율법의 시민적 기능

십계명(the Ten Commandments, 十誡命) 가운데 제5계명 이하의 계명들이 시민적 기능을 갖는다. 자연법(自然法) 안에 나타나 있는 일반적 기능으로서 범죄를 예방(豫防)하고 평화(平和)를 유지시켜 준다. 이 기능은 모든 종교(宗敎)에도 나타나 있다.

2) 율법의 영적 기능

율법(律法)은 하나님께서 주신 선물로서 선하고 거룩하고 신령한 것이다. 율법은 사람에게 죄를 깨닫게 해주며 하나님의 진노를 알게 해준다. 율법은 하나님의 '아니오'로서 인간의 행위를 무효로 막는다. 이렇게 될 때 사람은 하나님의 '예'인 복음을 들을 준비를 한다. 복음은 사람으로 하여금 율법을 완성시켜서 율법으로부터 해방시켜준다.

루터는 사람이 복음을 받아들였다 하더라도 율법은 폐기되지 않는다고 했다. 사람이 칭의를 얻어도 아직까지 죄인이기 때문에 율법을 끝까지 지켜야 한다면서 의롭다고 인정받기 이전처럼 사악한 상태는 아니어도 다시금 타락할 가능성을 인정하면서 겸손(謙遜)하게 복음에 순종(順從)해야 한다고 했다. 이것을 의인(義人)의 보전기능(保全機能)이라 했다.

6. 인간의 타락과 구원

루터(Luther)의 핵심(核心)은 '이신득의'(justification by faith)이다. '이신득의'교리가 무너지면 외형적으로 아무리 거룩하게 보인다 하더라도 순전한 오류, 위선, 사악함, 우상숭배만 남을 것이라 했다. 루터는 구원을 위하여 인간이 할 수 있는 것은 조금도 없고, 선(善)을 행할 수 있는 자유의지는 없다고 했다. 인간의 구원은 하나님께서 그리스도의 의를 인간에게 전가시켜 가능케 하신 것이며, 죄인은 단번에 의롭게 되며 의인은 의로운 사람이 되었다는 것이 아니라 의로움을 향해 나아가는 출발의 단계에 있다고 했다.

기독교의 삶은 의를 향해 나아가는 순례자(巡禮者)의 길이며 이 과정에서 하나님의 뜻을 행해야 한다는 것이다. 하나님의 뜻을 행할 수 있는 길은 첫째 기도, 둘째 감사, 셋째 찬양, 넷째 이웃 사랑, 다섯째 순종이라 했다. 그러나 보답을 바라고 하는 순종은 순종이 아니라 했다.

제2절 존 칼빈의 사상

칼빈(John Calvin, 1509-1564)은 루터(Martin Luter, 1483-1546)보다 한 세대 이후에 프로테스탄트(Protestant) 사상과 신학을 정리하는 시대적 요청을 받았다. 그 결과가 그가 평생을 바쳐 저술한 「기독교강요」(Christianae Religionis Institutio)에 고스란히 담겼다. 루터가 신학적 토목공사(土木工事)를 했다면 칼빈은 그 위에 건축(建築)물을 세운 것이라 비유(比喩)할 수 있다.

그러나 츠빙글리(Zwingli, 1481-1531)와 칼빈(Calvin)은 루터(Luther)와 달리 인문주의(人文主義)에서 신학 사상을 시작했다. 특별히 칼빈은 종교개혁을 성공시키기 위해서 개인적 윤리를 강조했다. 루터는 칼빈의 이런 경향을 두고 율법주의적인 경향이 있다고 비난하기도 했다.

루터파와 개혁파의 차이는 곳곳에서 드러난다. 루터파의 지도자들 대부분은 신학교 교수 출신이었으나, 개혁파 지도자들 대부분은 목회자(牧會者)들이었다. 루터파 개혁자들은 교회와 사회를 분리시켰던 반면에 개혁파(The Reformed) 개혁자들은 교회와 사회를 하나로 생각하면서 개혁을 이끌었다. 츠빙글리와 칼빈은 시의회 의원들을 설득시켜 개혁을 이끌어 가는 신정정치(神政政治)의 이념을 구현하고자 했다. 칼빈은 개혁을 위해 악의적인 반대자들에 대해선 강압적(强壓的)인 방법까지 불사했다.

1. 칼빈과 성경

칼빈(Calvin)은 성경의 형식원리(形式原理)를 중요시했고 해석의 범주를 정경(正經)에만 국한했다. 설교나 성경 해석에 관해서는 루터(Luther)와 차이가 없다. 그는 성령의 개인적 계시를 반대하고 로마 카톨릭처럼 교권 주의적 해석을 반대했다. 성경은 교리가 아닌 살아계신 하나님의 말씀이므로 사람이 이성으로써 파악하려고 하지 말고 겸손하게 성경의 제자가 되어 하나님의 말씀을 들으려고 해야 한다고 했다. 신구약 성경에 관해서도 광의적(廣義的)인 면(面)에서는 루터와 동일하지만 세부적(細部的)인 면에서는 차이가 나고 있다.

2. 창조와 섭리

루터는 창조의 개념을 확대시켜서 만물의 보전과 구원까지를 창조의 계속으로 보았지만 칼빈(Calvin)은 창조와 섭리(providence)를 그리스도 안에서 이해하려 했다. 루터는 섭리를 창조의 계속으로 보면서 "하나님의 오른손"이란 개념으로 설명하였다. 만물은 하나님으로부터 벗어날 수 없으며 하나님의 손 안에 있으므로 하나님께 전적으로 맡기는 것이 행복이다. 그러나 하나님의 손을 벗어나면 불행하다고 했다.

반면에 칼빈은 피조자에 대한 창조자의 다양한 현존관계를 섭리라고 하였다. 칼빈이 섭리를 강조한 것은 에피크로스 철학, 소피스트들의 궤변철학, 스토아 철학, 이신론 등을 반대하기 위해서다. 즉 인간의 이성적 능력을 찬양하거나 숙명론(宿命論)에 빠져서 인간의 노력을 전혀 무시하는 것을 반대하기 위함이었다.

칼빈의 섭리 개념에는 첫째, 과거에도 우리를 지켜주신 하나님께서 미래에도 우리를 지켜주실 것이라고 믿는 것이다. 둘째, 하나님은 만물을 지배할 때 어떠한 방법을 쓰시기도 하고 쓰지 않으시기도 하신다는 것을 알게 하고, 셋째, 하나님께서는 전 인류를 보호하시는데 특별히 교회(敎會)를 보호하신다는 것이다.

3. 인간의 타락과 구원

1) 루터와 공통점

로마 카톨릭은 부분적 타락을 주장하고 루터(Luther)와 칼빈(Calvin)은 전적타락(total depravity)을 주장했다. 인간의 본성은 그 어떤 부분도 온전한 데가 없다. 이러한 점에서 모든 형태의 도덕주의자, 합리주의자, 자연주의자들을 반대했다.

아담의 원죄(original sin)를 인정했고 아담 안에서 인간은 모두 부패했다. 타락한 인간을 위해 하나님은 아들의 모습으로 우리에게 오셨다. 인간의 구원을 위한 중보적 사역을 강조했다. 이것은 로마카톨릭의 공로주의와 신비주의(Mysticism)를 다 같이 공격하는 것이다. 인간의 회개는 공로(merit, 功勞)와 무관하며 사람은 성화될수록 자기가 완전한 의(義)에서 멀어져 있음을 느끼게 되고 더욱 더 하나님의 자비로운 은총에 의존하게 된다. 의인이란 진행적 성장의 개념이 아니라 단회적, 선포적인 개념이다.

2) 루터와 차이점

칼빈은 루터보다는 그리스도의 중보적 사역을 더욱 구체적으로 강조하는 기독론(Christology)을 전개했다. 그리스도의 사역은 3중직인데 예언자(선지자), 왕, 제사장이 그것이다. 그리스도는 하나님의 예언을 완성한 예언자이며, 개인의 삶을 통해 나타나는 영적인 나라의 왕으로 오셨고, 죄를 속하며 부활을 통해서 인간에게 의와 생명을 주신 대제사장이시다.

칼빈과 루터는 로마의 공로주의를 반대하고 인간으로서 하나님 앞에 죄 없는 의로운 사람이 없으며 다만 인간 밖에서 인간을 위해서 오시는 그리스도의 의의 전가를 힘입을 때만 의롭다고 보았다.

4. 칼빈의 예정론

개혁파(The Reformed) 교회의 특징은 하나님의 은총을 강조하는데 있다. 은총론(恩寵論)은 자연히 예정론(predestination)으로 이어질 수밖에 없다. 타락한 인간으로부터 죄의 해결을 위한 인간의 노력의 허구성,

그리스도의 의의 전가, 예정을 언급할 수밖에 없다.

첫째, 예정이란 구원을 확신하는 자의 신앙고백적 표현이다. 둘째, 예정은 원인적인 것이 아니라 결과적인 것이다. 사람이 자신과 유기를 알 수 있다면 현실적으로 교회(敎會)의 기능은 필요 없다 할 것이며 사회질서 유지가 불가능할 것이다. 예정은 누구도 알 수 없으며 그리스도의 의의 전가를 힘입어서 의롭다고 인정받은 다음에야 비로소 고백(告白)할 수 있는 결과적(結果的)인 사항이다. 그러므로 예정은 구원받지 못한 사람들이 사변적(思辨的)으로 토론할 수 있는 주제는 아니다. 셋째, 예정은 구원(salvation)에 대한 감사와 찬양이므로 인간의 감사를 불러일으킨다. 예정에 의해서 선택(election)된 사람들은 효과적인 부르심에 의해서 그리스도에게로 향하는 삶을 살게 되며, 따라서 매일의 삶 속에서 성화의 삶을 유지하게 된다. 이러한 성화(聖化)의 삶은 찬양(讚揚), 전도(傳道), 구제(救濟), 봉사(奉事) 등으로 나타난다.

제 3 장

과격파 종교개혁
Radical Reformation

과격파(Radicals)는 초대교회로부터 이어져 오던 신앙형태로서 한쪽을 지나치게 강조함으로서 신앙의 전체적인 조화(調和)를 잃어버린 사람들을 가리킨다. 종교개혁 시대에는 초대교회(初代敎會)의 모습을 재현(再現)하고자 주장하던 재세례파와 인간을 초월(超越)하겠다는 신령주의자들, 그리고 합리적 신앙(信仰)에 기초하고서 삼위일체(Trinity) 교리를 부인하던 반(反)삼위일체파 등이 이에 해당한다.

제1절 재세례파

재세례파(Anabaptists)도 여러 갈래로 분열되어 있었다. 첫째, 중세로부터 내려오던 초대교회의 구현을 추구하던 파, 둘째, 중세로부터 무교회주의적 신비주의적인 은사(gift)운동 공동체, 셋째, 교회와 사회를 개혁하고자 부르짖던 중세 말기의 사회주의 운동과 종교개혁(The Reformation) 당시의 과격한 이론가들, 그리고 넷째, 사회적 차별을 느낀 농민들의 소요와 이에 동조하는 불만 세력들이 그들이다.

재세례파의 특징은 다음과 같다. 첫째, 세례를 그리스도에 대한 자발적 참여와 고백에 의한다고 규정했다. 자발적으로 참여할 수 있는 연령에서 자연히 유아들은 제외되었다. 유아세례를 반대하는 것은 갓 태어난 유아는 죄가 없다는 전제 아래서만 가능하다. 그리고 자의적인 요청과 고백에 따라 세례를 받아야 한다면, 세례의 효력이 사람의 동의에 있는지 아니면 세례 자체에 있는지 의문이 생기게 된다. 이러한 주장은 유아의 영혼을 보호하고자 하는 교회의 유구한 전통을 부정하는 처사이다.

둘째, 초대교회를 기독교회의 모본으로 보지만 신약성경에 기록된 모습으로 구현하는 것으로 한정했다. 이것은 종교 사회학적으로 모든 유기체는 성장하도록 되어 있는 것을 고려할 때 매우 유아적인 해석이다. 이상(근본진리)은 그대로 지켜나가되 제도는 바뀌기 마련인데 상황(狀況)이 바뀌었음에도 제도를 그대로 고정시키자는 것은 비정상적인 사고에 불과하다. 박해 시의 순교자와 이스라엘 가나안 정복시대의 전쟁은 그 상황이 다른 것이다.

셋째, 비제도권적 개혁을 부르짖었다. 교회(敎會)도 하나의 조직이며 체제이기 때문에 공동체의 유지를 위해서는 조직이 필요하다. 예루살렘 공동체(公同體)는 비조직체였다고 주장하지만 엄연히 사도를 중심으로 한 조직 공동체였다. 제도 자체가 나쁜 것이 아니라 그것을 어떻게 운영하느냐가 더 중요한데 이들은 제도 자체를 나쁘게 보았다. 개혁은 제도나 조직을 뜯어고치는 것이 아니라 제도를 운영하는 사람들을 변화시키는 데 초점을 맞추는 것이다.

넷째, 성경의 가르침을 충실히 따르기 위해서 찬송도 부정하고 여타의 교회(敎會)의 가르침도 부정했다. 그러나 예수도 찬송하였으며 초대교회도 예배 시에 찬송을 불렀다(고전 14:26).

다섯째, 기독교의 기준을 회개와 죄 사함의 확신, 그리고 거듭난 삶의 모범(模範) 등에 두었다. 이러한 기준은 중세의 명목적 참회나 구원 등을 개혁(改革)하려는 시도였다. 그러나 이러한 사항들을 지나치게 강조하면 회개와 죄 사함의 확신, 삶의 모범 등이 구원받을 수 있는 자격에 일치하는지 부족한지 사람의 판단에 좌우할 위험성이 크다. 이것은 다시금 중세의 참회제도를 반복하는 것이 되며 이러한 판단 기준이 형식적으로 발전해서 구원의 기준은 하나님이 아니라 공동체에서 정한 것이 되고 만다. 이러한 모순은 모라비안 경건회나 현대의 한국교회의 구원파(救援派)에서 볼 수 있다.

여섯째, 만인제사장 이론을 강조하면서 교회(敎會)와 사회 구원을 강력하게 주장하였다. 그러나 교회와 사회가 정확하게 그 생활환경이 나누일 수 없다. 그리고 국가의 공직을 타락으로 보면서 공동체의 격리 생활을 참 신앙이라 할 수 없다. 신앙(信仰)의 순수성은 격리된다고 유지 되지 않는다. 부패는 격리되고 폐쇄적인 집단에서 더욱 심하게 나타나기 때문이다.

일곱째, 종말적 은혜주의(恩惠主義)를 내포하고 있다. 구성원 중에는 소외(疎外)된 사람들이 상당히 있어서 종말론적 그리움을 가지고 있었다. 이들은 종교개혁과 더불어 천년왕국(The millennium)을 강하게 신봉하였다. 하늘나라를 지상에 건설하려는 시한부적 종말 예언 운동은 몬타누스(Montanus) 이후로 끊임없이 지속되어 온 운동이다. 이는 반사회적 소외계층의 거부 운동이었다. 이들의 종말론적 기대는 가진 자에 대한 보상 심리적 요소가 작용하기 때문에 무력이 정당화 되는 수도 있다.

여덟 번째, 편협적(偏狹的)인 교리를 가지고 있었다. 이들은 삼위일체론, 동정녀 탄생, 맹세를 위한 각종 서원을 거부했다. 재세례파 운동은 제도권에 도전하는 계층에서 항상 나타나는 현상이다.

제2절 다른 과격파 개혁자들

신령주의자(神靈主義者)와 반(反)삼위일체론자의 공통점은 로마 카톨릭(Roman Catholic)과 개혁교회를 다 같은 제도권으로 부정하는 점이다. 차이점은 신령주의자들이 영적인 면을 강조한 반면에 반(反)삼위일체론자들은 합리적인 면을 강조하였다.

신령주의자들은 성경의 객관적인 권위(權威)를 인정하면서도 그 해석에 있어서는 주관적인 면을 강조하였다. 성경이 하나님의 영감으로 쓰여 졌기 때문에 성경의 해석도 성경 기록자인 성령의 영감에 의존해야 한다는 것이다. 이러한 면을 들어서 루터의 성경해석방법을 비판했다. 성경은 성경 스스로 해석하며 성경 스스로 비평자라는 원칙을 벗어나서 성령의 직접적인 계시를 주장하였다. 그들은 이것을 신적 불꽃이라 했다. 이러한 면에서 신령주의자들은 현대신학에까지 이어지는 내재주의와 주관주의의 선구자였으며 성경해석에 있어서 자유주의 성경해석의 선구자가 되있다. 또 신령주의자들은 예배 시 공적으로 선포되는 설교 말씀을 성령의 조명하에 듣게 된다는 개혁적 전통을 무시했다. 그저 개인적인 묵상을 통하여 내면의 빛을 받음으로써 직접 계시와 하나님과 직접 교제할 수 있다고 하는 신비주의 흐름에 빠지고 말았다.

삼위일체(Trinity) 반대론자들은 유일신 하나님은 계셨으나 삼위일체 하나님은 계시지 않았다. 구원도 그리스도의 대속적 죽음보다도 하나님의 사랑하심에 있으며 그리스도에 대해서 아리우스주의(Arianism)와 도덕적 삶을 강조함으로 후기 유명론(Nominalism)으로 돌아간 모습이다. 이로 말미암아 예수 그리스도의 역사적 탐구가 시작되고 삼위일체 하나님 중심의 구원론이 기독론 중심의 구원론으로 대치되었다. 구원을 구원에 대한 지식(知識)과 도덕적 삶에 둠으로 기독교를 윤리적 종교로 만들었다. 이들은 자유주의 신학의 요소들을 지니고 있으며 성경을 인정하면서도 절대 권위를 인정하지 않고 신학을 그리스도의 대속적 죽음에 두지 않고 하나님의 사랑에 두었다.

제 4 장

종교개혁 후기의 인간론
Anthropology of Post-Reformation

제1절 웨슬레파 알미니안주의

후기의 인간론(Anthropology)은 특별한 회의나 새로운 교리가 없다. 그러나 종교개혁과 다른 사상(思想)을 가르치는 교파가 새로이 등장했다. 그중에서 대표적인 교파가 우리나라 감리교회의 신학적 원천이 된 웨슬레파 알미니안주의(Wesleyan Arminianism)이다.

아이러니한 것은 아르미니우스(Arminius) 자신은 베자로부터 수학한 칼빈주의자 그룹에 속한 일원이었다. 분명히 그는 그를 추종하는 제자들의 신학적 입장과 달랐다. 도르트 대회(The Synod of Dort) 때 그의 제자들처럼 성경의 진리(眞理)나 개혁자들의 사상(思想)과 멀리 떨어져 있지 않았다. 모세스 스튜어트(Moses Stuart)는 알미니우스는 알미니안파(Arminian)가 아닌 것을 증명할 수 있다고까지 했다. 그러므로 오늘날 알미니안주의는 아르미니우스의 의중과는 달리 도르토총회에 '항론서'를 제출한 추종자 그룹의 것이다.

이 추종자들의 신학이 되살아난 것은 18세기 중엽, 영국에서다. 감리교회(methodist Church)를 창시한 존 웨슬리(Jhon Wesley, 1703-1791)와 그의 신학을 이어받은 이른바 '웨슬레파 알미니안주의'가 등장했다. 그러나 어떤 점에서 이들은 알미니우스와는 다르다. 쉐드는 말하기를 "이 신학은 열렬한 복음주의적 경건으로 이루어졌으며 하나님에 대하여 깊은 의미의 의존을 드리는 인상을 주며 또 인간의 자유와 책임에 대하여도 열심 있고 실제적인 주의를 기울이는 것 같다"[64]고 했다.

1. 웨슬레파 알미니안주의의 원죄론

웨슬레파(Wesleyan Arminianism)는 알미니안주의의 교리와 달리 원죄는 엄밀한 뜻에서 죄라고 부를 수 없는 성질의 병이나 부패가 아니라 참으로 진정한 죄이며, 하나님 앞에서 인간을 죄 있게 하는 것이라고 주장한다. 아담의 죄책은 참으로 그의 후손에게 전가 되었다고 한다. 동시에 이 죄책은 그리스도 안에서 모든 사람의 칭의(justification)로 말미

---

64 L. 벌코프, 「기독교교리사」, p. 168.

암아 취소되었다고 하였다. 이것은 마침내 죄책의 관념이 사상체계(思想體系)에 있어서 이론상의 위치를 차지하고 있는데 불과하다는 것을 뜻한다. 그것은 죄책의 취소는 속죄의 보편적 은혜들 가운데 하나를 뜻하기 때문이다.

2. 웨슬레파 알미니안주의의 전적부패론

인간은 본래 하나님의 은혜와 협력할 아무런 능력이 없을 뿐만 아니라 완전히 도덕적으로 부패하여 구원받기 위하여 하나님의 은혜에 절대적으로 의지해야 한다는 것을 부정하였다. 동시에 한 사람도 실제적으로 그 같은 무능력의 상태에 존재하는 사람은 없다고 주장하였다. 하나님은 그리스도를 통한 보편적 구속에서 모든 사람에게 충분히 능력 있는 은혜를 주셨으므로 인간은 신앙과 회개를 통하여 하나님께 돌아올 수 있다고 보았다.

제2절 뉴잉글랜드의 수정된 개혁신학

1. 하나님의 뜻과 인간 타락의 관계

뉴잉글랜드 신학자들(New England theologians)은 일반적으로 인간론에 있어서 정통 개혁자들과 다른 입장을 가진다. 조나단 에드워즈

(Jonathan Edwards)는 하나님과 인간 타락의 관계에서 효력의 항목을 없애고 통상적인 칼빈주의적 어법을 사용하였다. 죄는 주의하지 못하는 데서 생기므로 신적 효력이 있다는 것을 암시하고 또 가르쳤다. 후대에 티모디 드와이트와 N. W. 테일러(Timothy Dwight and N. W. Taylor)는 죄가 전면적 섭리와 조화되는 한 세계의 가장 낮은 부분에 들어오기까지 하나님과의 어긋난 관계에 있다고 하였다. 즉 하나님께서 도덕적 우주를 창조하려는 결정은 필연적으로 정반대의 것을 선택(election)하는 능력을 가진 자유로운 도덕적 동인(動因)의 창조를 내포하였으며, 그러기 때문에 죄가 가능하게 되었지만 그러나 거의 결정적인 것은 아니라고 하였다. 동시에 죄는 가장 이상적인 제도에서 필연적으로 일어나는 부수적인 것으로 보았다.[65]

2. 인간의 자유의지와의 관계

조나단 에드워즈(J. Edwards)는 의지의 결정적 성격을 지나치게 강조했다. 그리하여 그는 결정론자(Determinism)라는 비판까지 받았다. 자유는 하나님에게 알려진 법칙을 가진다는 것, 그리고 이 사실에 비추어서 자유는 확실성과 완전히 일치된다는 사실을 강조한 것은 정당한 개혁신학적 입장에서 벗어난 것으로 본다. 다시 말해 하나님의 창조함을 받은 인간은 도덕적 자유를 가졌으며 아직도 그것을 가지고 있고, 인간이 죄를 세상에 끌어들인 것은 이 자유를 행사함에 있다고 했다. 그런데 인

---

65 전게서, p. 167.

간은 이 참자유를 죄로 인하여 잃어버렸다고 함으로 알미니안주의 신학의 입장에 가까이했다고 비판을 받는다.

3. 죄의 전이

에드워즈(J. Edwards)는 죄의 전이를 두고 실재론을 채용했다. 가지와 나무와의 관계처럼 우리도 아담과 그렇게 관계되어 있으므로 그의 죄는 역시 우리의 죄가 되며, 같은 방법으로 전가된다고 했다. 인간은 아담과의 자연적(自然的) 관계(關契)를 통하여 도덕적 부패를 이어받았으며 이것이 죄책으로써 그에게 전가되고 따라서 그로 하여금 정죄 받게 하였다고 했는데 이는 간접적 전가설을 옹호하는 입장이다.

제3절 현대의 죄관

1. 철학적 죄관

1) 라이프니츠와 칸트의 죄관

18-19세기 철학자들은 죄(罪)의 성질(性質)과 기원에 대해 격렬한 논쟁을 벌임으로써 기존 신학사상(思想)에 영향을 끼쳤다. 일명 '모나드론'(변신론)으로 독일 계몽철학의 서장을 연 철학자이자 '에너지보존의 법

칙'을 발견한 물리학자이기도 하였던 라이프니츠(Leibnitz, 1646-1716)는 이 세상의 악(evil)을 피조물의 제한에서 생긴 단순하면서도 자연적인 결과로 보면서 그것을 윤리적인 것보다도 형이상학적인 것으로 보았다. 임마누엘 칸트(Immanuel Kant, 1724-1804)는 인간에게 인간으로서 뿌리까지 뽑을 수 없는 악(evil)의 근본이 되는 악이 있다는 것을 가정함으로써 자기와 다른 견해를 공격하였다. 이 근본악은 일반적으로 원죄(Original sin)라고 부르는 것과 다른 것이다. 그 이유는 그는 원죄의 역사적(歷史的) 근거와 그 물질적 유전 사상을 거부하기 때문이다. 그에게 있어서 죄는 다 설명할 수 없는 것이다. 한편, 그는 자연은 인간을 계발시키기 위하여 하나의 수단으로 사회에 대한 '반감'(Antagonism)을 가지도록 한다고 했다.

2) 헤겔의 죄관

'절대적 관념론'을 창시한 헤겔(Hegel, 1770-1831)은 죄를 자아 의식적 정신과 마찬가지로 인간의 발전과정에 있어서 필연적 계단이라고 보았다. 자연적 상태에서 도덕적 상태로 옮겨진 것은 지식(知識)에 의해서이고, 이것은 인간이 자기 발전에서 반드시 지나야 할 단계라고 했다. 그리고 이기주의를 일부러 선택하지 않는 한 그것을 인간의 죄로 돌릴 수 없다고 하면서 이 이기주의와의 싸움은 덕을 행하려고 향하는 길이라 했다.

제4절 신학적 죄관

1. 슐라이어마허의 죄관

슐라이어마허(Schleiermacher, 1768-1834)는 죄(罪)를 인간의 육감적 성질의 필연적인 산물이며 또 영혼과 육체적 조직과의 관련에서 생긴 결과라고 보았다. 그것은 육적 욕망이 바르게 적용하려는 정신적 결정력을 방해하는 데서 발견된다. 그러나 그는 죄의 객관적 실재성을 부정하고 주관적인 존재에 지나지 않는다고 하였다. 즉 죄는 우리의 의식에 달린 주관적인 문제로 보았다. 이 의식은 신(神)에 대한 불충분에서 생기며 죄는 참으로 죄이기 때문이 아니라 구속을 위한 기회를 만들기 위해서라고 하였다. 원죄는 점진적으로 이루어진 후진적 습관이며 그것이 현재에 실제적으로 범하는 모든 죄의 원천이라고 규정함으로 결국 원죄를 부정하고 말았다.

2. 뮬러의 죄관

칸트(Immanuel Kant)의 제자요, 조정학파(調整學派)의 대표자인 쥴리어스 뮬러(Julius Mueller)는 죄를 도덕법에 불순종하는 의지의 자유행위라 했다. 뮬러는 칸트가 말한 '근본악'이 나면서부터 인간에게 또는 적어도 의지의 어떠한 의식적 결정보다 앞서서 존재하였다고 보며 이것을 떠나서 죄가 있을 수 없다고 하였다. 그는 시간에서 죄의 기원을 찾을 수 없었기 때문에 그것을 의지의 비 현세적 결정 또는 전 현세적 결정에서 찾았다. 어떤 이전 존재에서 이미 선택(election)이 있었기 때문에 인간은 죄 아래 태어났고 부패하여졌다고 했다. 이 이론은 증명할 수 없는 지나친 사색으로 비판받는다.

3. 리츨의 죄관

알브레히트 리츨(A. Ritschl, 1822-1889)은 죄를 일종의 알지 못하는 것이며 또 인간의 도덕적 발전에 있어서는 필연적 단계로 보는 헤겔의 입장을 지지하고 또 슐라이어마허와 같이 종교적 의식을 통해서만 죄를 안다고 했다. 인간은 하나님의 나라를 최고의 선으로서 찾아야 하나, 그 완전한 선을 알지 못함으로써 오히려 그와 반대되는 행동을 한다고 했다. 본죄(Actual sin)는 리츨이 인정한 유일한 죄로 하나님의 나라의 반대 방향으로 걸어가는 것이라 했다. 그런데 이상적 지식(知識)이 늘어남에 따라 죄에 대한 의식도 함께 늘어나는데 이 죄에 대한 의식이 인간에게 죄책으로 돌아간다는 것이다. 하나님은 현재 처해 있는 알지 못함 때문에 죄를 유죄(有罪)로써 전가하지 않으며, 하나님께서 죄인에게 성내신다고 하는 것은 상상에 지나지 않는다고 했다.

4. 테난트의 죄관

진화론자인 테난트(Tennant)는 "죄의 기원과 번식"(The Origin and

Propagation of Sin)이라는 강연에서 죄의 교리를 진화론적 입장에서 전개하였다. 그는 인간이 동물성에서부터 이어받은 충동적 욕망과 소질성을 죄악적인 것이라고 할 수 없다고 하였다. 이것은 죄의 재료가 될 뿐이며 인간의 윤리적 찬성을 벗어나서 제멋대로 행동하지 않는 한 죄가 되지 않는다고 보았다. 다만 인간은 발전과정에서 점진적으로 확실하지 못한 의지를 가진 윤리적 존재가 되었는데 의지는 죄의 유일한 원인이라고 했다. 즉 죄는 개인의 양심과 선과 정의의 개념 또는 도덕법과 신(神) 의지의 관한 지식(知識)에 반대되는 사상(思想)과 말과 행실에서 나타나는 의식적 행동이라는 것이다. 죄의 보편성을 인정하면서도 환경적 요인에 의해 보다 더 흉악성도 늘어난다는 것으로 죄도 진화한다는 입장이다.

제 5 장

속죄론
The Atonement

제1절 헬라 교부들의 속죄론

1. 이레니우스의 속죄론

동방교회(Eastern Church)와 서방교회(Western Church)의 중간 입장에 있는 이레니우스(Irenaeus, 130-200)는 인간이 어두움의 권세에 사로잡혀 있다고 보고 구속을 사단이 받아야 할 배상(賠償)으로 보지는 않았으나 부분적으로 사단(Satan)의 권세에서 구출하는 것으로 보았다. 그리스도의 죽음이 하나님의 공의를 만족시켰고 그리하여 사람을 해방시키고 신앙(信仰)으로 자기와 연합하는 자에게 영생을 주시며 그들의 생명에 윤리적 변화를 일으키시고, 그가 순종함으로써 아담의 불순종을 대신 갚으셨다고 했다.

그는 또 반복설(recapitulation theory)을 주장하였다. 반복설은 "그리스도는 인간 생활의 모든 경험의 단계와 또는 우리 죄인에게 속하는 경험들을 포함하는 모든 경험의 단계들을 자신 안에서 되풀이 하셨다"는 것이다.

2. 클레멘트의 속죄론

알렉산드리아 학파(Alexandria School)의 알렉산드리아의 클레멘트(Alexandria of Clement, 150-216)는 그리스도의 죽음을 인간이 진 빚에 대한 속상(贖償)으로, 또 교사(敎師)로써 사람들에게 참된 지식(知識)을 주며, 참된 의(義)의 생활(生活)을 하게 함으로 구원하신다는 사상을 명백히 보여주고 있다.

3. 오리겐의 속죄론

알렉산드리아 학파(Alexandria School)의 오리게네스(Origenes), 일명 오리겐(Origen, 185-254?)의 속죄론(The Atonement)은 그리스도는 육신의 몸을 취하심으로 인성을 신화(神化)하며 자기희생의 최고의 모범을 세워서 그와 같은 희생을 하게 하시고 죄의 속상(贖償)을 위한 희생으로 자기 생명을 포기하시고 사단의 권세에서 사람을 구속함으로 인간을 구원하신다는 것으로 이는 사단이 언약(言約)에 속았기 때문이라 했다. 그리스도는 자신을 속죄하기 위한 제물로써 사단에게 주었고 사단은 그리스도의 신적 능력과 거룩 때문에 그를 주관할 수 없으리라는 것을 알지 못하고 제물을 받은 것은 사단이 그리스도의 인성의 미끼를 삼키고 신성의 갈고리에 걸린 것이라 했다. 그리하여 모든 사람의 영혼, 심지어 지옥에 있는 영들까지라도 사단의 권세에서 자유를 얻었다고 했다.

4. 아타나시우스의 속죄론

아타나시우스(Athanasius, 295-373)는 속죄사역에 대한 최초의 논문인 '성육신론(De Incarnation)'에서 로고스는 죄로 인하여 잃어 버렸던 하나님에 관한 참 지식(知識)을 인간에게 회복시키기 위하여 육신의 몸을 취하시고 오셨으며, 육신의 몸을 취하시고 오신 로고스는 죄의 형벌을 참음으로써 인간의 빚을 갚아 주신 대속자라 하였다.

5. 다메섹 야고보의 속죄론

헬라 교부의 신학은 다메섹의 야고보(James)에서 최고조를 이룬다. 독창적인 것은 아니라도 보다 더욱 발전된 사상(思想)을 만들었다. 구원(salvation)은 육신의 몸을 취하신 직접적인 결과이며 인간에게 주어진 새로운 신적계시(神的啓示)이고, 그리스도의 죽음과 부활(resurrection)과 함께 인류에게 새 생명을 전달해 주는 것이라 했다. 또 한편으로 구원은 어떤 객관적(objective) 조건들을 이룸으로써 오는 결과라고 하였고, 그 객관적 조건이란 하나님께 드리는 희생이자 신적공의(神的公儀)를 만족케 하는 것이며, 사단(Satan)에게 갚은 속상(贖償)과 같은 것을 뜻한다고 정의했다.

한편, 헬라 신학의 특징은 마귀에게 빚을 갚았다는 속상교리(贖償敎理)와 반복설(recapitulation theory)인데, 반복설은 "그리스도는 인간 생활의 모든 경험의 단계와 또는 우리 죄인에게 속하는 경험들을 포함하는 모든 경험의 단계들을 자신 안에서 되풀이하셨다"는 것이다.

제2절 라틴 교부들의 속죄론

1. 터툴리안의 속죄론

라틴형의 신학은 터툴리안(Tertullian, 155-240)에서 시작된다. 그는 이레니우스(Irenaeus)의 반복설을 채용하였으나 육신의 몸을 취하심을 주로 교훈과 모범을 통하여 인류를 감화시키려는 것으로 생각하였다. 그리스도의 십자가의 죽음은 구속사업의 최고점이며 참된 종결로 봄으로 이레니우스보다 훨씬 더 크게 그 중심적 의의를 강조했다. 그리고 '유죄' '속상' '공로(merits)'와 같은 용어는 그리스도의 사역론을 신학적으로 발전시키는데 큰 역할을 담당하였다.

2. 힐러리의 속죄론

힐러리(Hilary)는 그리스도가 육신의 몸을 취하심으로 말미암아 인류가 회복되었다고 하는 헬라 사상을 잘 표현하였다. 그는 터툴리안(Tertullian)과 달리 그리스도의 죽음을 하나님께 드리는 속상(贖償)이라고 하였다. 그리스도는 벌 받을 의무를 감당하기 위하여 자발적으로 죽으셨으며, 그는 속상의 필요성을 논할 때 아타나시우스(Athanaisus)처럼 하나님의 공의에서보다도 오히려 하나님의 진실성에서 추론(推論)하였다.

3. 암브로스의 속죄론

'찬미가의 아버지'로 칭송받는 초대교회의 교부인 암브로시우스(Ambrosius, 339-397), 일명 암브로스는 이레니우스(Iernaeus)의 견해에 찬성하는 한편 더하여 그리스도가 사단에게 속죄의 대가를 지불하고 그를 속였다고 하는 오리겐(Origen)의 사상(思想)을 따랐다. 동시에 그리스도의 죽음이 하나님께 드리는 희생이었다는 사실을 강조하고, 이 희생이 죄 많은 인간 위에 내려진 신적 사형선고의 속상이라고 보았다.

4. 어거스틴의 속죄론

서방교회(Western Church)의 가장 대표적인 교부이자 신학자인 아우구스투스(Augustus, 354-430), 일명 어거스틴은 사단은 인간을 좌우하는 주장권을 가졌는데 그리스도가 죽음으로 말미암아 무효하게 되었다는 속죄론을 주장했다.

그의 중심 되는 사상은 원죄(original sin)와 즉 은혜로 말미암아 오는 의롭다함(칭의), 그리고 그리스도의 희생에서 오는 화목 등이다. 인간은 하나님의 진노를 받은 자로 생각했고 그리스도의 희생은 이 진노를 달래며, 사람을 하나님께 화목 시키는 것으로 보았다. 그러나 어거스틴은 속죄에 대한 사상을 체계화(體系化)시키지는 못했다.

5. 그레고리의 속죄론

어거스틴(Augustine)의 제자 그레고리(Gregory the Great)는 '속죄론'을 "고대 라틴신학(Latin Theology)의 가장 완전한 종합체"라고 했다. 이곳에서 인간은 스스로 죄와 죽음의 지배 아래 떨어졌으므로 제사만이 이 같은 죄를 씻어버릴 수 있었다고 했다. 그런데 어디서 그 제사를 찾을 수 있었던가? 동물은 그 목적을 이룰 수 없었고 사람만이 할 수 있었는데 죄 없는 사람은 한 사람도 발견할 수 없었다. 그리하여 하나님의 아들이 육신의 몸을 취하시고 인성을 취하셨지만 우리의 죄악성은 원하지 않으셨다. 이 죄 없는 분이 우리를 위하여 제물이 되셨으니 그는 그의 인성 때문에 죽을 수 있었고 그의 의(義) 때문에 깨끗케 할 수 있었던 것이며,

그는 우리를 위하여 죽지 않을 분이 죽음의 빚을 갚으심으로 우리가 마땅히 당해야 할 죽음은 우리를 해칠 수 없게 되었다고 했다.

제3절 안셀무스로부터 종교개혁 시대까지 속죄론

대 그레고리(Gregory the Great)에서부터 얀센(Cornelius Jansenius, 1585-1638)에 이르기까지 속죄교리에 대한 발전이 있었지만 조직적인 연구는 켄터베리의 안셀무스(Anselm of Canterbury, 1033-1109, 이탈리아)로부터 시작되었다. 그는 속죄교리의 역사(歷史)에 새 기원(紀元)을 마련하였다.

1. 안셀무스의 속죄론

안셀무스는 스콜라철학의 창시자로서 초기에는 '이해하기 위해서 믿는다'는 태도에서 신을 대상으로 한 존재론적 신 증명으로 유명한 논증과 십자군에 공개적으로 반대한 것으로 유명하다. 안셀무스는 초기에 '이해하기 위하여 나는 믿는다'는 신의 존재 증명으로 <진리론>을 저술하고 후에는 속죄론으로 유명한 <쿠르 데우스 호모(Cur Deus Homo), 왜 하나님은 사람이 되었나?>를 저술했다. 켄터베리의 안셀무스는 일명 안셈(Anselm)으로 속죄교리에 새 기원을 마련했다. 그는 <쿠 데오스 호모(Cur Deus Homo), 왜 하나님은 사람이 되었나?>에서 처음부터 동일하게 인간이 구원을 얻기 위해서는 속죄가 절대적으로 필요하다는 입장을 취했다. 그는 반복설과 사단(Satan) 보상설과 그리스도의 죽음이 인간에 대한 하나님의 사랑의 표시에 지나지 않는 것이라는 사상 등은 모두가 속죄의 필요성을 충분히 설명하지 못한다고 보고 부인했다.

하나님의 피조물들로서의 인간은 하나님의 의지에 절대적으로 전적으로 그의 의지에 종속될 의무 아래 있었지만 그러나 그가 반대로 거슬려 이것을 거절하게 됨으로써 하나님의 명예를 더럽혔고 죄에 대한 빚을 지게 되었다고 했다. 하나님은 자기의 명예(名譽)를 빼앗겼으므로 어떠한 방법을 써서라도 이것을 다시 찾아야만 하였고, 그의 자비는 죄를 그대로 넘겨 버릴 수 없었으며, 하나님의 명예가 변호를 받을 수 있는 길은 형벌 아니면 속상(贖償)의 두 길만 있을 뿐이라고 했다.

그러나 하나님은 형벌의 길을 택하지 않으셨는데 그 이유는 형벌은 인류의 멸망을 가져오며 하나님의 목적을 꺾어버리는 것이기 때문이라서 하나님은 속상(贖償)의 길을 택했다고 했다.

그의 속죄론은 다음과 같이 정리된다.

① 인간은 지금 하나님에게 당연히 자의적 순종을 드려야 한다.
② 인간은 실재로 진 빚 이상을 갚아서 하나님의 명예에 대한 모욕(侮辱)을 없애야 한다. 그러나 이는 인간의 힘으로는 불가능하기 때문에

하나님만이 될 수 있는 우수한 은사(gift)로 갚을 수 있고, 그의 아들을 은사로 삼아 가능케 하셨다.

인간이 실패하여 하나님에게 행하지 못한 순종이기에 신인(神人)으로서 행하는 것이 필요하다는 것이다. 예수는 죄 없으신 분으로서는 고난을 받아 죽어야 할 의무가 없었지만 그는 완전한 자원적 죽음으로 하나님께 영광을 돌리셨다. 이에 성부(聖父)는 성자에게 주실 것이 아무것도 없었다. 왜냐하면 그에게는 필연적인 것이 없었기 때문이다. 그러므로 성부는 그 대가로 인간에게 이익이 되게 하고 또 복음의 계명대로 사는 모든 사람을 속죄해 주고 미래에 축복을 받게 하는 방법을 취하였다는 것이다.

안셀무스(Anselmus)는 중세교회의 속죄론 정립과 발전에 공헌했다. 그는 속죄론의 객관성과 속죄의 필요성을 하나님의 불변성에 두고 있다. 하나님께서는 형벌(刑罰)과 속상(贖償) 가운데 하나만 택할 수 있다는 잘못과 그리스도의 고난으로 죄의 형벌을 참으셨다는 것을 부정하고 사람의 실수를 위하여 갚은 여공(餘功)으로 보았다. 이를 로마 카톨릭교회는 고해성사(Sacrament of Penance)에 적용했다. 그리고 그리스도의 공로(merits)를 단순히 죄인에게 적용함으로 그리스도와 성도와의 신비적 연합을 암시하지 못했다.

2. 아베랄드의 속죄론

아베랄드(Averald)의 속죄관(The Atonement)은 안셀무스(Anselmus)와 달리 주관적이다. 그는 그리스도의 죽음을 속상(贖償)과 화목으로 보지 않았다. 그는 하나님은 회개(悔改)를 요구하고 회개하면 용서하신다고 했다. 회개를 통해 그리스도의 보배로운 피로 의롭게 되며 하나님과 화목하였다고 할 수 있다고 했다. 그리스도의 사랑이 이것을 깨워주시고(눅 7:47), 사랑은 우리를 죄의 권세에서 놓아 주시므로 자녀가 되고 자유롭게 하나님께 순종함으로 우리를 구속하시며, 구속은 인간의 마음속에 불붙은 사랑의 직접적인 결과라 했다. 이는 도덕적 속죄론이며 도덕적 감화설로서 하나님의 주권적 속죄를 부정함으로 기독교를 도덕과 윤리적 종교(倫理的宗敎)로 격하시켰다.

현대의 클레르보 버나드(Bernard)는 아베랄드처럼 그리스도의 사랑의 모범(模範)이 위대하며, 중요하다고 말했다. 그 사랑은 그리스도의 속죄 시역(使役)에만 기초한 것으로 보았다. 그리스도의 사랑이 그의 육신 생명과 고난 받으심에 나타났다고 하는 점에서 아베랄드와 같은 것이라 할 수 있다. 그는 그리스도의 성육신(incarnation)은 하나님께서 인간성 속으로 모양을 변하여 들어오심을 뜻하는 것이라 했다. 성부는 그의 아들의 죽으심을 요구하는 것이 아니고 다만 그것을 한 봉헌물(奉獻物)로 받으셨는데 그것은 지금 우리를 죄와 죽음과 마귀로부터 구속하여 하나님과 화목케 하는데 역사한다고 했다. 이는 속죄의 근거(根據)를 속죄언약(covenant of redemption)과 신적작정(divine decrees)에 두지 않고 사랑에 두는 것이며, 예수님의 이성일인격(二性一人格)을 부정하고, 예수 그리스도의 대속적 죽음을 부정하는 봉헌물을 주장하는 것으로 로마카톨릭의 속상(贖償) 교리와 일치한다.

롬바르드 사람 피터(Peter the Lombard)는 속죄를 그리스도의 공로(功勞)에 두었다. 그리스도는 경건한 생활을 함으로 고난을 받지 않고 영화스러운 공로를 세우셨다. 이것이 우리에게 구원을 가져오며 이는 사랑을 계시하며 그 사랑이 보증이 되어 하나님을 사랑하도록 감동함을 받아 죄에서 벗어나며 마귀에게 벗어나 의롭게 된다는 것이다. 이는 예수님의 중보자적 사역을 부정하는 것이라 할 수 있다.

보나벤투라(Bonaventura)는 성육신(incarnation)을 필요케 한 것은 강요된 속상이었다고 했다. 속상자는 아무나 되지 못하고 신이며 사람인 존재라야 한다.

토마스 아퀴나스(Thomas Aquinas)는 그리스도는 새 인간성의 원리이며 구속에 대한 사역은 그리스도가 교훈(敎訓)과 행동과 고난 받으심에 의하여 인류의 교사요 모범(模範)이 되었다고 하는 관점(觀點)에서 생각하고, 그 고난은 특별히 하나님의 사랑을 더 많이 계시하여 인간의 마음을 감동시켜 사랑을 일깨워 준다고 했다. 그는 하나님이 어떤 타당한 속상(贖償)을 요구하지 않고서도 인간을 구원할 수 있었다는 의견을 가졌다. 그러나 인간이 죄에서 구원되기 위해서는 성육신(incarnation)이 필요하게 되었으며 그의 죽으심은 하나님의 위대한 사랑을 계시하며 순종과 겸손으로 본을 보이셨다. 이것이 죄로부터 구원뿐 아니라 의로움과 은혜(grace)와 영원한 축복을 받게 하고 죄를 억제하는 동기를 제공한 것이다.

그리스도의 고난은 첫째, 죄인에게 구원의 축복을 받게 하는 공로(merit)를 세웠다. 둘째, 하나님을 기쁘시게 하기에 충분히 만족한 속상이었으며 신비적 연합에 의하여 믿는 자에게 주시는 유익이다. 셋째, 하나님이 기뻐하시는 자원적 희생이었다. 넷째, 죄인들을 노예와 형벌에서 구속하였다.

제4절 종교개혁 시대의 속죄론

로마 카톨릭(Roman Catholic)과 개혁자들은 그리스도의 죽음은 죄를 위한 속상(贖償)으로 보았다. 그러나 속죄(贖罪)에 관하여는 차이점을 가지고 있었다.

1. 안셀무스의 교리를 배격한 개혁자들

안셀무스(Anselmus)와 개혁자들은 속죄론(The Atonement)에 있어서 일치점이 많았다. 다 같이 속죄의 객관성을 주장하고 필연적인 것으로 보았다. 그러나 필요성의 성질에 관하여 안셈은 절대적인 것으로 보았고 개혁자들은 상대적이며, 가정적인 것으로 보았다. 중보(中保)는 하나님이며, 인간이어야 하는 요구 조건을 말하면서 칼빈은 "만일 그 필요성이 무엇이냐고 질문을 받게 된다면(바로 안셈의 문제) 그것은 보통 단순한 것이나 절대적인 것을 뜻하는 것이 아니고, 인류 구원이 존재되는 하나님의 작정에서부터 나온 것이었다고 할 것이다. 우리의 가장 긍휼하신 성부는 우리를 위하여 가장 선한 것을 결정하셨다"(Institues Ⅱ, 12,1)[66]고 했다. 그러나 그들은 모두가 그리스도께서 받으신 고난(苦難)과 죽음을 통하여 이루는 속죄는 하나님의 지혜와 가장 잘 어울리며 아주 적당하다고 하는 데 일치한다. 그리스도의 속죄(贖罪)는 하나님의 공의를 만족시킨다.

안셀무스(Anselmus)는 죄를 하나님의 명예에 대한 침해(侵害)로 보았지만 개혁자들은 하나님의 율법을 범하는 것으로 보고, 모독이라기보다 죄책으로 보았다. 전자는 그리스도의 죽음에서 하나님의 명예의 옹호로 드려지는 선물로 보았고 후자는 공의를 만족시키는 형벌적 희생으로 보았다. 그리하여 속죄는 개인 권위(權威)의 범위(範圍)로부터 공법의 세계로 올리어졌으며 그리스도의 받으신 고난은 형벌적이며 대속적임을 강조하였다. 또 중보적 사역(中保的 使役)에 있어서 완전한 순종 즉 온전한 순종으로 행위언약(covenant of work)의 율법을 지키며 마지막 아담으로써 아담이 하지 못한 언약(言約)을 이루신 것이다.

---

66 전게서, p. 193.

그리고 그리스도의 공로에 대해서 개혁가들은 안셀무스(Anselmus)를 능가했다. 개혁자들은 신비적 연합의 중요성을 말하고 그리스도의 의를 세우는 인간의 의식적인 행동, 신앙(信仰)의 행위에다 관심을 두었다. 그들은 신앙을 의롭다 일컫는 공로적 원인으로써 표현하지 않으려고 매우 조심하였으며 은혜라 하였다.

2. 소시니안파의 속죄론

소시니안파의 소시누스(Socinus)는 성경적 속죄교리를 부정했다. 즉, 죄의 형벌을 부정하고 하나님의 공의는 내재적 속성이 아니고 의지의 효과일 뿐이며, 하나님의 긍휼은 사람을 벌하지 못하고 속상이 없이도 용서한다고 했다. 이렇게 하나님의 긍휼의 은혜를 화목의 기초로 삼는 것은 잘못이다. 그들은 죄를 지은 것은 개인적인 것이기 때문에 형벌의 대리는 있을 수 없고 비록 있을 수 있다고 하더라도 그리스도가 율법이 가르친 형벌에 해당되는 형벌을 받았다고 말할 수 없다고 했다. 더욱이 예수는 영원한 죽음을 당한 것도 아니고 다만 일시적인 고통을 받으실 뿐으로 그러므로 속상과 전가는 자기모순이라고 했다.

이들은 죄(罪)의 사죄(赦罪)는 단순히 회개(悔改)와 순종(順從)에 기초한 자비행위(慈悲行爲)라고 한다. 유일한 조건은 죄를 슬퍼하며 율법에 순종하기를 간절히 바라는 것이라 했다. 그리스도는 인간의 순종의 모범적 삶을 사신 분으로 자기에게 오는 모든 사람에게 부활의 능력으로 영생을 줌으로써 구원하신다는 것이다. 이는 이단적(異端的)이며 합리주의(rationalism)적인 혼합사상으로 펠라기우스주의(Pelagianism)와 아리우스주의(Arianism)이며 그리스도의 대속적 은총을 반대하는 것이다.

3. 그로티우스의 속죄론

그로티우스(Grotius)는 개혁자들의 견해와 소시누스(Socinus)의 중간노선이라 할 수 있다. 그의 저서 "시에나의 파우스터 소시누스를 반대하여 그리스도의 속상에 관한 공교회의 신앙을 옹호함"(Defenes of the Catholic Faith Concerning the satisfacion of Christ Against Faustus Socinus of Siena)이란 이름에서 알 수 있다.

그는 율법이 지켜지기를 요구하며 범죄의 환경에 있어서 엄격한 형벌에 의하여 만족할 속상을 행하게 하는 확충적 공의의 우수성이 하나님께 없다고 했다. 죄인이 관계를 가지는 율법은 하나님의 고유적(固有的) 의(義)의 사본(寫本)이 아니고, 신적 의지를 낳은 적극적 율법인데 하나님은 이것의 구속을 받지 않으시고 그가 기뻐하시는 대로 그것을 변경하든가 또는 없앨 수도 있으시다는 것이다. 율법 그 자체나 율법의 형벌은 다 같이 우주를 지배하는 자에 의하여 고쳐질 수도 있고 또는 완전히 폐지될 수도 있다고 했다.[67]

---

67 전게서, p. 197.

엄격한 공의대로 한다면 죄인은 죽어서 마땅하고 심지어는 영원한 사망이라도 받아야 하겠지만 사실은 사형 선고가 엄격하게 행해지지 않았다. 왜냐하면 신자들은 정죄 아래 있지 않았고 율법이 관대하게 시행되었기 때문이다. 즉 형벌은 엄격한 속상 없이 폐지되었다는 것이다. 그로티우스(Grotius)는 그리스도가 속상을 행하신 것을 말하기는 하였으나 엄밀한 뜻에서 인간이 받아야 할 형벌과 꼭 같은 것으로 이해하지 못했다. 그는 성부의 행위는 그것이 율법에 관한, 즉 관대이지만 그것이 죄인에게 관계된 한계에서는 용서인 것이라고 하였다.

쉐드(Shedd)는 말하기를 "하나님의 아들이 받으신 고난과 죽음은 하나님께서 도덕적으로 저해되는 것과 악을 미워하시는 것을 보여주는 모범이다. 이와 관련하여 그 형벌을 사하는 것은 안전하고 현명하였다. 그러나 하나님과 그의 속상으로써 모범적인 보임이 없어도 형벌을 면제할 수 있을 것이다"라고 하였다.

그로티우스(Grotius)의 속죄(atonement)의 필요성은 우주의 도덕적 통치에 기초한 것으로 이 이론은 정치적 속죄론(The Government Theory of the Atonement)이라 부른다. 그로티우스는 그리스도의 속상이 하나님의 본성과 속성에 의하여 요구되었다는 것과 또 그것이 죄의 형벌을 위하여 만족한 것이었다는 것을 부정하고, 그리스도의 죽음은 단순히 모범적이고, 응답적(應答的)인 것이 아니라고 하였다. 그의 이론은 그리스도가 받으신 고난은 미래의 죄를 막기 위한 목적으로만 쓰이고 과거의 죄를 속하는 데는 공헌하지 못하였다. 개혁자들은 모범과 응답적인 것을 겸하였다고 주장한다.

4. 알미니안주의의 속죄론

그리스도의 죽음을 희생의 제물로 보면서도 희생이 빚을 갚는 것과 공의의 완전한 속상으로 보지 않고 죄를 사하는 데 따르는 부수물(附隨物)로 본다. 그들은 그리스도의 속죄를 일반적으로 또는 보편적으로 보고 그리스도가 인류의 죄를 일반적으로 속하셨다는 것과 또 개인의 죄를 특수적으로 속하였다는 것이다. 속죄가 효과적으로 실현되는 것은 죄인의 의지에 좌우되며 하나님의 목적을 거부할 수 있다고 했다.

이에 도르트 회의(The Synod of Dort)는 알미니안주의(Arminianism)에 반대하여 그리스도의 속죄는 모든 사람을 구원하시기에 충분하지만 선택된 자들에게만 효과적으로 적용된다는 것을 결정하였다. 그리스도의 속죄는 성령의 권능으로 그리스도께서 이루어 놓으신 속죄(贖罪)의 사역을 선택된 개인에게 효과를 가져 오도록 적용하여 구원을 얻게 하고 이 구원은 하나님의 은혜에 의해 완전히 이루어진다고 공표했다.

5. 쏘무르학파의 절충설

쏘무르학파(The School of Saumur)는 도르트 대회의 엄격한 칼빈주의를 부드럽게 하는 동시에 알미니안의 잘못을 피하려고 하는 절충주의(Eclecticism)를 취하였다. 아미랄두스(Amyraldus)는 "하나님은 모든 사람이 예수 그리스도 안에서 회개와 신앙(信仰)을 조건으로 하여 구원받으리라는 것을 선행(先行)된 작정에 의하여 의지하셨다. 그러므로 그는 그리스도를 세상에 보내어 모든 사람을 위하여 죽게 한 것이다. 그러나 그들만 내어 버려두면 아무도 회개(悔改)하고 믿는 자가 없을 것을 아셨기 때문에 그는 추가적인 작정을 하여 어떤 사람을 자기 은혜의 구원적 작업의 대상으로 선택하셨기에 이들만이 실제로 구원을 얻는다."고 말하였다. 이것은 1. 2작정을 말하는 것으로 제1 작정은 보편구원을 주장한 알미니안이고, 제2 작정은 효과적 은혜의 필요를 강조한 칼빈주의적 입장을 취하고 있다.

제5절 종교개혁 이후의 속죄론

1. 신율법주의 속죄론

18세기 초엽 스코틀랜드에서 일어나 17세기 영국에서 유행한 신 율법주의(Neo nomianism)는 복음을 새로운 율법주의로 변화시킨 것이다. 이는 그리스도가 모든 사람을 위하여 구원을 가능케 하여 그들을 모두 구원 얻을 만한 상태로 이끌어 오셨다는 뜻에서 모든 사람을 위하여 속하였다고 했다. 그는 행위언약의 모든 조건에 응하시고도 그 언약의 낡은 율법을 폐지하셨으며 그러므로 그의 사역은 우리의 율법의 의라고 볼 수 있다고 했다. 그는 행위언약의 모든 조건에 응하신 후 새 율법, 즉 신앙과 개심을 요구하는 복음의 율법을 소개하였고, 신앙과 개심은 신자의 복음적 의로 구성하는데 그 의가 불완전할 수 있지만 그것은 예수 그리스도의 전가(轉嫁)된 의(義)라기보다는 오히려 의롭다는 칭의(justification, 稱義)의 근거인 것이라 했다.

그리하여 은혜언약(covenant of grace)은 행위언약(covenant of work)으로 변했는데 이는 단적으로 새 이름을 가진 알미니안주의에 불과하다. 그리스도는 모든 사람을 구원하시기 위하여 죽으신 것이 아니라 그보다 모든 사람에게 이용될 수 있었으니 그들이 만일 믿기만 한다면 그는 모든 사람을 위하여 죽으신 것이라고 한다. 하나님의 사랑은 꼭 신앙(信仰)을 조건으로 하여 모든 사람에게 그리스도와 구속의 은사(gift)를 받게 하였다는 것이다. 이들은 1720년 이단(異端)으로 정죄 받았다.

2. 슐라이어마허의 속죄론

슐라이어마허(Schleiermacher)는 형벌적 속상교리를 완전히 부정한다. 그리스도를 인간성의 완전한 모본인 원형적(原型的) 인간으로 보고 그리스도가 완전하면서도 끊이지 않는 하나님과의 연합의식을 가졌으며, 또 그의 무죄하고 완전한 성격으로 인간의 운명을 충분하게 실현하였다는 사실에서 그리스도의 유일성을 찾았다. 그는 제1 아담이 참사람이었던 것과 같이 제2 아담인 예수는 좀 더 유리한 환경에 처하여 완전히 죄 없이 순종하였다고 했다. 또 그는 인류의 고상한 생활에 생명을 넣어 주며 지탱해 줄 수 있었던 인류의 신령한 머리시며, 완전한 종교적 인간이며, 또 참 종교의 원천으로서 사람들은 그에 대한 산 신앙(信仰)을 통하여 완전히 종교적으로 될 수 있다고 보았다. 이 초월적 위엄은 하나님께서 그리스도 안에 임해 계신다고 하는 사실에서 그 증명을 찾게 된다.

슐라이어마허의 속죄관은 지나치게 주관적이어서 속죄론이 될 수 없다. 죄책을 설명하지 않고 죄의 오염으로부터 벗어나는 길을 설명할 뿐이다. 그리고 그 오염은 죄가 아니다.

3. 리츨의 속죄론

리츨(Ritschl)은 그리스도는 우리를 위하여 하나님의 가치를 가졌던 인간이었고 그의 사역으로 인하여 그에게 신격이 주어졌다고 하였다. 그는 속죄적 구속의 사실과 심지어는 그 가능성까지 부정하였다. 화목은 완전히 하나님에 대한 죄인의 태도의 변화에서 생겨진다고 하였다. 그리고 구속의 사역은 먼저 한 집단에게 관계되었으며, 제2차적으로 개인들이 구속받은 자의 단체의 회원이 되어 그 유익에 참여하는 한 그 개인들에게 관계된다고 주장하였다. 그리스도께서 완전한 신뢰와 순종과 소명에 충실하여 죽으심으로 그리스도교의 단체를 창설하였다고 했다.

그리스도의 죽음은 속죄와는 상관이 없는 것이며 그리스도는 한 인간으로서의 모범을 보여 감화(感化)를 주신 것이며 감화를 받은 그 집단으로부터 집단적 정신과 생활을 통하여 그 발자국을 찾는 것이다.

4. 뉴잉글랜드의 신학의 정치적 속죄론

1950년에 뉴일글랜드의 평신도 윌리암 핀천(William Pynchon)은 그리스도가 버림받는 자의 고통을 대신 담당하셨다는 것을 공격했다. 벨라미(Bellamy)는 제한 속죄론(limited atonement)을 부정하고 속죄의 보편적 계획을 주장했고, 홉킨스(Hopkins)는 그리스도는 죄에 대한 정확한 형벌을 받은 것이 아니라 죄를 대신하는 무엇을 받은 것이라 주장했으며, 에몬스(Emmons)는 하나님의 통치는 사랑에 의하여 지극한 도덕적 통치라는 사실을 강조했다. 그리고 부쉬넬(Horace Bushnell)은 형벌설과 정치설, 대속적 희생을 다 부인하고 도덕적 감화설을 소개했다. 그리스도는 인간의 모범일 뿐만 아니라 또한 인간의 생활에 있어서 의(義)의 능력임을 생략했다.

또 모리스(Frederick Dennison Maurice)는 모든 사람이 그리스도 안에서 구속을 받는 데는 그들의 신앙(信仰)과는 아무 관계없이 그들은 다만 이 구속을 느낄 필요가 있을 뿐이라 전제했다. 이는 그리스도가 바치신 순종을 통하여 우리로 하여금 따르게 하는 모범으로써 보는 한 도덕 감화설(道德感化說)이라 볼 수 있다.

캠벨(Mclood Campbell)은 회개설(悔改說)을 주장했다. 사람이 만일 정당한 회개를 할 수만 있다면 완전한 회개가 속죄로써 유용하였을 것이라고 주장하고 회개를 하나님께 드리어 용서의 조건을 이루었다고 주장하였다. 이는 비성경적 입장이라 할 수 있다.

에드워드 어빙(Edward Irving)은 점진적 파괴 절멸설(絶滅說)로 그리스도는 타락 후 아담과 같이 부패한 인성을 가졌으나 성령의 능력으로 죄가 나타나지 못하게 하고 고난을 통하여 점진적으로 깨끗하고 죽으므로 하나님과 연합하게 되었다. 그리고 인간이 구원을 받는 것은 어떤 객관적 대속에 의하여 된 것이 아니고 믿음으로 말미암아 그리스도의 새 인간성을 나누어 받는 자가 되어서라고 말하고 있다. 이는 그리스도의 대속적 형벌을 부정하는 것이다.

제 6 장

구원론
Soteriology

제1절 교부시대의 구원론

1. 3세기 이전의 구원론

초기의 구원론(Soteriology, 救援論)은 명확하지 않다고 할 수 있다. 카니스(Kahnis)는 "어거스틴 이전의 모든 교부가 구원을 얻는데 자유와 은혜의 도움이 필요하다고 가르친 것은 확실한 사실이며 누구에게나 다 예외 없이 알려진 사실"[68]이라고 말했다.

---

68 L. 벌코프, 「기독교교리사」, p. 212.

초대교부들의 신앙관은 하나님께 회개하면 주 예수 그리스도를 신앙(信仰)함으로써 인간이 구원의 축복을 얻는다고 하는 신약성경과 일치하는 요구 조건들을 강조하였다. 신앙은 일반적으로 그리스도의 공로를 받아드리기 위한 기구로 간주하고 구원의 유일한 방편(方便)으로 보았다.

알렉산드리아(Alexandria) 교부인 이레니우스(Irenaeus)와 오리겐(Origen)은 인간이 믿음으로 말미암아 구원을 받을 수 있다고 하는 관념에 찬성했다. 터툴리안(Tertullian), 키프리안(Cyprjan), 암브로스(Ambrose) 같은 라틴 교부들은 인간의 전적부패와 신앙(信仰)으로 구원을 얻을 수 있는 필요를 강조하였다. 그리고 3세기 동안의 사상(思想)에서 신앙(信仰)의 명확한 개념은 부족하고, 성경에서 발견한 대로의 신앙을 말했다. 신앙과 회개는 인간의 의지에 좌우되는 것으로 표현되었으며, 지금은 구원이 하나님의 은혜(grace)에 좌우된다고 했다. 또 초대교부들의 회개관은 신앙(信仰)과 함께 회개도 구원의 예비적 조건이라 생각했다. 그리고 회개를 행위로 보았는지 정신 상태로 보았는지 분명치 않으나 회개는 행위의 외부적 표현으로 본 것이라 할 수 있다. 선행(금식, 결혼 금지, 고행 등)이 하나님의 사랑을 받을 수 있는 수단으로써 복음적이라기보다 율법적이었다고 할 수 있다. 이로 말미암아 유대주의가 교회(敎會)에 들어오도록 문을 여는 계기가 되었다.

초대교부들은 의식주의(儀式主義)와 이행득의주의(移行得義主義) 경향을 가졌으며 신자의 자선 사업, 순교자가 받는 고난(죽음)은 다른 사람의 죄를 속하게 할 수 있다는 사상이 싹트게 되었다.

2. 3세기 이후의 구원론

1) 펠라기우스의 은혜론

펠라기우스(Pelagius)는 성경적 기초를 버리고 이교철학(異敎哲學)의 자아충족(自我充足) 원리를 주장하였다. 그리스도 안에서 구원하게 하는 하나님의 은혜의 절대적 필요성을 부정하고 인간은 율법을 지킴으로써 구원을 얻을 수 있다고 하였다. 그러나 하나님의 도움을 완전히 무시한 것은 아니었다.

그의 구원론은 다음과 같이 정리된다.

① 인간은 자연의 선 즉 자유의지를 부여받았다. 그리하여 인간은 자의적으로 선이나 악(evil)을 행할 수 있다.
② 복음의 설교와 그리스도의 모본, 이 둘은 인간의 마음에 방향을 가르쳐 주며, 구원의 길을 보여준다. 자연의 은혜는 보편적이며, 또 절대적으로 본질적이며, 필연적인 것이다. 복음의 은혜는 사람으로 하여금 구원을 얻는데 더 쉽게 할지라도 그것은 보편적인 것도 필연적인 것도 아니다. 이 은혜는 인간의 의지에 직접적으로 또는 즉시로 역사하는 것이 아니고 그 은혜가 밝히 비춰 주는 것을 인간이 이해할 때에만 역사하는

데 이것을 통하여 마침내 의지에 역사하게 된다. 인간은 은혜의 역사에 반항할 수 있다. 신앙은 그리스도의 성결의 본을 따르는 것[69]으로서 인간 의지가 중요하다.

2) 어거스틴 은혜론

어거스틴(Augusine)은 자연인은 전적으로 부패하여 영적 선(善)을 전혀 행할 수 없다고 보았다. 그는 은혜의 독력성과 협력성을 구별하였다. 전자는 사람이 원해도 좋은 것을 원하지 않을 때 사용하는 힘이고, 후자는 사람이 쓸데없이 원해서는 안될 것을 원할 때 사용하는 힘이다.

어거스틴은 신앙(信仰)은 진리(眞理)에 대한 지적 동의라고 생각했다. 그는 일반적 신앙과 기독교 신앙을 구별하고 그리스도를 믿는 깃과 그리스도에 대하여 믿는 것을 구별하였다. 사람은 그리스도를 사랑하며 그에게 소망을 둘 때 그리스도에 대하여 참으로 믿는 것이라 했다. 어거스틴은 모든 것은 다 하나님의 은혜로 돌렸다.[70]

3) 반(半)펠라기우스주의

반펠라기우스주의(semi Pelagianism)는 중간적 입장을 취했다. 그들

---

[69] 전게서, p. 215.
[70] 전게서, p. 216.

은 인간이 전적으로 능력이 없고 영적 선을 행할 수 없다고 하는 것을 부정하지만, 또 한편으로 하나님의 은혜의 도움 없이 참으로 구원적 사역을 전혀 행할 수 없다고 했다. 양자는 구속 사역에 있어서 서로 협력한다고 했다. 하나님의 은혜는 보편적이며 모든 사람을 위하여 작정하신 것이지만 그것이 그들의 자유의지를 옳게 사용하는 자들의 생활에서 효과를 거두게 되는 것이라 했다. 은혜는 다만 신앙을 강하게 하는 데 도움을 주는 것으로 보았다. 즉 교리와 선행(善行)의 원리로서 행위구원을 위한 공로주의(功勞主義)와 구원의 주관적 조건, 외부적 행동을 강조한 것이다. 이들은 오렌지 회의에서 정죄 되었다.[71] 이들의 주장은 다음과 같이 요약된다.

첫째, 신앙하는 것은 단적으로 정통신조를 주장하는 것이라고 가정함으로 신앙과 정통을 혼돈하는 경향을 가졌다.

둘째, 자선 사업과 자아 수양을 하는 생활을 높이 칭찬했다.

셋째, 교부들의 신적 명령과 복음적 권면을 구별하였다. 수행을 통한 특권계급을 신성화하였다.

넷째, 성자숭배와 특히 동정녀 마리아의 중재의존사상(思想)을 주장했다. 이것은 구원에 관한 영적 개념을 침해한 것이다.

다섯째, 구원이 세례에 좌우된다는 경향으로 기울었다. 즉 교회(敎會) 밖에는 구원이 없다고 주장하며, 동방교회(Eastern Church)의 세례를 받지 않고도 구원을 받을 수 있다는 사상(思想)을 부정했다. 세례는 구원

---

71 전게서, p. 217.

의 조건이 아니라 성도의 의식적 의무이다.

제2절 스콜라시대의 구원론

1. 스콜라신학의 은혜론

스콜라시대는 전체적으로 볼 때 온건한 어거스틴주의적 입장을 취하였으나 스콜라 신학자들은 반펠라기우스주의(semi Pelagianism) 방향으로 흘러갔다. 스콜라 신학자들은 일반적으로 인간으로서는 충족한 은혜의 도움이 없이는 행할 수 없다는 어거스틴주의와 일치하였으나 어거스틴의 유효적 은혜의 작정과는 완전히 일치하지 못했다.

롬바르드의 피터(Peter the Lombard)는 믿음으로 하나님께 돌아오게 하는 독력적 은혜(獨力的恩惠, one's grace), 의지와 협력으로 원하는 결과를 맺게 하되 유효하게 하는 협력적 은혜(cooperation grace)를 구별하였다. 독력적 은혜가 사람에게 주어질 때 사람의 역사 없이 하나님이 일하신다. 이는 순수하게 주시는 자비의 은혜이다. 이외에 은혜는 의지의 적극적인 찬동과 협력에 좌우된다. 인간의 자유의지가 행동할 때 신적 은혜는 협력원리로서 그것을 돕게 된다.

헤일스의 알렉산더(Alexander of Hales)는 피터(Peter)와 동일하나

신학적 특징은 "대가 없이 주시는 은혜"(하나님의 은혜로운 행위로 돌림), "값 주신 은혜"(모든 실제적인 은혜와 주어진 덕을 지지함), "은혜롭게 하는 은혜"(하나님을 기쁘시게 하는 영혼의 영원한 독질로써의 은혜) 등을 말했다.

토마스 아퀴나스(Thomas Aquinas)는 대가 없는 은혜(grace)와 협력적 은혜를 구별했다. 전자는 의를 새롭게 만들고 후자는 의지를 도와서 역사하신다. 또 전자를 충족적 은혜라 부르고 후자를 유효적 은혜라 불렀다.[72]

2. 스콜라신학의 신앙론

지식적 형식(知識的形式))으로써의 신앙과 선한 행실을 하게 하는 영적 감정으로서의 신앙을 구별하였다. 롬바르드의 피터(Peter the Lombard)는 신조(Creed)와 교의(dogma)를 믿고 의롭게 되는 신앙을 구별하였다.

3. 스콜라신학의 칭의와 공적주의

스콜라 신학자들은 칭의는 그리스도의 의가 죄인에게 전가된 것으로 생각지 않았다. 그리고 칭의의 여러 가지 순서를 말했다. 토마스 아퀴나스(Thomas Aquinas)는 첫째, 은혜를 넣어 주는 것, 둘째, 하나님께서

---

72 전게서, p. 221.

자유의지(free will)를 복종시키는 것, 셋째, 자유의지가 죄를 반대하는 것, 넷째, 죄를 속하는 것이라고 하였다. 또 헤일스의 알렉산더(Alexander of Hales), 보나벤투라(Bonaventura)는 첫째, 불완전한 회개, 죄로부터 돌아오는 것이며, 둘째, 은혜를 넣어 주는 것, 셋째, 죄의 용서, 또는 물리치는 것이며, 넷째, 자유의지를 하나님께 굴복시키는 것이라 했다.

스콜라신학은 칭의를 순간적 역사(役事)로 말하고 있으나 트렌트 회의 이후 점진적 역사로 보고 있다.[73] 스콜라 신학자들은 선행의 공로를 가르쳤다. 토마스 아퀴나스(Thomas Aquinas)는 두 종류의 공로, 즉 "마땅한 공로"와 "합당한 공로"를 구별하였다. 전자는 엄밀한 판단에서 대가를 받을 가치가 있다는 것인데 그것은 그리스도에게만 속하다는 것을 뜻하고 후자는 대가를 받는 것은 합당한 일이며 사람의 힘으로 얻을 수 있는 것을 말한다. 사람은 의롭다 함을 얻은 후에 마땅한 공로를 얻을 수 있다는 것이며 즉 무엇이든지 요구할 수 있다는 것이다.[74] 스콜라 신학은 반펠라기우스주의(semi Pelagianism)라 규정할 수 있다.

로마 카톨릭교회의 구원관은 교회의 울타리 안에서 태어난 아이들은 세례를 받으므로 은혜의 주입과 죄 사함을 포함하는 중생의 은혜를 받는다고 보았다. 그들은 성령의 사역에 반대할 수도 있으나 여기에 복종하여 성령의 북돋움에 따라가면 하나님과 협력함으로써 의롭다 하는 은

---

73 전게서, p. 223.
74 전게서, p. 234.

혜를 받게 된다고 했다. 그 순서는 다음과 같다.

① 교회의 가르치는 진리(眞理)에 동의한다.
② 자기의 죄와 악한 상태를 살핀다.
③ 하나님의 긍휼을 소원한다
④ 하나님을 사랑하기 시작한다.
⑤ 죄를 미워한다.
⑥ 하나님의 계명에 순종한다.
⑦ 세례를 받기를 원한다.

여기서 신앙은 중심적 위치를 차지하지 않고 다른 준비적 요소들과 비슷하게 되어있다.[75] 이는 단순히 교리의 동의에 지나지 않으며 신앙으로 의롭게 하는 능력은 은혜로 주어진 사랑을 통하여서만 얻는다. 일곱 가지 준비단계는 신인협력적(神人協力的) 관계로 반펠라기우스적이다.

제3절 종교개혁 이후의 구원론

1. 루터의 구원론

루터(Luther)의 종교개혁(The Reformation)은 고해제도와 속죄표(면

---

75 전게서, p. 225.

죄부)를 파는 것을 거절함으로 시작되었다. 루터는 로마서 1:17절에서 믿음으로만 의롭다는 진리(眞理)에 부딪쳐 회개의 생활을 하고, 마 4:17절에서 요구하는 회개는 로마 카톨리교회의 속상(贖償)의 행위와는 다른 것으로 마음의 내적 뉘우침을 뜻한다. 회개에 있어서 중요한 것은 신부 앞에 고백하는 것이 아니고 인간이 행한 속상에 있지 않다. 하나님은 죄의 대가 없이 용서하시기 때문이다. 그는 카톨릭의 속죄표, 속죄적 회개, 사제의 면죄권, 적선의 행위, 인간 공로의 교리 등을 부정했다. 루터의 신앙과 회개관은 생활에서 행위로 의롭게 된다는 카톨릭의 견해를 반대하고 참된 회개는 신앙의 열매라고 했다. 그러나 후기 생활에서 신앙은 깊은 회개 후에 온다고 했다. 그는 언제나 구원(salvation)의 방법이 회개와 신앙(信仰)과 또 하나님께 바치는 생활 등으로 되어있다고 생각하였다.

　루타파의 구원의 질서는 사도행전 26:17-18절에 기초를 두고 부름(召命), 계발(啓發), 개심(改心), 중생(衆生), 의롭다 함, 성화(聖化, 정화), 영화(榮華) 등의 질서로 되어 있다.[76]

2. 알미니안파 구원론

　알미니안(Arminian)의 구원의 질서의 주안점은 믿음이다. 그리스도의 구원 사역은 만민구원을 위한 것이다. 하나님과 사람이 협력하여 인간의 구원이 이루어짐을 주장한다. 따라서 믿음이란 의롭게 되기 위한

---

76 전게서, pp. 227-228.

인간의 공로 행위를 의미하게 된다.

구원의 질서는 ① 소명 ② 회개와 신앙 ③ 칭의 ④ 중생 ⑤ 성화 ⑥ 견인이다.

3. 웨슬레파 구원론

웨슬레파(Methodian)는 알미니안주의(Arminianism)의 한 부류다. 그들은 믿음으로 말미암아 의롭게 된 사람은 순간적으로 완전히 성화된다고 주장하며, 점진적 회심(conversion)과 점진적 성화(Sanctification)에 대하여 거부감을 갖고 있다. 알미니안들은 인간의 믿음에 강조점을 두는 반면에 웨슬레파는 은혜에 강조점을 두고 있다.

한편, 재세례파와 영국과 뉴잉글랜드의 작은 교파는 신앙 지상론을 주장했고, 신비주의(Mysticism)자들은 참 신앙은 경험이라는 것을 강조하고 구원(salvation)의 요소를 경험에서 찾았다.

4. 칼빈의 구원론

칼빈의 「기독교강요」(Christianae Religionis Institutes)에 나타난 구원의 질서(ordo)는 ① 신앙과 소명 ② 중생(회심, 성화, 신앙적 투쟁을 포함) ③ 칭의 ④ 예정 ⑤ 부활로 되어있다.

후크마(Herman Hoeksema)는 칼빈(Calvin)의 구원 서정론이 논리적인 측면에서 부족하다는 평가를 두고 "이런 결과를 초래하게 된 이유는 칼빈은 하나님의 역사가 인간의 잠재의식 속에 일으키는 변화와 의식 가운데 일으키는 변화로 구분될 수 있음을 인식(認識)하지 못했기 때문이다. 다시 말해서 칼빈은 모든 순서를 의식의 차원에서만 다루었다. 또한 칼빈은 모든 순서를 다룸에 있어서 하나님이 그리스도 안에서 우리를 위하여 이루신 객관적 사역과 성령을 통하여 신자 안에 이루시는 하나님의 주관적 사역을 충분히 구분하지 못했기 때문에 성화가 칭의보다 앞서는 이상한 순서를 제시하게 되었다"라고 하였다. 이에 카이퍼(A. Kuyper)는 "칼빈의 구원 서정론은 하나님의 사역보다 인간의 활동 면에 치중하여 주관적 경향을 면치 못하였다"[77]라고 비판하였다.

5. 개혁파의 구원론

개혁파(The Reformed)는 구원은 전적으로 성령의 사역에 의하여 그리스도의 속죄 사역의 효과가 개개의 죄인에게 적용되는 은혜라고 주장한다. 개혁파는 구원의 근거를 언약적이며, 신적 작정과 예정, 법적인 것으로 보며 구원의 질서는 절대적인 주권적 은총에 의하여 전적으로 성령의 사역에 의하여 진행되는 것으로 본다. 그 질서는 예정으로부터 출발하여 그리스도와의 신비적 연합, 소명, 중생, 회심(회개, 신앙), 칭의, 양자, 성화, 견인, 영광화(glorification)로 보고 있다.

---

77 하문호, 「기초교의신학 구원론」 (서울: 삼영서관, 1983), pp. 79-80.

6. 개혁파 교회 신앙 문서들에 나타난 구원의 질서

벨직 신앙고백서(Belgic Confession)는 신앙을 첫 순서에 놓고, 도르트 신조(Canons of Dort)는 중생(regeneration)을 넓은 의미로 보고 회개와 성화를 포함하고 있다.

웨스트민스터 신앙고백서(The Westminster Confession)는 효과적 소명(제10장), 칭의(제11장), 양자(제12장), 성화(제13장), 구원하는 신앙(제14장), 생명에 이르는 회개(제15장), 선행(제16장), 성도의 견인(제17장), 은혜와 구원의 확실성(18장)으로 나열했다.

제 7 장

교회론
Ecclesiology

제1절 교부시대 교회론

1. 초대교부들의 교회론

사도시대의 교부들과 변증(辨證)가들은 교회(敎會)를 일반적으로 하나님께서 자기의 소유로 뽑으신 백성, 즉 세운 단체라고 하였다. 그리고 사도들의 후계자로서 감독이 다스리는 가시적 조직체요 참된 전통을 가진다고 생각했다. 보편적 교회는 모든 지교회보다 앞선다는 사상(思想)이 유행하였고, 지교회들은 감독제도 아래 있는 보편적 교회의 부분들로 간주되었다.

2. 작은 종파들의 교회론

이들은 교인들을 거룩하게 만드는 것이 참된 교회의 표라고 했다. 이 사상을 나타낸 분파는 2세기 중간의 몬타누스주의(Montanism)와 3세기 초의 노바티안주의(Novatianism), 4세기 초에 도나티스주의(Donatism) 등이다. 이 작은 종파들은 교회가 세속화(世俗化)되며, 부패해 가는 데 대한 반항으로 생겨났다.

몬타누스주의자들은 예언자다운 권위(權威)를 가지고 교회가 해이(解弛)해지며 세속화(世俗化)된 것을 비난했으며, 이를 해결하기 위해 욕망(慾望)을 제거하는 금욕주의의 실천을 주장했다. 이들은 세례 후에 지은 죄는 사할 수 없으나 순교하면 사하여진다고 하는 등 극단주의로 기울였다.

노바티안파는 몬타누스주의자들의 예언자적인 주장에는 동의하지는 않았지만 교회의 순결을 위해 싸우는 일에는 몬타누스를 모범으로 따라갔다. 그들은 데키우스(Decius) 황제의 박해 때 신앙을 부인하고 배교했다고 다시 교회로 돌아오기를 원하는 자들에게 교회가 죄를 용서할 권한이 없다하면서 그들은 세례를 다시 받아야 한다고 주장했다. 도나티스파들도 디오클레티안(Diocletian, 284-305) 황제 박해 때 전자와 같이 취했다. 그들은 엄격한 훈련과 순수한 종교 문제에 대한 국가의 간섭에 반항하였으나 동시에 황제의 사랑을 받으려 했다.

키프리안(Cyprjan)은 터툴리안(Tertullian)의 제자로서 감독교회 교리를 최초로 발전시켰으며 감독이 사도들의 참된 후계자라고 하였다. 성직자의 실제적 제사직을 제사 행위와 결부시켜 가르쳤으며 감독의 차별적 지위는 인정하지 않았다. 그리고 교회를 떠나서는 구원을 인정하지 않았다. 그리스도의 교회는 모든 참된 지체를 내포하고 있으며 또 보이는 외형적 통일체에 의하여 약속된 바 공동교회(公同敎會)의 관념을 명백히 하고, 확실하게 내세웠다.[78] 키프리안은 교회론(Soteriology)을 보존한 교회 지상론자이다. 참된 교회는 공동교회(Catholic Church)인데 여기서 사도적 권위(權威)는 감독의 계승에 의하여 지탱하게 된다고 했다.

어거스틴(Augustine)은 교회는 하나님의 영을 소유하며, 참된 사랑의 특징을 가진 택함 받은 자들의 모임이라고 했다.

제2절 중세의 교회론

중세(mediaeval ages)는 사제정치(司祭政治)를 지향했다. 이러한 발전의 근원(根源)은 교회를 외형적(外形的) 조직으로 본 키프리안(Cyprjan)의 사상과 어거스틴(Augustine)의 내면적 선택에 의한 단체라고 하는 사상(思想)에 뿌리를 두고 있다.

---

78 L. 벌코프, 「기독교교리사」, pp. 238-241.

중세는 교황(pope) 사상(思想)이 발전하여 로마교회의 우월성과 교회와 나라가 같다는 관념이다. 4-5세기에는 그리스도가 베드로(Peter)에게 다른 사도들을 지배할 수 있는 공적 우월권을 주었으며 베드로(Peter)는 로마 초대 교회의 감독이 되었다는 사상(思想)이 신임을 얻었다. 나아가 대대로 로마의 감독들이 후계자들이다는 사상(思想)으로 이어졌다. 주후 533년에 비잔틴 황제 저스티안(Byzantine Emperor Justian)은 다른 교구청의 장들보다 로마 감독이 우월(優越)하다고 인정(認定)했다. 대 그레고리(Gregory the Great)는 "세계적인 감독"이라는 이름을 거절하였으나 607년에 그의 후계자 보니페이스 3세(Boniface Ⅲ)는 주저하지 않고 받았다. 동방에서는 강하게 비판을 받았으나 서방에서는 존경을 받아 교황제도가 시작되었다.[79]

이후 제도적 교회와 하나님 나라는 일치된다는 것을 전제로 세속 국가의 황제들에게 교회의 정치에 복종할 것을 요구하였다. 특히 그레고리 7세(Gregory Ⅶ), 인노세트 3세(Innocent Ⅲ), 보니페이스 8세(Boniface Ⅷ) 때 이러한 요구가 강력했다. 그러나 교회가 세상의 일에 관여함으로서 실제적으로 세속화되어 갔다.

트랜트 요리문답서(The Tridentine Catechism)는 "오늘날 이 땅 위에서 무형의 머리이신 그리스도와 로마 교구를 다스리는 베드로의 후계자인 한 분 유형의 원수(元首)를 모시고 살아나가는 모든 신실한 자들의 단

---

79 전게서, p. 244.

체"라고 교회(敎會)를 규정하고 있다.

1. 가시적 교회의 성격을 강하게 역설

로마 카톨릭교회의 교회 제도의 핵심은 교황(pope)은 베드로(Peter)의 후계자이고, 감독은 사도들의 후계자라는 것이다. 전자는 직접적이며, 절대적인 권위(權威)를 가지지만, 후자는 교황으로부터 오는 제한된 권위(權威)를 가진다고 했다.

2. 가르치는 교회와 듣고 배우며 믿는 교회의 구별

로마 카톨릭교회는 두 개의 교회로 구분한다. 하나는 '가르치는 교회'이고, 다른 하나는 배우고 믿는 교회'이다. 전자는 교황을 그 머리로 하는 모든 교회 교직자들로 이루어지며, 듣고 배우고 믿는 교회는 합법적인 교직자의 권위를 존경하는 모든 신자로 이루어진다. 로마 교회의 속성을 정하는 것은 근본적으로 가르치는 교회의 권한이다. 이 교회는 유일하며, 공교회이며 사도적이며, 잘못이 없으며, 영구적인 교회이기 때문에 어떤 다른 교회가 존재할 권리를 허락하지 않는다.

3. 교회도 사람처럼 몸과 영혼으로 됨

영혼(靈魂)으로 된 교회는 특수한 시점에 그리스도의 신앙(信仰)에로 부름을 받아 초자연적(超自然的) 은사(gift)와 은혜(grace)로 말미암아 그리스도와 연합한 자들의 단체를 뜻한다. 몸으로 된 교회는 의인이든지 죄인이든지 간에 참된 신앙고백을 하는 자들의 단체이다.

4. 교회는 은혜의 공급처

교회는 죄인들을 위하여 쌓으신 은혜와 축복들을 충만하게 나누어 주는 곳이다. 그리스도는 이 일을 완전히 교회의 합법적(合法的)인 직원들을 통하여 행하신다. 그러나 교회의 조직보다 교회를 세우는 일이 앞선다. 즉 보이는 교회보다 보이지 않는 교회가 먼저다. 또 교회는 신앙의 단체이기 이전에 먼저 신앙(信仰)의 어머니이며, 가르치는 교회는 듣고, 믿고, 배우는 교회보다 앞서며 우월(優越)하다.

5. 구원의 기관인 교회

교회는 전적으로 구원의 기관(機關)이며 구원(salvation)의 방주다. 교회의 기능은 첫째, 말씀의 선교를 통해 참 신앙을 전파하고, 둘째, 성례를 행함으로써 거룩하게 하며, 셋째, 교회법에 따라서 신자들을 다스리는 기능을 수행하는 데 이것은 가르치는 교회가 유일하게 할 수 있다. 그리고 구원 역사에 있어서 하나님께서 말씀을 통해 사람을 교회로 이끌어 오는 것이 아니라, 반대로 교회가 사람을 말씀과 그리스도에게로 이끌어 오는 것이다.

제3절 종교개혁기와 그 후기의 교회론

종교개혁(The Reformation)기의 교회관(Ecclesiology)은 로마 카톨릭교회(Roman Catholic Church)의 개념과는 다르다.

1. 루터파의 교회론

루터(Luther)는 무오의 교회와 특수 제사직, 마술적 방법의 성례 개념을 거절하고 신자는 누구나 제사직의 의무가 있다는 성경적 입장을 부활시키고 그리스도를 믿는 집단(集團)을 교회라 했다. 이 교회는 그리스도를 머리로 그리스도에 의하여 유지된다고 하였다. 그리고 교회의 두 면을 주장했는데 보이는(가시적) 교회와 보이지(불가시적) 않는 교회이다. 이는 두 교회를 주장하는 것이 아니라 교회의 두 면을 뜻하는 것이다. 교회는 본질적으로 유형적인 수를 가진 외형적 단체(團體)가 아니라 교회의 본질은 무형의 테두리 안에 있다는 것이다. 즉 신앙(信仰)으로 그리스도와 교통한다는 것. 또 성령을 통하여 구원의 축복에 참여하는 데 있다는 것이다.

아욱스부르그 신앙고백서(1530)는 가시적 교회를 정의하기를 "복음을 바르게 가르치며 성례를 정당하게 집행하는 성도들의 회중"[80]이라 하였다.

---

[80] 전게서, p. 248.

2. 재세례파의 교회론

재세례파(Anabaptists)는 로마 카톨릭교회(Roman Catholic Church)의 형식주의(形式主義)를 극단적(極端的)으로 반대(反對)했다. 로마교회는 조직을 구약에 두었지만, 재세례파는 구약교회와 신약교회를 동일하게 보지 않고 다만 신자만으로 이루어진 교회만을 주장했다. 어린이들은 구약교회에서는 인정받았지만 신약교회에서는 인정하지 않았는데 유아들은 자의식을 가지고 신앙을 고백할 수 없다고 보았다. 그리고 교회의 신령성을 고집함으로 유형교회와 은혜의 방편까지 인정하지 않았다. 국가와 교회는 루터와는 달리 분리하였으며 전쟁에 참여함을 거부했다.[81] 재세례파의 교회관은 언약적(言約的) 교회관에서 벗어나 있다.

3. 개혁파 교회의 교회론

기본적(基本的)으로 루터(Luther)파와 동일하다. 교회의 참된 본질(essence)을 영적 실체로서 세워진 단체, 즉 가시적 교회(可視的敎會)에서 찾는 데 일치하였다. 그러나 루타파가 교회의 통일성과 거룩성을 교직원, 말씀, 성례와 같은 객관적 의식에서 찾는 반면에 개혁파(The Reformed)는 그것들을 넓히어 신자들의 주관적 교통에서 찾았다. 루터파에 의하면 구원의 축복은 다만 교회 안에서나 또는 교회를 통해서만 주어질 수 있다고 하였다. 왜냐하면 하나님께서 은혜를 주시는 데 있어서는 복음을

---

81 전게서, p. 249.

선교하거나 성례를 행하는 등의 하나님이 만드신 방법을 절대적으로 쓰시기 때문이다.

그러나 개혁자들 가운데는 구원의 가능성은 가시적 교회의 테두리 밖에서도 있을 수 있다고 하였다. 하나님의 영은 절대적으로 은혜의 방편을 쓰지 않고 "그가 원하시는 때와 장소와 방법에 따라서" 역사하며 구원하시는 것이라고 하였다.

개혁파 교회는 불가시성(不可視性)을 몇 가지로 설명하고 있다.

① 보편적 교회이다. 그 이유는 아무도 교회를 장소나, 시간으로 볼 수 없기 때문이다.
② 선택받은 자의 단체이다. 그것은 주님께서 재림하실 때까지 불완전할 것이며 유형적으로 나타날 것이다.
③ 부름 받은 선택자의 단체이다. 왜냐 하며 우리는 참 신자와 거짓 신자를 정확하게 구별할 수 없기 때문이다.
④ 말씀과 성례를 집행하며 권징을 정당하게 시행하는 것이 교회의 참된 표지다. 이 외에 교회정치에 관하여 다양성을 가지고 있다.

4. 기타, 여러 가지 교회론

소시니안파(Socinian)는 보이는 교회를 말하지만 그들은 기독교를 받아들일 수 있는 하나의 교리에 지나지 않는다고 말했다. 알미니안파(Arminian)는 교회(敎會)는 본질적으로 성도들의 유형적(類型的) 단체(團體)라는 것을 명백히 부정하며, 보편적 가시적(可視的) 단체로 만들어 버렸다. 그리고 교회의 징계권을 정부에 양보함으로 교회의 독립성을 상실하고, 교회는 다만 복음을 선전하며 그 회원을 훈계하는 권리만을 가질 수 있다고 하였다.

진 드 라바디(Jean de Labadie)는 1669년에 미들벅(Mietism)에서 "복음회중교회"(Evangelical Congregation)를 세우고 여기에는 참 신자만 속할 수 있다고 말하였다. 실천을 강조하고, 성례하는 조직교회(組織敎會)에 무관할 것을 요구했으며, 비밀 예배 장소에서 그들끼리 예배를 드렸다. 내적(內的)인 빛으로 말미암아 직업과 생활의 외부적(外部的)으로 일치한 자들의 교제(交際)라고 하는 사상이 점차 강해지고 이러한 경향은 메도디스트들(Methodist)과 구세군(Salvation Army)에서도 볼 수 있다.

신자들은 교회를 세우는 사람들이 아니라 특수한 제복(制服)과 특수한 생활방식으로써 세상과 구별해 놓은 예수 그리스도의 상비군이다.

제 8 장

경건주의 운동
Pietism Movement

　　교회라는 엄격한 틀 속에서 신앙생활을 하던 사람들이 종교개혁을 통해 자유를 얻고 감격했지만 그 기쁨과 감격은 오래가지 못했다. 신자들은 서서히 교회의 제도 속에서 기득권을 누리고 무사안일한 삶에 젖어 생기를 잃어갔다. 이러한 상황에서 제도적(制度的) 신앙을 거부하고 개인의 경건(敬虔)을 부르짖으며 영적각성(靈的覺性)을 촉구하는 운동이 일어났다. 이들은 개인의 구원과 기도, 성경, 전도로의 복귀를 강조했다. 이 운동은 중세후기 형제회에서 찾을 수 있으며, 영국의 청교도운동, 독일의 경건주의 운동, 미국의 대각성운동으로 이어졌다.

제1절 영국의 청교도운동

영국 국교회(Anglican Church)는 제도와 의식은 로마 카톨릭교회(Roman Catholic Church)이지만, 신학적 원리는 개혁교회의 교리들을 수용하고 1553년에 자신들만의 39개 신조(Creed)를 만들었다. 이 신조에서 그들은 구약의 외경(Apocrypha)은 받아들이지 않는 대신에 '참조한다'는 입장을 견지함으로서 로마 카톨릭교회의 비위를 거스르지 않으면서 동시에 개혁교회의 입장을 유지했다.

영국 국교회의 교회론은 개혁파 교회와 같이 '성도의 교제가 이루어지는 회중'(모임)으로서 하나님의 말씀의 선포(kerygma)와 성례전(sacrament)이 이루어지는 곳이다. 교회는 하나님이 기록한 말씀을 떠나서는 한 줄의 성경도 해석할 수 없으며 교회는 하나님의 말씀의 증언자이자 보존자로서 권위(權威)를 가질 수 있을 뿐이라 했다. 또 연옥(purgatory)을 부정하고 성례는 성찬과 세례만을 인정하고 평신도에게도 잔을 주도록 하였다. 그러나 교회의 정치는 개혁교회와 다르다. 총회의 소집 권한은 국왕에게 있으며, 사제의 결혼을 허락하고, 교회의 전통은 국가, 시대, 사람들의 태도에 따라 달라져야 한다고 했다.

그러나 국교회는 카톨릭 교회제도와 개혁교회의 교리들이 제도화되어가면서 모순과 혼돈이 일어나 생동감을 잃어가게 되었다. 이에 지도권의 확실한 태도와 개인의 경건을 강조하는 운동이 일어났다. 청교도운동, 회중교회 운동, 케이커운동 등이 이에 해당한다.

청교도운동(Puritans movement)은 칼빈(Gnosticism)의 철저한 개혁을 계승하자는 부르짖음이었다. 청교도란 그들을 배격한 사람들이 붙여준 욕설이다. 이들의 주장은 토마스 카트라이트(Cartwright Thomas)가 1572년에 익명으로 국회에 보냈던 2개의 권고문과 아직까지도 남아 있는 "교황적 악덕에 관한 견해" 그리고 1603년 국왕 제임스 1세(James I)에게 보냈던 1,000명의 교직자의 탄원서에서 잘 나타나 있다.

이들의 주장은 크게 4가지이다. 첫째, 카톨릭적 요소를 제거할 것 둘째, 유능한 교직자를 배출할 것 셋째, 성찬을 신중하게 베풀 것 넷째, 교회정치의 자유를 허락할 것 등이다. 이를 구체적으로 나열해 본다.

1. 정화되어야 할 로마 카톨릭교회의 잔재들은 다음과 같다.

① 세례식에서 사용하는 십자가, 유아에게 묻는 질문, 견진 등은 제거되어야 한다.
② 세례식은 여자가 집례해서는 안 된다.
③ 모자와 종(鐘), 백의(白衣)를 강요하지 말라.
④ 성찬 배수 이전에 문답을 실시하고 설교와 함께 베풀라.
⑤ 사제들의 다양한 명칭들, 사죄 선언, 결혼식에서의 반지 사용 등을 정정하라.

⑥ 지루하고 긴 예배 시간을 단축하여 예배의 성가와 음악을 쉽게 바꾸라.

⑦ 주님의 날을 훼손하지 말고, 여타의 성자의 날을 강요하지 말라.

⑧ 교리를 통일시켜라.

⑨ 예수라는 이름 앞에서 무릎을 꿇도록 가르치지 말라.

⑩ 교황적인 견해를 더 이상 가르치지 말라.

⑪ 교회 내에서는 정경에 속한 성경만 읽어라.

2. 교직자에 관하여

① 유능하고 자격을 갖춘 자 외에는 목회 사역에 임하지 않게 하라.

② 말씀 선포 능력이 없는 사람을 중단시켜라.

③ 비상주 목사를 더 이상 허용하지 말라.

④ 에드워드 회의 때 발효된 사제의 결혼하기를 다시 부활시켜라.

⑤ 영국 국왕에게 국왕의 수장법에 서명하도록 강요하지 말라.

3. 교회생활과 급료에 관하여

① 주교가 주교관을 비우기 때문에 어떤 사람이 교구 성직록을 가로채고 성직록 토지를 가로채고, 사제관을 가로채고 있는데 이를 바로잡아야 한다.

② 이중 삼중으로 가지고 있는 성직이나 칭호를 정리해야 한다.

③ 개인 소유의 교회 재산은 장기 임대료를 받아서 설교자의 급여로 충당하라.

4. 교회의 훈련에 관하여

① 훈령과 출교를 그리스도의 제정하심에 따라 할 것.
② 출교를 평신도, 법관, 관료의 이름으로 하지 말라.
③ 사소한 사건이나 12패니 이하의 사건으로 출교시키지 말라.
④ 담임목사의 동의가 없으면 출교시키지 말라.
⑤ 관료들이 불합리한 요금을 부과하지 말라.
⑥ 교황적인 규제법을 개정할 것.
⑦ 오래 지속되는 교회 재판을 개정할 것.
⑧ 직권상의 서약을 줄일 것이며, 결혼 허가를 남발하지 말 것.

5. 회중교회

청교도 운동(Puritans movement)은 장로제도와 연결되었으며 대륙의 칼빈주의(Calvinism)와 연결되었다. 그러나 이에 반발한 회중파들은 장로 제도를 벗어나 회중의 권리를 더욱 강조하면서 따로 독립해 나갔다. 영국교회로부터 자체적인 개혁을 부르짖으며 분리했다 하여 '분리주의자'로 불렸다.

제2절 독일의 경건주의

독일의 루터파 교회(Lutheran Church)는 점차 교조주의로 빠짐으로 성경 탐구를 통해 경건을 회복하려는 운동이 일어났다. 이것은 중세로부터 내려온 신비주의(Mysticism)적 내면세계의 추구와, 청교도적인 정확한 신앙생활의 모범, 루터파(Lutheran)의 분명한 개혁사상, 그리고 개인적 체험을 강조하는 교회의 성가와 설교의 변화와 함께 일어났다. 독일의 경건주의 운동(Pietism movement)은 스페너(Spener)로부터 시작(始作)하여 프랑케(August Hermann Francke)와 진젠도르프(Zinzendorf)에게 이어졌다. 이들은 모임을 통해 성경 읽기와 신앙의 체험, 나아가 루터파 교회의 개혁을 계승했다.

경건주의운동의 창시자인 스페너는 <경건의 소원>이라는 저서를 통해 다음과 같이 경건운동을 소개했다.

<제1부>
교회의 타락상에 대해 개괄한다. 성직자들은 점점 세속화되어 가고 스콜라신학을 다시 도입하여 인간적인 호기심에 사로잡힌 것을 지적했다. 평신도들의 지나친 음주와 도덕적 타락 즉 간음, 남색, 도적질, 토색하는 일, 수치스러운 일, 분파주의, 증오, 투쟁, 잔인하고 무도한 전쟁 등의 죄악(evil)들을 지적하면서 다시 개혁으로 돌아가자고 주장하였다.

<제2부>

교회 칭의의 회복에 대해서 말한다. 교회 안에 범죄 행위들을 제거하고, 범죄 한 자들을 책망하고 축출해야 하며 지체들은 초대교회의 터툴리안(Tertullian)이나 오리겐(Origen) 시대의 교회 훈련을 받아야 한다고 주장했다.

<제3부> 교회의 회복에 대하여 말한다.
① 성경 읽기를 강조한다.
② 루터의 만인제사장과 영적 제사직을 회복해야 한다.
③ 주의 제자의 표로 사랑을 실천한다.
④ 이단(異端)에 대해서는 선한 본을 보여주고, 참된 것을 가르쳐 주고, 논쟁에 있어서 주의를 다하여야 한다.
⑤ 목회자는 신학교 교육을 받고 합당한 자격을 갖추어야 하며 경건 생활에 전념해야 한다.
⑥ 신학생들은 무식한 사람들에 대한 가르침, 병자위문, 설교연습 등 목회에서 다루어야 할 일들을 실습해야 한다.

제2대 지도자 프랑케는 해외 선교와 개인 구원을 강조했다. 존 웨슬리는 모라비안 중생파 운동으로부터 구원의 확신을 얻었고 구원의 도식화에 반기를 들고 감리교회를 창설하였다.

제3대 지도자 진젠도르프(Zinzendorf)는 모라비아에서 나온 후스파(Hussite)들을 받아들이고 헤른후트파로 발전함으로써 루터파로부터 배척을 받게 되었다. 이 시기에 이르러서는 개인 구원을 강조하는 중생파의 유사한 모습을 보였다.

경건주의는 신앙(信仰)의 단계를 부인하고 내재적 인식(認識)을 신앙으로 본다. 이들은 교회도 가지 않고, 제도를 부정하고, 금식, 개인기도 등의 필요를 부정하고, 선행도 필요 없다고 하였다. 이러한 경건주의는 하나님의 내재성을 강조한 나머지 결국 주관주의에 빠지게 되었다.

하나님의 임재를 침묵과 묵상을 통해서 이루어진다고 봄으로서 경건주의(Pietism)는 신비주의(Mysticism)에 가깝다 할 것이다. 나아가 구원까지도 그리스도의 대속적 죽음으로 보지 않고 성령의 내재로 봄으로써 그리스도 중심의 구원론에서 벗어났다. 경건주의(Pietism)는 은총(grace)의 전달 수단이요, 구원의 확신을 증진 시키는 만남과 교제의 장소로서 교회를 부인하였다.

반면에 구원의 확신, 성경 읽기와 예배, 해외 선교 등을 강조한 점들은 긍정적인 공헌으로 볼 수 있다. 그러나 이들은 교회와 사회를 분리시키고, 일부 이탈세력은 시한부적인 종말을 주장하는 천년왕국(Millennium) 종말론(Eschatology)과 연결되어 완전히 다른 길을 걷게 되었다. 또 성경 읽기는 성경 비평학적인 연구로 발전하여 근대 성경 비평학에 문을 열어 주었다.

제 9 장

카톨릭의 새로운 개혁운동
Novelty Reformation in Catholic Movement

종교개혁(The Reformation)의 반동에 부딪힌 카톨릭교회는 로마를 중심으로 한 자체적인 개혁운동을 벌이고자 트렌트 회의를 소집했다. 여기서 그들은 전통적인 신조를 재확인했을 뿐 아니라 개신교(protestant)의 확산을 저지하기 위해 예수회(Society of Jesus)[82]의 창설을 허용했다.

---

82 예수회(Societas Jesu) : 예수회는 로마 가톨릭의 수도회로서 1534년 8월 15일에 군인 출신의 로마 가톨릭 수사인 이냐시오 데 로욜라에 의하여 창설되었다. 예수회의 특징은 예수회는 전통적인 수도회가 내세우는 서원인, 청빈, 순결 순종 외에 영혼의 구원과 믿음의 전파를 위해 내려지는 교황의 명령을 지체 없이 실행에 옮겨야 한다는 항목이 덧붙어 있다. 이것은 예수회만의 특징으로 이와 같은 규정은 대응 종교 개혁에서 중요한 역할을 수행할 수 있게 해 주었다. 이 수도회는 전통적인 수도회의 모습 중에서 필요 없다고 생각되는 것은 과감하게 탈피하는 모습을 보여 주고 있다. 수도원의 외향적인 모습보다는 인적, 내적인 관계를 더 중시하며, 수도자의 복장도 갖추지 않고 있다. 수도원의 전통적인 것은 그대로 받아들이되 전도 활동이나 형식은 시대의 흐름에 맞게 자유롭게 변형을 하고 있다.

이러한 시기에 프랑스를 중심으로 반 카톨릭교회운동이 확산되었는데 갈리칸주의(Gallicanism), 조셉주의(Josephnism), 얀센주의(Jansenism), 페브로니스주의(Pebridenism) 등이 그들이다.

제1절 갈리칸주의

갈리칸주의(Gallicanism)는 프랑스 교회 안에서 교황권의 제한을 주장했던 새로운 사상운동이었다. 그들의 주장은 자신들만의 교회론을 중심으로 정치적인 교리와 관례들로 복잡하게 구성되었다.

갈리칸주의는 3가지 기본적인 개념으로 구성되어 있다.
① 세속사회에서 프랑스 왕이 자주권을 가지며
② 교회 공의회가 교황보다 우월하며
③ 교황의 내정간섭을 제한하기 위해 성직자와 왕이 연합해야 한다는 것이다.

갈리칸주의는 교황의 권위(權威)를 강조(强調)하는 '교황지상주의'(Ultramontanism)에 반대해서 19세기에 만들어졌으나 교리 자체는 본래(本來) 초기 프랑스 국가주의(國家主義)에 기초했다. 이는 8, 9세기 샤를마뉴(Charlemagne) 대제가 지배 체제를 확립하는 과정에서 형성되었고, 14세기에 그 꽃을 피웠다.

신학적으로 갈리칸주의의 입장은 1682년에 열린 프랑스 성직자대회에서 통과된 갈리아 4조항(Four Gallican Articles)에 잘 나타난다. 이 선언은 다음과 같다.

① 교황은 최고의 영적인 권한만 가지며 세속적 권한은 없다.
② 교황은 가톨릭 교회회의의 결정에 따라야 한다.
③ 교황은 프랑스 교회가 옛날부터 어김없이 지켜온 관습, 예를 들어 왕의 주교임명권이나 주교가 없는 교구의 세입 사용권을 받아들여야만 한다.
④ 교황 무오설은 전체 교회의 승인을 전제로 한다.

자크 베니뉴 보쉬에(Jacques-Bénigne Bossuet) 주교는 이 선언문을 라틴어로 작성하였고 중재안 전문에서 그것을 옹호했다. 이 조항들은 1690년에 로마 교황 알렉산데르 8세(Alexander Ⅷ)의 비난을 받았고, 1693년에는 프랑스 루이 14세(Louis)에 의해 폐지되었지만, 갈리칸주의의 전형적인 모습은 완전히 사라지지 않았다.

갈리칸주의는 유럽의 국가주의가 독립을 취하는 과정에서 자체적인 카톨릭 신앙(信仰)을 일으킨 것을 말한다. 프랑스는 아비뇽 교황청 시절부터 로마에 복종하기를 거절하였다. 갈리칸주의는 로마 카톨릭교회를 따르는 사람들을 "울트라 몬타네스(산 넘어 사람들)"라고 경멸했다.

1682년에 발표한 갈리칸선언(宣言)은 다음과 같다.

1) 우리는 하나님의 명령에 따라서 왕과 군주가 세속적인 문제에 있어서 교권에 예속되지 않음을 선언(宣言)한다. 왕과 군주는 교회(教會)의 머리에 대해서 퇴위되지 않는다.

2) 사도 베드로와 그의 계승자들이 영적 문제에 관해서 가지고 있는 완전한 권한은 콘스탄트 칙령에 밝힌 대로 결코 남아 있지 않다.

3) 사도적 권한의 사용은 성령에 의해서 작성되고 범세계적인 목회자들에 의해서 재가된 교회법에 따라서 규제를 받아야 마땅하다. 프랑스의 영토 안에서 그리고 교회에서 받아드린 규범과 관습과 현장은 효력을 갖는다.

4) 교황은 신앙의 문제에 있어서 가장 우선적인 권한을 가지며 그의 칙령은 모든 교회와 낱낱의 개별 교회에 미치지만, 그렇다고 하더라도 교황의 결정은 교회의 동의가 없으면 불변적인 것이 아니다.

5) 이상의 훈령은 모든 프랑스 주교들과 교회들이 만장일치로 합의해서 보낸다.

이와 같은 로마교회에 대한 도전은 유럽 전역에서 교황청의 권위(權威)를 옹호하기 위하여 창설된 예수회를 추방하려는 운동과 맞물려서 진행되었다.

이와 비슷하게 국왕의 독립권을 옹호하려는 운동이 조셉주의이다. 오스트리아 황제 조셉 2세(Joseph II)도 영국 국왕의 수장법과 비슷한 내용을 주장했다. 그는 국가의 개혁에서 교회가 차지하는 역할을 감안한 나머지 카톨릭교회의 권한을 축소시키고 수도원을 철폐하고, 성직자의 교육을 국가가 관장할 수 있는 새로운 교회를 창설하였다.

갈리칸주의(Gallicanism)와 조셉주의(Josephnism)가 국가적인 차원에서 반로마 가톨릭을 선언(宣言)했다면 교회적 차원에서 주교의 권위(權威)를 강조하려는 운동이 페브로니우스주의이다. 이 사상(思想)은 1763년 <교회의 현상과 로마 교황의 합법적 권력>이라는 책의 저자 저스틴 페브로니우스로부터 유래하였다. 이 책은 교회(敎會)란 신자들의 공동체이므로 이들의 대표자인 교회를 통치해야 하며 교회의 최종적인 권한은 로마의 교황이 아닌 주교에게 있다고 했다.

로마 카톨릭교회와 교황으로부터 독립하여 각국이 자체의 신앙체제를 유지하자는 이들의 주장은 유럽 국가주의의 부흥과 함께 막대한 영지(領地)와 교구(敎區)를 가지고 있던 주교들로부터 환영을 받았다.

제2절 얀센주의

얀센주의(Jansenism)는 벨기에 가톨릭 신학자 코르넬리스 얀센(Cornelis Jasenius, 1585-1638)가 주창한 교의(敎義)를 일컫는다. 그리고 그 교의를 계승한 아르노와 케넬(Quesnel)은 파리 교외의 포르루아얄 수도원을 중심으로 새로운 종교운동을 전개했다. 이는 17-18세기의 프랑스 교회 내에서 격렬한 논쟁을 일으켜 로마 교황으로부터 수차 이단(異端) 선고를 받았고, 이들로 인해 프랑스교회의 분열을 두고 정치문제로까지 비화하여 루이 14세가 적대시했다.

그러나 이들은 당시 인문주의화한 프랑스의 그리스도교에 대하여 초대 그리스도교회의 엄격한 윤리로 되돌아갈 것을 촉구하였고, 또한 인간의 본성에 대한 비관적인 견해로 하나님의 은혜를 강조하고 인간의 자유의지를 부정하는 듯한 학설을 부르짖었다.

얀센주의는 한 마디로 반로마 카톨릭주의 운동이다. 종교개혁에 대항하여 로마 카톨릭(Roman Catholic)은 어거스틴(Augustine)의 은총을 수용하고 제시하였다. 그러나 실제로는 토마스 아퀴나스(Thomas Aquinas)적인 은총론을 추종했다. 그에 따라 사람은 아무리 미약하여도 올바른 개성만 가지고 있으면 도덕적으로 용납될 수 있다고 하였다. 이렇게 함으로써 도덕적인 문제만 부각되었다. 또한 예수회 소속의 '몰리나'(Molina)는 중간적 지식(知識)을 주장하였는데 이는 펠라기우스(Pelagius)적인 신인협동론에 가까운 주장이었다.

여기에 반해서 어거스틴의 본래적인 은총론과 윤리를 강조하는 운동이 일어났다. 이 운동은 루뱅대학의 교수였던 '미카엘 가이우스'(Michael Gaius)로부터 일어났다. 그는 어거스틴의 은총론을 강조하는

79개의 본제를 발표했는데 교황 '피우스 5세'(Pius V)는 그를 정죄했다.

그러나 미카엘 가이우스(Michael Gaius)의 사상(思想)은 루뱅대학을 중심으로 계속 번져 나갔으며 약 60년 뒤에는 얀센(Jansen)에 의해서 다시 부활했다. 얀센은 1640년 '어거스틴'이라는 저서를 통하여 자신의 생각을 전개하였는데 주 내용은 다음과 같다.

1) 하나님께서 사람들에게 의를 요구하는 계명들은 사람들의 현재적인 능력으로는 불가능하다. 즉 사람들에게는 이러한 의를 실천할 수 있는 은총이 부족하다.
2) 타락한 사람이라도 내적인 은총이 결여되어 있지 않다.
3) 타락한 본성을 지닌 사람이 공로와 죄과를 수행함에 있어서 필연성으로부터의 자유보다는 강요로부터의 자유가 요구된다.
4) 반펠리기우스주의(Semi Pelagianism) 자들은 단 하나의 행동에 있어서, 심지어 신앙의 시작에 있어서까지도 선행적인 내적 은총의 필연성을 말한다. 그러므로 그들은 사람이 의지로써 은총을 순종하거나 거역할 수 있기를 바라기 때문에 이단이다.
5) 그리스도께서 모든 사람을 위하여 죽으시고 피 흘리셨다고 말하는 것은 반펠라기우스주의이다.

얀센은 인간의 타락과 무능력, 은총의 불가항력성을 말하였으나 인간의 의지와 능력을 지나치게 부인한 나머지 신학적인 염세주의에 빠지

기도 하였다. 그의 사상(思想)은 생 키프리안(S. Cyprianus), 안톤 아르놀드(Anton Arnold), 파스칼(Pascal)에 의해서 계승되었다. 특히 얀센주의(Jansenism)는 파스칼(Pascal)에 의해서 더 번성해졌다.

로마 카톨릭교회는 종교개혁(The Reformation) 이후 모든 면에서 계속 공격당했다. 갈리칸주의, 국가주의, 철학(philosophy), 경제적인 도전, 뉴튼(Newton) 등 자연과학적 도전들이 몰려오자 자체적인 방어를 하지 않을 수 없었다. 그리하여 각종 교서를 발표하고 금서목록(禁書目錄)을 작성하였으며 제1차 바티칸회의(1869-1870)와 제2차 바티칸회의(1962-1965)로 자신의 입장을 확고히 하였다.

제3절 마리아 무흠 잉태설

1854년 교황 피우스 9세(Pope, Pius IX)는 오랫동안 지속되어 온 '마리아 무흠잉태설'을 마무리 짓고자 "말로 표현할 수 없는 하나님"이라는 교서를 발표했다. 이 교서는 "거룩하고 나눌 수 없는 삼위일체의 영광을 위하여, 하나님의 어머니 동정녀(童貞女)의 영광과 장식을 위하여, 카톨릭 신앙(信仰)의 고양과 기독교의 증진을 위하여, 우리는 우리 주 예수 그리스도의 권위(權威)로써 축복받으신 사도 베드로(Peter)와 바울(Paul)의 권위로써 그리고 짐(왕)의 권위로써 전능하신 하나님은 특별하신 은총과 보호하심으로 말미암아 인류의 구세주이신 그리스도 예수의 공로

(merit)를 감안하셔서 동정녀 마리아는 잉태의 첫 순간부터 원죄로부터 전혀 오염되지 않고 보전되었다"고 선언(宣言)한다. 그리고 "이 교회는 하나님의 계시(revelation)에 의해서 보여주신 것이므로 모든 신자에 의해서 확고하게 그리고 흔들림이 없이 믿어져야 할 것"이라 천명했다. 이 교서에 대해 회의에 참석했던 대부분의 주교들과 특별위원회도 찬성하였다. 이렇게 해서 스코투스 학파(Scotus school)의 이론이 승리하게 된 것이다.

한편, '마리아 무흠잉태'의 교리는 '교황 무오에 관한 교리'로 확대되었다. 교황이 교리를 결정하는 데 있어서 역사적인 증거가 필요 없이 독자적으로 발표할 수 있음을 말하게 되었다. 그리하여 '교황무오이론'이 등장하게 된 것이다.

제4절 교황 무오설

교황 파피우스 9세(Pope, Pius IX)는 교회론을 크게 전진시키고자 모든 반대를 무릅쓰고 1870년 7월 18일 제1차 바티칸회의에서 교황 무오설을 통과시켰다. 교황은 교서를 통해 "기독교 신앙(信仰)의 시작으로부터 물려받은 전통을 충분히 고수하면서 우리 구세주 하나님께 영광을 돌리기 위하여, 로마 카톨릭교회 신앙(信仰)의 증진을 위해서, 기독교인들의 구원을 위하여, 우리는 성스러운 회의의 동의를 얻어서 교황의 무오는 신적으로 제정된 교리임을 확인하고 가르치노라. 즉 로마의 교황이 교황의 권한으로 말할 때는, 다시 말하여 모든 교인의 목자로서 그리고 교사로서 직권을 가지고 행동할 때는 지상적인 사도의 권한에 의지하여 교황청이 주장하는 신앙과 윤리에 관한 교리를 제정한다"고 했다.

교황(Pope)[83]은 이러한 권한을 베드로(Peter) 안에서 자신에게 약속된 하나님의 도우심을 소유하며, 로마 교황은 구속주께서 그의 교회를 다스리기 위하여 신앙(信仰)과 윤리에 관한 교리(doctrine)를 결정하는 데 수여자로서 무오를 소유하고 있다고 했다. 그러므로 교황은 그와 같은 결정은 그 성질상 개혁될 수 없으며 교회가 의견을 일치했다고 해서 개혁될 수도 없다는 것이다.

이상과 같은 로마 카톨릭의 입장은 자체적인 도전을 받을 때 개혁을 고려하기보다는 언제나 교서, 교리, 신학 등을 강화함으로써 수동적인 방어로 자신을 지켰다. 종교개혁 이후로 트렌트 회의와 예수회를 통하여 프로테스탄트(Protestant)의 반격을 이겨내려 했다. 이러한 상황에서 마리아 무흠잉태설과 교황무오설이 나왔다고 할 수 있다.

한편, 제2차 세계대전(1939년) 이후로 사람들이 허무주의에 빠지면서 신의 죽음을 부르짖게 되었을 때 카톨릭교회는 마리아의 승천설로 또

---

83 웨스트민스터신앙고백서 제25장 6절 : 교황은 교회의 머리가 아니면 적그리스도요, 죄악의 사람이며, 멸망의 자식이다(요약).

다시 방어벽을 구축했다. 그러나 로마카톨릭 교회는 시대의 변화를 막아내지 못하고 1962년부터 1965년 사이에 제2차 바티칸 회의를 개최해서 불안에 휩싸인 교회와 사회를 안정시킬 수 있었다.

제5부

The modern

Westminster Abbey

제 1 장

합리주의의 도전
The Challenge of the Rationalism

합리주의(rationalism)는 18세기에 두각을 드러내기 시작했다. 이 용어는 모든 종교문제에 있어서 인간의 이성이 우위를 차지한다는 사상이다. 데카르트(Descartes), 칸트(Kant), 헤겔(Hegel) 같은 철학자들의 사상이 신학에도 영향을 끼쳤다. 고대의 그리스철학이 기독교 교리형성(形成)에 큰 영향을 주었던 것처럼 근, 현대에 이르러 철학적 사고방식, 즉 합리주의 철학이 신학에 도입되면서 기독교회는 크게 양분되었다.

역사적으로 기독교회는 제1차 대전(First World War, 1914) 이전과 이후에 큰 변화를 겪었다. 1차 세계대전 이전에는 자유주의가 득세했다. 그 결과 기독교는 하나님의 윤리적 가르침으로 전락했다. 그러나 제1차 대전 이후 사람들은 자유주의 신학에 환멸을 느끼며 새로운 사조인 신정통주의 신학에 매력을 느꼈다. 칼 바르트로 말미암은 신정통주의는 처음에 자유주의 신학의 모순을 고발하는 데 일등 공신이 되었다. 그러나 이로 인해 기독교회는 회의적인 하나의 경건운동 내지는 사회 참여운동으로 변모될 위기에 처했다. 자유주의(Liberalism)와 신정통주의(Neo Orthodoxy)는 등을 지면서도 묘하게 서로 닮은 점이 있었다. 그것은 바로 기독교회의 사회참여와 정치운동이었다. 이 운동의 여파가 전 기독교회를 휩쓸었다. 이들이 낳은 한 괴물이 바로 종교다원주의와 혼합주의를 추구하는 W.C.C.라는 단체이다.

제1절 자유주의

합리주의가 성경의 기록과 전승 방법에 대하여 이의를 제기하게 된 계기는 프랑스의 '아스트록'과 독일의 '아이히온'이 모세 오경의 저작문제에 의심을 품기 시작할 때부터 본격화되었다.

이후 네덜란드의 '쿠에넨'이나 독일의 '그라프'와 '벨하우젠'등이 구약성경의 기원에 관한 비평적 견해들을 지속적으로 제기했다. 이들에 의하면 이스라엘 종교 생활에는 발전이 있었으며 구약의 문서들은 이러한 발전을 반영하고 있다는 것이다. 따라서 이런 방법에 의해서 성경을 볼 때 전통적인 성경론과 정경성을 의심하지 않을 수 없다고 했다.

영어권 세계에서 이러한 견해를 유포시킨 사람들은 쿠에넨, 데이비드스, 윌리암 시미드 브릭스, 케인, 드라이버, 하퍼, 토이 등의 학자들이다. 이후 목회자들과, 신학자들, 그리고 교인들까지도 이러한 사상(思想)을 알게 되었고 점점 자유주의(Liberalism) 신학은 그 기반을 넓혀갔다.

19세기 말엽에 이르자 부흥 운동의 열기가 사라지고 비평적 견해가 급상승하기 시작하였다. 당시의 신학 사조에 관해 '조지 스미스'(George Smith)는 "현대 비평주의는 전통적 이론들과의 전투에서 승리를 거두었다. 이제 배상금을 결정하는 일만이 남았을 뿐이다."라고 말했다.

또 19세기 말에는 구약성경 연구에 채택되었던 비평적 방법이 신약성경 연구에도 적용되었다. 독일의 궁켈(Gunkel)은 성경 각 권의 근간을 이루고 있는 양식들을 분류하고 그 책들의 궁극적인 양식을 찾아내고 재구성하고 비평했다. 제1차 세계대전 이후 루돌프 불트만(Rudolf Bultmann)은 이러한 양식비평을 매우 중요한 위치로 올려놓았다.

합리주의 접근의 결과는 무엇인가? 성경이 성령의 감동으로 기록되어진 것이 아니라 나중에 사람들이 한 데 묶은 인간에 의한 세속적인 문서들에 불과하다는 것이다. 따라서 이러한 새로운 방법은 결국 초자연주의에 대한 거부로 귀결되었다. 그리하여 그리스도의 대속(代贖)의 죽음이나 부활 등의 전통적인 교리들이 모두 무너지게 되었다. 그들의 작업에 의해 그리스도는 이제 하나의 걸출한 윤리적 인물로 부각되고 말았다.

이러한 합리주의(rationalism) 영향은 후에 칼 바르트(K. Barth)의 신정통주의와 함께 에큐메니칼 운동(Ecumenical movement)의 신학에 큰 영향을 미치게 된다.

제2절 신정통주의

신정통주의(Neo orthodoxy)는 스위스의 목사 칼 바르트(K. Barth 1886-1968)가 1919년에 로마서 주석을 편찬함으로 생겨났다. 이 새로운 로마서 주석은 현대신학에 있어서 하나의 전환점이 되었으며 칼 바르트는 '현대신학의 아버지'라는 칭호를 얻으며 20세기의 가장 영향력 있는 신학자가 되었다.

칼 바르트는 먼저 널리 유포되어 있던 자유주의(Liberalism) 신학에 대한 환멸에서 그의 신학을 출발시켰다. 그는 자유주의가 기독교를 신(神) 중심이 아닌 인간(人間) 중심의 일로 만들어버렸다고 비판했다. 그는 "하나님이 성경을 통해 그리스도 안에서 자기를 계시한 것을 진지하게 고려해야 한다"는 근본 주제를 내걸었다. 그러나 겉으로는 칼빈(Calvin)이나 루터(Luther)와 같은 주제를 말한 듯하나 전혀 다른 방식(方式)으로 조직신학(組織神學)을 산출함으로써 정통신학과는 전혀 다른 작품을 만들어 내었다.

그는 또 변증법을 차용하여 하나님과 인간 사이를 연결하였다. 그리하여 하나님과 인간 사이에는 연속성보다는 모순이나 변증법적 관계가 존재한다는 명제를 내걸었다. 이런 신학의 방법은 "말씀의 신학"이라는 주제로 전통적인 신학과 유사한 외모를 지닌 듯하나 실제로는 내용이 전혀 다른 신학을 산출했다. 바르트는 신학은 기독교회가 선포한 예수 그리스도라는 토대에 충실하게, 그리고 그가 성경 안에서 우리에게 계시한 대로 이루어지도록 하는 학과목이라 했다. 신학은 인간 상황이나 인간의 질문에 대한 응답이 아니라 그 내적 본성상 대답을 요구하는 하나님의 말씀에 대한 응답이라고 했다.

말하자면 메아리가 소리친 자에게 다시 돌아오듯이 하나님의 계시가 그리스도를 통하여 다시 하나님께로 실현(實現)되어져 가도록 하는 과정(過程)이 신학이라는 것이다. 그는 이 과정을 변증법적으로 설득하고자 했다. 그래서 바르트의 신학에서는 계시의 객관성을 찾아볼 수 없다. 바르트에게서 계시의 역사성(歷史性)은 거세되었다. 물론 바르트는 자유주의자들과 달리 하나님의 초월성을 주장함으로 정통신학과 연계성을 가지고 있지만 그가 말하는 초월성(超越性)은 회의적(懷疑的)인 평가를 받는다. 왜냐하면 그는 그리스도를 통한 주관적인 인격과 관계에만 몰두할 뿐 계시(revelation)가 역사적으로 이루어져 가는 객관성을 부인하기 때문이다. 그는 결국 역사를 통해 계시하시는 하나님을 부인했다. 그리하여 역사와 단절된 공허한 신학을 생산했다. 그의 하나님은 성경의 하나님이 아니다. 지나치게 초월적(超越的)으로 유리되어 있는 하나님이시다. 그는 구원의 객관성을 약화시키는 하나님을 창조했다.

무엇보다 바르트의 성경에 대한 사상은 개혁주의 신학에서 수용하기 어렵다. 그의 성경의 기원과 본질에 관한 진술은 본질적으로 정통신학과 다르다. 그는 성경에 기록된 하나님의 말씀을 믿음으로 수납할 때에만 성경이 하나님의 말씀이 된다(become)고 했다. 그의 신학은 후에 사신신학(死神神學)으로까지 이어진다.

한편, 칼 바르트(K. Barth)와 에밀 브룬너(Brunner)의 사상(思想)이 결합하여 계시의 주체로서의 하나님을 강조하지만 성경의 객관적 진리(眞理)를 부인하는 신학이 발생했다. 이것이 급진적인 형태로 발전한 것이 하비콕스(Harvey Cox), 폴 뷰렌(Paul buuren), 알타이져(Altizer) 등이 주창한 '신의 죽음의 신학'이다. 이들에 의해 성경 자체는 계시가 아니고 성경과 기독교의 진리(眞理)는 아무런 연관이 없다고 했다.

제3절 에큐메니칼 운동

에큐메니칼(Ecumenical)이란 용어는 각기 다른 교회, 혹은 교파 출신의 사람들이 한자리에 모이는 것을 의미한다. 이것은 종파를 넘어선 연합활동과 개교회들을 연합하려는 노력을 일컫는 일반적인 용어가 되었다.

현대 에큐메니칼 운동(Ecumenical movement)은 1910년에 시작되었다. 최초의 초교파적 성격을 띤 영국 에딘버러(Edinburgh) 선교대회가 에큐메니칼 운동의 전환점이 되었다. 이 대회에서는 비기독교 세계에 복음을 전하는 일과 선교전략에 대한 토의가 이루어졌다.

1947년 휘트비 대회에서는 모 교회 선교사들과 자 교회 선교사들의 동등한 자격문제가 논의되었다. 에큐메니칼 운동은 초교파적 활동으로 선교협력과 신앙(信仰)과 사역 운동, 그리고 신앙의 직제 문제에 집중했다. 신앙과 사역 운동은 제1차 세계대전 이후 신앙을 인간 생활 전반에 적용시키려는 관심에서 시작되었다. 1937년 옥스퍼드 제2차 대회에서 세상에서의 교회의 역할에 대한 신학적 논의를 자세히 검토하였다. 신앙과 직제 문제에 관하여, 에딘버러 선교대회에서 교회의 협력이 증진되려면 교리문제가 해결되어야 한다는 것이 분명해졌다. 성만찬, 사역의 본질(essence), 그리고 교회의 조직 등이 주요 논제들이었다. 생활과 사역 그리고 신앙과 직제 문제가 하나로 묶여야 한다는 제안이 제기되었다. 1948년 암스테르담에서 세계교회협의회(The World Council of Churchs)가 창설되고 그 기본원리를 다음과 같이 발표했다.

"세계교회협의회는 우리 주 예수 그리스도를 성경에 따라 구주 하나님으로 고백하고, 또 그러므로 한 분이신 하나님 성부, 성자, 성령이 영광을 위하여 부름 받은 교회의 일반적 소명을 성취하려고 노력하는 교회들의 협력단체이다."

W.C.C 총회는 통상 7년에 한 번 개최한다. 총회는 에반스턴

(Evanston, 1954), 뉴델리(New Delhi, 1961), 움살라(Upsala, 1968), 나이로비(Nairobi, 1975), 벤쿠버(Vancouver, 1983) 등에서 개최되었다. 2013년에는 한국의 부산에서 개최되었다. 이 집회 중 몇 곳에서는 중요한 이정표가 세워졌다. 즉 복음 선교에서 사회봉사로 직접적인 관심의 방향을 바꾼 것이다. 이제 신앙이나 직제에 대한 논의를 진부하게 생각하게 되었다. 기아나 빈곤 문제, 고통당하는 사람들을 사회적으로 해방시키는 것, 그리고 심지어 인권운동(人權運動) 지원을 목표로 하는 민간단체를 지원하고 게릴라부대의 후원에 참여하기도 하였다.

W.C.C.[84] 운동은 외부로부터 뿐만 아니라 자체 내에서도 많은 비판을 받았다. 일부에서는 후원금이 줄기도 하는가 하며 다소 온건하게 균형 잡힌 사역을 추구하기도 하였다. 그러나 대체적인 방향은 사회구원에 있었다.

이상과 같이 이성 우위의 사고방식, 즉 합리주의를 기초로 한 신학작업은 기독교를 근본적으로 변질시켰다. 자유주의(Liberalism)나 신정통주의(Neo Orthodoxy)는 역사적으로 어떤 이단(異端)들보다 치명적으로 기독교회의 가르침을 파괴했다. 합리주의는 하나님의 초자연적인 구원(salvation)의 능력에 논리적인 회의를 야기 시킴으로써 기독교 신앙(信仰)의 근간을 흔들었다.

---

84 W.C.C. 10차 총회, 일자 2013. 10. 30-11. 8일까지. 주제 : "생명의 하나님, 우리를 정의와 평화로 이끄소서 (사 42:1-4)" 장소 : 부산 벡스코, WCC는 종교혼합주의다. 1959년 WCC를 지지하는 통합측과 반대하는 합동측으로 분열되었다(4차 분열). 계13장의 666의 모형이다.

제4절 종교다원주의(pluralism of religion)

　　종교다원주의는 기본적으로 진리를 독점하는 절대적인 규범은 없다고 하는 진리상대주의라는 기본적인 입장을 가지고 모든 종교는 각자의 구원의 길을 가지고 있으므로 상호 동등하다고 주창한다. 그러므로 모든 종교는 대화와 타협과 관용의 길을 걸어 세상의 평화에 기여해야 하므로 먼저 기독교가 관용의 정신으로 타 종교와 대화의 문을 활짝 열고 그들과 상호 교류를 통해 하나의 종교로 통합하는 노력을 해야 한다는 것이다.

　　다시 말해, 종교다원주의의 특징은 어떤 특정한 종교(기독교)의 절대성이나 보편성을 부인함과 동시에 모든 종교의 상대성과 주관성(주체성)을 인정하여 종교 상호 간의 신앙적 종교적 문화교류를 통한 만남과 대화의 장을 마련함으로써 종교의 토착화는 물론 범종교적 협력에 의한 공동의 목표를 향하여 지혜와 힘을 모아 보자는 발상에서 착안한 종교일치운동 사상(思想)이다. 나아가 범종교적 협력에 의한 공동의 목표는 사회변혁, 평화유지 및 상생의 길을 여는 것이라 주장한다.

　　종교다원주의의 핵심은 구원이 기독교뿐만 아니라 타 종교에도 구원이 있다고 주장하는 것이다. 그들은 기독교를 포기하지 않고 다른 종교들과 함께 공존해야 된다고 주장한다. 이것은 기독교 정통신학(orthodoxy theology)에 대한 정면 도전이자 후기 근대주의(post-modernism) 및 급진주의(Radicalism)에 속한 하나의 유형이다. 또 이것은 기독교 전통에 대해서는 의도적으로 혹은 반사적으로 비판적이며 배타적이면서도 다른 종교에 대해서는 아주 관대한 이율배반적인 태도를 가지고 있는 것이다.

레이스(Alan Race)의 분류법에 따르면, 자유주의 신학자들인 슐라이어마허(Schleiemacher), 폴 틸리히(Paul Johannes Tillich), 트뢸취(Troeltsch), 알타이저(Altizer)는 종교다원주의자들에 속한다.

제5절 신학적 혼합주의(syncretism)

역사적(歷史的) 기독교는 정통신학의 보수(保守)를 그 특색으로 한다. 그러므로 복음의 순수성(純粹性)에 도전하는 혼합주의를 배격한다. 혼합주의란 종교적 신조의 절충주의(Eclecticism)를 의미한다. 헬라어 '섞그리노'에서 나온 말로 '서로 붙인다'(bring together). '혼합하다'(combine) 등의 뜻을 가지고 있다. 이 용어는 초대 기독교에 있어서 히브리 사상과 헬라 사상의 혼합에 적용(application, 適用)되어 사용되었다.

교회사적으로 보면 베사리온(Bessarion)은 동, 서방교회의 연합을 제안할 때 상호절충을 뜻하는 혼합주의를 내세웠다. 종교개혁(The Reformation) 이후에는 프로테스탄트(Protestant) 교회 간의 통합, 특히 루터파와 칼빈파의 합동을 위한 혼합주의 논쟁(dispute)이 있었다. 루터파의 신학자 조지 칼릭스투스(George Calixtus)는 기독교의 통합을 위하여 각 교파의 신조(Creed) 중에서 중요하지 않는 요소를 제외하고 교리적 공통분모를 찾고자 제의했으나 실패하였다.

근래에 와서 혼합주의는 교리적 신조의 절충보다는 오히려 기독교와 비기독교 사이의 사상적 조화를 시도하는 쪽으로 선회했다. 대표적 학자는 윌리암 어네스트 호킹(William Ernest Hocking)으로 「산 종교와 한 세계의 신앙」(Living Religion and World Faith)과 「재고되어야 할 선교」(Rethinking Mission)라는 저서 등에서 기독교는 타 종교에 영향을 끼친 만큼 또 영향을 받아서 조화를 이룬 하나의 세계적 통일종교를 모색할 것을 제의하였다. 마치 중국에서 불교가 도교와 함께 상호 수수작용을 한 것이나 인도의 시크(Sikh) 종교에서 이슬람교(Islam)와 힌두교(Hinduism)가 잘 혼합되어 있는 데서 좋은 본보기가 된다고 했다.

역사학자(歷史學者) 아놀드 토인비(Arnold Toynbee)는 세계 역사는 '도전과 응전'이라는 두 궤를 교차하며 발전한 것을 기조로 상호 연합과 혼합이 역사 발전의 주체라고 설명하면서 혼합주의적 역사철학(歷史哲學)을 강하게 주장하였다. 그는 문명의 기저를 종교에서 발견하고 문명의 위기를 극복하는 길은 종교 간의 혼합절충(混合折衝)에서 찾으려 했다.

오늘의 W.C.C 운동은 분명히 혼합주의의 길에 들어섰다. 뉴델리 총회에서 역설된 「포괄적 신학」이 바로 그것을 증명한다. 1955년 6월 19

일 샌프란시스코(San Francisco)에서 열렸던 "신앙축제"(The Festival of Faith)에서 기독교, 불교, 힌두교, 유대교, 모슬렘이 모여 혼합주의 향연 속에 에큐메니칼(Ecumenical) 축제를 벌였다. 이는 마치 바울 당시의 대표적인 이단이었던 영지주의의 부활을 연상케 한다. 바울 당시 초대교회를 위협했던 영지주의(Gnosticism)는 동방 기독교의 신비주의(Mysticism)와 애굽의 유출설, 페르시아의 이원론(Dualism) 등을 기독교 사상(思想)과 교묘히 혼합하여 "영지"를 중심으로 이룩한 혼합종교이다.

혼합주의는 종교의 기원을 인간적 차원에서 찾을 수 있을 때만 가능하다. 종교의 기원과 발전을 문화사적 측면에서만 설명할 수 있다고 볼 때 보다 더 나은 종교를 만들기 위한 종교 간의 혼합이나 조화는 오히려 지혜로운 것이다. 그러나 기독교는 그 기원을 계시에 두기 때문에 계시의 절대성을 기본신앙으로 삼는다(갈 1:8).

W.C.C의 교회연합운동은 정통 프로테스탄트(Protestant)의 개혁자들의 신학 노선에 입각한 연합운동이 아니다. 조직적, 정치적 기구화가 되어 종교혼합 혹은 이념혼합의 연합체 운동이다. 이들은 기독교의 핵심인 그리스도의 동정녀 탄생과 대속적 죽음, 육체적 부활의 본질적이고도 근본적인 기독교 교리에는 침묵하고 교회(敎會)의 통일성만 강조하는 것은 기독교적 신앙적(信仰的) 영적(靈的) 교통과는 상관없는 이단에 불과하며, 나아가 이교적이며 불신앙적인 단체를 총망라하여 꾸린 연합체이자 혼합주의 단체이다. 다시 말해 W.C.C는 성경적 기독교회의 사명이

나 역사적 기독교회(historical of christian)의 보편성의 문제를 위한 연합기구가 아니라 보다 큰 세계기구 또는 세계조직 속의 일원이기를 바라는 단체들의 연합일 뿐이다. 또 성경 해석에 있어서 상황적 혼합주의에 빠져 있다. 종교혼합주의는 모든 종교의 구원을 인정하기 때문에 혼합하여 하나의 종교를 가지자는 운동이다. 이들은 계시종교인 기독교만이 유일한 구원의 종교라는 사실을 부정한다.

제6절 포스트 모더니즘(Post-Modernism)

포스트모더니즘을 이해하려면 먼저 post의 뜻을 살펴보아야 한다. post는 '… 후에', '…뒤를 따라온', '….나중에'라는 뜻이다. 그러므로 post-modernism이란 뜻은 현대(present age or modern times)주의의 뒤를 잇는다는 뜻이다.

포스트모더니즘은 현대주의의 기초적 믿음, 즉 인간의 이성이 진리(眞理)로 인도할 수 있다는 믿음을 이제 더 이상 지지할 수 없다고 선포했다. 다시 말해 현대주의를 포함한 기존의 것에서 탈피하자는 것이다. 포스트모더니즘은 역사적 기독교의 정통성과 자유주의 신학까지도 부정한다.

무엇보다 포스트모더니즘은 성경의 절대적인 주장들을 무효화시키고 객관적이거나 규범적인 진리(眞理)는 존재하지 않는다고 본다. 포스트모더니즘은 다원주의를 받아들이는데 이것은 성경적 계시(revelation)와 영감을 부인하는 결과로 말미암는다. 나아가 예수 그리스도의 절대성(絶對性)에 관해서도 다원적인 성격 때문에 그리스도를 다른 종교의 창시자들 중 한 사람으로 본다. 그러므로 예수 그리스도는 모든 인류의 유일한 진리(요 14:6)가 더 이상 아니라고 한다.

특히 1980년대에 나타난 포스트모던 신학은 기독교의 신학계에 돌풍을 일으키고 있다. 조지 린드백(Gearge Lindbeck)의 「교리의 본질」(the nature of doctrine)이란 저서가 돌풍의 진원지였다.[85] 린드백은 포스트모던 시대에는 기독교의 신앙인들도 성경에 기록된 언어들을 믿을 수 없어서 과학적으로 증명되어야 믿을 수 있다고 하는 시대가 바로 포스트모던 시대라고 말한다.

포스터모더니즘은 인식(認識)의 상대론과 탈 교리(doctrine)를 강력히 주장하면서 지금 시대는 근대(modern age)의 연장이 아니라 완전히 포스트모던시대라고 규정하고 이 시대에 맞는 새로운 신학을 개발하기 위하여 언어의 다원화를 신학의 방법론으로 강력히 추진하고 있다. 포스트모더니즘 신학은 고정화의 개념이 아니고 유동적 개념으로 시대에 맞는 새로운 방향과 주제를 제시하며 희망을 만들어 내며 정통주의를 배격하고 사람들에게 충족을 줄 수 있는 신학을 만들어 내는 것이라 할 수 있다.

---

85 이주성, 「현대신학」, (II)(서울: 도서출판성지원, 2001), p. 525.

제7절 신영성운동(new spirituality movement)

미래학자 앨빈 토플러(Alvin Toffler)는 제3의 물결에서 시대를 전통사회(traditional society), 현대사회(modern society), 탈현대사회(post-modern society)로 구별했다. 전통사회는 '종교의 시대'이고 현대사회는 '종교들의 시대'였다면 탈현대사회는 '탈현대성(post-modernity)의 시대'라 했다.

탈현대[86]는 '보이는 종교에서'(visible religions) '보이지 않는 종교'(invisible religion)의 전환을 말한다. 여기서 신영성운동은 '보이지 않는 종교'를 주대상으로 한다. 신영성운동의 배경은 한 마디로 범신론을 배경으로 한 자연주의(自然主義)이다. 이들은 선(善)과 악(惡)의 구별을 초월한 혼합적 자아(自我)의 일치를 추구한다.

신영성운동은 기존의 종교를 벗어나 새로운 형태의 종교, 즉 대체종교(alternative religion)이지만 제도적 의식을 갖추지 않는 초월적이고 신비적이며 영적인 것을 추구하면서 사람들의 종교적 요구를 충족하기 위한 새로운 형태의 영적 운동이다. 이 운동은 범신론적이며 종교혼합주의에 뿌리를 두고 있고, 인간중심주의에서 자연주의(naturalism)를 추구

---

86 탈현대성 시대는 '보이지 않는 종교'를 말하는 시대다. 보이지 않는 종교의 시대에 '보이는 종교'의 바른 정체성(identity)을 찾아야 한다. 이는 칼빈주의 즉 개혁파 신학만이 보이지 않는 종교를 말하는 시대에 '보이는 종교로'써 정체성을 말할 수 있다. '보이는 종교의 정체성'은 성경에서 찾아야 하며 개혁파 신학(Reformed theology)에서 찾아야 할 것이다. 개혁파 신학만이 이 땅에 보이는 종교로써 성경적 교회를 건설할 수 있을 것을 확신한다.

하며 선과 악의 구분이 없는 것이 특징이며 권선징악(勸善懲惡)의 관점이 없다.

신영성운동이란 용어를 처음 사용한 학자는 일본 도쿄대학의 종교사회학자 시마조노 스스무이다. 그는 20세기 후반부터 소비문화가 발달한 대도시 중심으로 전통 종교들에 대항하면서 새로운 영성(new spirituality)을 추구하는 운동을 '신영성운동'이라 명명하였다.[87] 새로운 신영성은 대립적 관계가 아니라 융합이며 과학의 합리성의 한계를 자각하여 극복하며 자신의 체험을 수반하는 것이다. 다시 말하면 모든 것에서 자유롭게 되어 진정한 자신(authentic self)을 발견하는 탐구에 가치를 부여한다. 시마조노 스스무는 이 사상에는 심리 요법적인 관념적 요소, 신도(神道)나 켈트 문화, 미국의 원주민문화, 마녀의 전통과 같은 자연종교, 명상체험이나 신비 사상, 동양종교나 형이상학적 체계 등에 의한 내면세계의 체험, 기공이나 자연식과 같은 실제적인 건강법 등이 포함된다고 하였다.[88]

미국의 뉴에이지운동(New Age Movement), 일본의 정신세계 운동, 한국의 기수련운동이 신영성운동의 일환이라 할 수 있다.[89] 이 운동들은 1970년대에 들어와 생긴 것으로 기존의 가치, 제도, 권위, 규범, 신앙 등을 거부하는 히피운동, 프리섹스운동, 여성해방운동, 흑인해방운동, 반전

---

87 노명길, 「한국의 종교운동」 (서울: 고려대학교출판부, 2006), p. 206.
88 전게서, p. 208.
89 전게서, p. 208.

운동, 반핵운동, 자연운동 등으로 확산해 간다.

뉴에이지 운동은 서구문화에 대한 근원적인 회의와 반발을 바탕으로 이들의 사상 속에는 반그리스도교적 성격과 함께 동양문화의 신비의 요소들을 상당이 수용하고 있다. 일반적으로는 육체적, 정신적, 영적인 건강과 평화를 추구하고, 그것을 통해 자기 변용(transformation of oneself)을 이루며 그 결과로 새로운 사회를 이루는 것을 목적으로 하는 운동이다. 뉴에이지 운동은 말 그대로 새로운 시대를 추구하는 운동이다.

일본의 정신세계 운동(精神世界運動)은 인류의 보편적 가치와 국가, 집단에 별 관심이 없는 대신 명상, 요가, 신비주의, 오컬티즘(occultism-신비체험을 추구하는 비밀 종교) 등에 관심을 가지며, 초능력이나 신비체험이 강조된다. 이들은 가족, 국가, 사회의 안녕이나 평화보다 개개인의 정신적 내면적 세계에 대한 몰입이 중요시 된다.[90]

한국의 기수련운동은 1970년대부터 대두된 것으로 경제성장에 따른 물질세계의 확대는 물질주의, 물량주의, 경쟁주의, 업적주의, 권위주의 등과 같은 사회 풍조로 공동체 의식을 크게 악화시키고 인간관계를 타산적이고 단편적인 것으로 변화시켰다. 이와 같은 합리적이고 물질적인 흐름에 반발하여 나타난 것이 정신적, 신비적, 초월적, 영적 세계에 대

---

90 전게서, p. 214.

한 관심을 증폭시키는 요인으로 작용하게 되었다.

기수련(氣修練)은 기공, 단전, 초월명상, 요가, 선(禪)은 몸과 마음을 단련하는 전통적인 심신 수련방법의 하나였으나 근대에 와서 대종교, 동학, 증산교, 원불교 등의 민족 종교의 수도방법(修道方法)으로 이어지고 있다. 종교 색체를 띤 단체의 특징은 기공, 단전과 같은 수련방법은 육체적, 정신적 수련이나 수양의 단계를 넘어 영적 세계와 교감하거나 영적 깨달음을 얻기 위한 방법으로 활용하고 있다. 이러한 수련을 통해 만인사제주의(萬人司祭主義)와 비술(秘術)이나 영술(靈術)을 습득하면 건강과 평화를 유지하며, 신성(神性)을 극대화하여 자신이 신(神)이 되거나 신선(神仙)이 되는 것을 궁극적 목표로 삼는다.[91]

신영성운동(new spirituality movement)의 특징들은 다음과 같다.
첫째, 자기 변용을 이루기 위한 운동이다.
둘째, 영계나 초감각적 초월적인 존재와 교감을 추구하는 운동이다.
셋째, 인간의 정신세계와 과학을 통합하는 운동이다.
넷째, 자연중심주의 운동이다.
다섯째, 서구종교의 사상이나 수련방법에 동양사상과 수련방법을 접합시키려는 운동이다.
여섯째, 외계인 숭배 운동이다.
일곱째, 만인제사주의 운동이다.

---
91 전게서, p. 218.

여덟째, 우주와 자연에는 그것이 존재하도록 하는 생명력으로서의 에너지가 존재한다는 범신론적 운동이다.

아홉째, 선(善)과 악(惡)의 구별이 없는 자기중심적 자각운동이다.

열 번째, 영적 각성을 통해 인간 완성을 추구하는 운동이다.

열한 번째, 혼합주의 운동이다.

열두 번째, 내적 체험을 강조하고 하나님을 부정하는 비기독교적 운동이다.

신영성운동(new spirituality movement)의 일환인 뉴에이지 운동은 반문화적 운동으로 나타나지만 일본과 한국은 조화통일을 요구하고 있다. 그러나 신영성운동은 계시 진리인 성경을 부정하며 하나님의 절대주권을 부정하는 탈종교 운동의 한 분류로서 사단적이며 비기독교적 반동 운동이다. 우리는 이러한 운동이 확산되는 이 시대에 바른 영적 각성을 통해 이 땅에 주체적 종교로서 이 시대를 선도하는 전성경신앙신학과 유신론적 신관, 성경적 교회를 세우고 유신론적 문화를 확산하며 잘못된 신영성운동을 배격하는 일에 앞장서야 할 것이다. 비기독교적 신영성운동을 배격하는 길은 하나님 절대 주권을 믿는 개혁파 신학만이 할 수 있다. 특히 계시진리인 성경을 신앙과 삶의 유일 기준으로 삼는 전성경신앙신학과 삼위일체하나님의 주권적 섭리를 믿는 신앙만이 범신론적 신영성운동을 배격할 수 있고 이 땅에 하나님의 영광을 위한 성경적 교회를 수립할 수 있다.

제8절 개혁파

개혁파(the Reformed), 개혁주의, 칼빈주의(Calvinism), 개혁신학이라는 말은 한국에서는 동의어로 쓰고 있다. 그러나 정확히 말하면 개혁파란 말이 원래 의미에 가장 가깝다. 개혁파란 성경에 의해 개혁되어 가는 것을 중요시한다. 그리고 개혁파 교회는 철저하게 성경주의를 지향하며 동시에 칼빈주의 신학과 신앙(信仰)의 토양 위에 교회를 세우고 신앙한다. 무엇보다 웨스트민스터 신앙고백서(The Westminster Confession)를 포함한 5대 표준문서들을 철저하게 따른다.

그러나 한국에서 개혁파(The Reformed)는 어떤 특정 교리(doctrine) 혹은 교의(Dogma)를 주창하는 특별한 교파로 오해받는다. 대개 한국교회 성도들은 칼빈주의(Calvinism) 혹은 장로교회의 특징을 말하라 하면 제일 먼저 '예정론'을 거론한다. 다음으로 일명 TULIP으로 알려진 칼빈주의 5대 교리를 말한다. 이렇게 고정관념이 발생한 연원은 1957년 박형룡 박사가 로레인 보에트너(Loraine Boetner)[92] 박사가 쓴 개혁주의 「예정론」을 「칼빈주의 예정론」이라 번역한 후부터다.

칼빈주의는 「기독교강요」나 신조(Creed)들 및 예정론을 칼빈주의의 기본원리로 취급하지 않는다. 예정론은 구원론에서 취급할 뿐이다. 5대 교리(doctrine)도 칼빈주의 구원론의 골격인 것은 사실이지만 그 자체가

---

92 정성구, 「칼빈주의 연구」 (서울: 칼빈주의연구원, 1992), pp. 28-31.

칼빈주의는 아니다. 또 하나님의 영광(glory)을 기본원리로 생각하고 있지만 이는 우리의 전 생애를 통하여 하나님을 영화롭게 하는 것이 제일 되는 목적이지 이것을 칼빈주의 원리라고 단언하는 것은 무리다. 칼빈주의 즉 개혁파 신학은 어느 특정한 교리(doctrine)가 아니라 성경에 계시된 모든 진리를 통합적으로 체계화하고 구원의 진리를 밝히며 하나님의 우주적인 섭리를 신앙하는 신학이다.

개혁파(The Reformed) 신앙이란 아래와 같이 정리할 수 있다.

① 하나님의 신적 작정을 철저하게 믿는 신앙
② 하나님의 섭리를 철저히 믿는 신앙
③ 하나님 영광을 위해 그의 면전에(코람 데오) 철저하게 살아가는 신앙
④ 성경의 무오성과 신앙과 생활의 유일한 기준으로 삼는 것을 전제(前堤)로 한 신앙
⑤ 역사적 정통신조와 신앙고백서를 인정하는 신앙
⑥ 하나님 절대주권을 철저하게 주장하는 신앙
⑦ 칼빈주의 5대 교리를 중요시하는 신앙
⑧ 유신론적 범주 안에서 문화적 활동을 지향하는 신앙
⑨ 모든 것을 하나님 관점에서 보는 신앙
⑩ 성경적 예배를 철저하게 전개하는 신앙
⑪ 장로주의(Presbyterianism) 정치를 확립하고 성경적 교회를 지향하는 신앙

⑫ 일반은총과 특별은총을 믿는 신앙

⑬ 시원적 종말을 믿는 신앙(信仰)

한편, 개혁파란 루터파와 칼빈파를 구별하는 말이기도 하다. 나아가 개혁파는 보수주의(Conservatism), 복음주의(Evangelicalism), 근본주의(Fundamentalim), 신복음주의(Neo Evangelicalism) 뿐 아니라 신정통주의(Neo Orthodoxy), 자유주의(Liberalism), 급진주의(Radicalism) 등과 철저하게 구별하는 용어로 어느 특별한 교리(doctrine)를 지향하는 것이 아니라 철저하게 성경을 전제로 하는 칼빈주의(Calvinism)를 지향한다.

특히 개혁파 교회는 장로교회(Presbyterian Church) 정치제도를 믿고 따른다. 이는 철저한 칼빈주의 사상에 기초한 것이다. 독일의 하이델베르그 요리문답(1563), 네널란드 벨직신앙고백(1561), 스위스의 제2 신앙고백서(1566), 화란의 도르트 신조(1619), 웨스트민스터 신앙고백서(The Westminster Confession, 1647) 등은 칼빈(Calvin)의 「기독교강요」(*Christianae Religionis Institution, 1536*)를 토대로 작성되고 선언된 신조요 신앙고백서들이다.

그러므로 개혁파 교회나 장로교회는 칼빈주의 신학과 신앙(信仰)의 원리 위에 세워진 것이다."[93] 개혁파 신앙(信仰)은 하나님의 절대 권위와 모

---

93 전게서, p. 31.

든 삶의 원리를 성경에 전제하며, 역사적 정통 신조와 「웨스트민스터 신앙고백서」(The Westminster Confession)를 중요시 여긴다.

또 개혁파(The Reformed)라는 명칭은 '말씀에 따라서 끊임없이 개혁되어야만 하는 교회'이며, '성경에 따라서 개혁된 교회'이며, 더욱이 '성경에 의해서 개혁되어 가야만 하는 교회(敎會)이다. 개혁파 교회는 제네바 종교 개혁자인 칼빈의 전통을 받아들여 계승하고 있는 교회이지만 칼빈이라는 개인적 존재보다도 칼빈이 지향했던 이념, 즉 말씀에 굳게 서는 교회(敎會)를 언제든지 추구하는 것이며, 그러한 자세를 계승하는 것에 역점을 둔다. 예를 들면 루터(Luther)는 자신이 쓴 소교리문답서는 루터(Luther)파에 있어서 신조(Creed)적 권위(權威)를 가지고 있지만 이에 반해 칼빈이 쓴 제네바 신앙문답서는 개혁파(The Reformed)교회에 있어서 16세기 제네바를 제외하고 신조(Creed)적 권위(權威)를 차지하지 못했다. 루터파는 루터를 불가침 영역에 넣어 추앙하지만 개혁파는 칼빈을 영웅시하고 추앙하지 않는다. 개혁파는 칼빈이라는 한 인간을 믿고 따르는 것이 아니라 칼빈을 통해 나타난 하나님의 성경적 진리를 믿고 존중하는 것이다.

무엇보다 개혁파는 '성경에 따라', '성경에 의해' 개혁되어 가는 것을 중요시한다.[94] 개혁파는 철저한 성경주의다. 개혁파(The Reformed)는 복음주의, 보수주의가 아니다. 보수주의, 복음주의, 근본주의적 요소가 있

---

94 이종전 역, 「개혁파 신앙이란 무엇인가?」 (인천: 아벨서원, 2000), p. 37.

는 것은 사실이지만 그보다 더 포괄적이고 광범위한 신학체계인 것이다.

또 개혁(reformation)은 갱신(renewal)과 다르며 개혁파 신학은 전성경주의신학이다. 자유주의자들은 기독교의 패러다임(paradigm)[95]을 바꾸어야 한다고 주장한다. 그러나 개혁파 교회는 바꿀 수 없고 바꿀 필요가 없다. 개혁파교회를 바꾸자고 하는 것은 성경을 바꾸자는 말과 같다. 기독교의 근본을 바꾸면 기독교가 아니기 때문이다. 개혁파는 성경과 신앙과 신학과 생활의 일치를 요구한다. 삼위일체 하나님과 예수 그리스도의 이성일인격과 역사적 부활과 재림을 성경적으로 믿는 전성경주의 신앙과 신학이며 유일한 정통신학의 계승자이자 사도적 교훈의 수호자이다.

---

95 토마스 쿤(Thomas S. Kuhn)이 제시한 《과학혁명의 구조, 1962》 인식(認識)론의 개념의 하나이다. 한마디로 과학사는 불연속적인 것이라는 것이다.

제 2 장

기타 선언들
Other Declations

역사적 기독교회는 신앙고백의 내용을 가지고 있다. 그 내용은 어느 한사람의 특정한 신앙과 신학사상의 내용과 주장이 아니라 성경적이며 공교회를 통한 우리 모두(공동)의 고백의 내용이다. 신조는 성경을 조목화한 것이며, 교회공동체의 고백의 내용을 문서로 표현한 것이다. 그러므로 역사적 정통기독교회는 신조와 더불어 성장해 온 것이다. 신조 없이는 성경과 신앙진리와 생활의 순결과 바른 사상을 지켜나갈 수 없고 교회의 정체성을 나타낼 수 없다. 만약 신조가 없다면 모두가 성경을 자의적으로 해석하고 주관적 믿음을 가짐으로 교회는 혼돈에 빠지고 만다. 역사적 정통기독교회의 신앙과 역사는 영원전 삼위일체 하나님으로부터 시작하여 예수 그리스도의 성육신을 전환점으로 새로운 고백 중심의 교회로 발전되었다(마 16:16). 예수 그리스도의 사역과 역사는 기독교의 신앙 역사의 자체요 본질이다. 최더함은 "개혁교회의 중요한 기원중의 하나는 신조와 신앙고백서에 있습니다. 초대교회의 믿음의 선조들은 여러 이단의 공격에 직면하고 이로 인하여 큰 고초를 겪었습니다. 그럴 때마다 선조들은 자신들의 시낭을 새롭게 구성하고 확고하기 위해 신앙고백서를 발표하곤 했습니다."[96] "신조와 신앙고백서는 개혁교회의 공식적인 믿음의 표현이자 기준이요 모든 신앙 행위에 지침서이다. 그러므로 개혁교회가 무엇이냐 묻는 것은 곧 신조와 신앙고백서를 얼마나 알고 이해하며 믿고 사느냐의 문제와 직결됩니다."[97]고 말했다.

개혁파는 역사적인 제 신조들을 통하여 교회의 통일성을 유지하고 교회의 일치성을 지켜 하나의 성경적 교회로 성장하며 신앙의 바른 고백을 하게 된 것이다. 그러나 반대로 신조로 말미암아 교회의 화합이 깨어지고 교파가 분리되는 원인이 되기도 했다. 신조의 정당성을 그것이 얼마나 성경적이냐에 따라 그 권위가 결정되는 것이다. 그리고 신조가 만들어진 동기는 이단을 방어하고 잘못된 사상을 배경하고 성경적 진리를 바로 가르치기 위한 것이다. 오늘에 와서는 공의회가 사라짐으로 신조와 신앙고백서는 만들어 지지 않고 독특한 교리를 선포하는 것을 '성명'(Manifesto), '선언'(Declaration), '선서'(Profession), '강령'(Platform)이라 한다. 또 수정하여 발표하며 '개정'(Revision)이라 한다.

---

96 최더함, 「개혁교회가이드북」 (서울: 리폼드북스, 2023), p. 19.
97 전게서, p. 105.

제1절 나이아가라 선언(Niagara Declaration, 1878)

1875년 제임스 브룩스를 중심으로 한 성경공부 모임이 '나아아가라 성경사경회'로 알려지게 되었다. 이 사경회는 1878년 14개 조항의 신조를 선언하였는데, 그것은 후에 '나이아가라 선언'라 부르게 되었다.

그 내용은 1) 성경 영감 2) 삼위일체 3) 아담의 타락과 전적부패 4) 원죄와 사람의 전적 부패성 5) 중생의 절대 필요성 6) 예수 그리스도의 피로 말미암은 구속 7) 예수 그리스도를 믿음으로 말미암은 죄책(罪責)으로부터의 완전한 구원 8) 구원의 확신은 모든 신자의 특권 9) 성경에서 그리스도의 중심되심 10) 교회는 그리스도와 연합된 모든 자들로 구성됨 11) 성령은 우리들의 영속적 위로자이심 12) 성령을 따라 삶 13) 신자와 불신자의 죽은 후 상태와 최종적 부활 14) 심판의 때가 가까움과 그리스도의 전천년적 재림 등이었다.

그 후, 1910년 미국 북장로교회 총회는, ① 성경의 무오성(無誤性) ② 그리스도의 동정녀 탄생 ③ 그리스도의 대속(代贖) 죽음 ④ 그리스도의 육체적 부활 ⑤ 그리스도의 기적들의 사실성의 교리들을 '성경과 웨스트민스터 신앙고백의 본질적 내용'이라고 선언하였다. 이 선언은 1916년과 1923년 총회에서 두 번이나 재확인되었다.

이 선언은, 19세기 후반 신학교들과 교회들에 침투한 자유주의 신학에 대항한 것이었다. 자유주의 신학은 이 다섯 가지 교리들을 부정하였다. 1890년, 찰스 브릭스가 독일 유학 후 북장로교 소속 유니온 신학교 교수로 성경의 오류를 주장했을 때, 1892년 미국 북장로교회 총회는 그를 징계했다. 그러나 유니온 신학교는 총회에서 독립하여 브릭스를 계속 채용하였다. 이에 총회는 자유주의 신학사상에 대한 경고로 다섯 가지 근본 교리들을 천명한 것이었다.

또한, 1910년부터 1915년까지 "근본 교리들 진리에 대한 증언"이라는 12권으로 된 책자들이 무료로 약 300만부 배포되었다.[98] 이 책자는 진화론과 성경의 고등비평에 대항하여 성경의 근본적 교리들을 변호하는 것들이었다.

16세기 종교 개혁 당시에는 로마카톨릭 교회가 전체적으로 변질, 부패되어 있었기 때문에, 종교 개혁자들은 그 교회로부터 분리되어 나와야 했다. 그러나 그들은 분파주의자들이 아니었다. 종교개혁 운동은 분파운동이 아니었다. 오히려 부패된 교회 속에 그대로 머물러 있는 것이 악한 일이다.

웨스트민스터 신학교의 변증학 교수이었던 코넬리우스 반틸은 신복음주의자들의 신학적 약점들, 타협적 전도 활동, 및 잡지들을 비평했다. 단 메이천은 복음이 아닌 다른 복음을 주장하는 자들과 협력 선교, 협력

---

98 켈리포니아주의 석유 자본가 형제 리만 스튜어트와 밀톤 스튜어트의 약 20만 불의 헌금으로 가능하였다.

전파, 협력 전도를 반대했다. 그러한 협력은, 유대주의자들과의 협력이 바울 사도에게 불가능했던 것처럼 불가능하였다. 모든 교회들은 약간씩은 다 허물이 있으므로 교적을 바꾸는 것은 결코 옳지 않다고 하는 그럴 듯한 변론은 루터와 칼빈 또는 청교도들에게는 결코 통하지 않았던 변론이다. 박형룡 박사는 말하기를, "근본주의는 별다른 것 아니라, 정통주의요 정통파 기독교다. 한 걸음 더 나아가서, 근본주의는 기독교의 역사적 전통적 정통적 신앙을 그대로 믿고 지키는 것 즉 정통 신앙과 동일한 것이니만치, 이것은 곧 기독교 자체라고 단언하는 것이 가장 정당한 정의일 것이다. 근본주의는 기독교 자체다"고 했다(박형룡, "근본주의", 신학지남, 25권 1호 <1960>, 16쪽). 현대 자유주의 신학이란 이단의 다른 말이다. 자유주의 신학은 명백히 이단이다.

개혁파에 대한 바른 신학을 가진 목사들, 신자들, 교회들은 일치단결하여 이 악한 배교와 타협의 시대에 작을 지라도 바르고 순수한 하나님의 교회들을 건립하고, 바른 확신과 분별력을 가지고 함께하여 새 일을 시작해야 한다. 예를 들어, 개혁파적 정신에 입각한 신학교, 성경공회, 방송국, 선교단체, 신문사, 출판사 등이 필요한 것이다.

제2절 한국장로교회의 12신조(1907)

1729년 미국 북장로교회는 웨스트민스터 신앙고백서와 대, 소요리문답과 함께 신앙고백서로 채택했다. 미국의 선교를 받은 한국교회는 1907년 12신조를 조선장로교의 신앙고백으로 채택하고 웨스트민스터 신앙고백서와 대. 소요리문답을 신앙의 지침으로 삼았다. 한국장로교회의 각 교단의 12신조는 대신과 합동과 기장은 서언과 승인식이 있으나 고신과 통합은 서언과 승인식이 없다. 한국초기교회는 선교사들의 영향을 크게 받았다. 저들이 개혁파(주의) 장로교회를 세우려했다면 웨스트민스터 신앙고백서를 한국장로교회의 신앙고백서로 채택해야 하는 것이다.

12신조의 특징은 12신조는 웨스트민스터 신앙고백을 중심으로 구성한 것으로, 제1조, 성경을 전제로 하여. 제2조, 하나님은 유일하신 하나님으로. 제3조, 삼위일체하나님. 제4조, 만물의 창조. 제5조, 하나님의 형상으로 인간의 창조. 제6조, 시조의 타락과 인간의 부패. 제7조, 예수 그리스도를 통한 구원. 제7조, 성령의 구원적 사역. 제9조, 선택. 제10조, 성례로 세례와 성찬. 제11조, 성도의 교제와 재림. 제12조 부활과 심판을 믿는 고백으로 되어있다. 이를 다시 신학적으로 구별하면 서론(성경) 신론, 인간론, 기독론, 구원론, 교회론, 종말론으로 구성되어있다.

12신조는 구조적인 면에서는 훌륭한 신조이지만 내용에 있어서 너무나 단순하며 웨스트민스터 신앙고백에 비하여 그 질이 떨어진다고 할 수 있다. 그리고 개혁파신조들이 주장한 성경의 영감(1조)에 대한 규명과 선택과 유기에 대한 이중예정 교리(9조)와 교회론(10조)에서 성례만 규정하고 교회에 대한 규정이 빠진 것이 아쉽다하겠다. 그리고 한국초기교회는 선교사들의 영향을 크게 받았다. 저들이 개혁파 장로교회를 세우려 했다면 웨스트민스터 신앙고백서를 한국장로교회의 신앙고백으로 소개했어야 하는 것이다. 이로 말미암아 장로교회의 형성의 기초가 되는 신앙고백서 중심의 개혁파 교회가 아니라 복음주의적 교회로 성장하게 되는 요인이 되었다.

제3절 오번선언(Auburn Affirmation, 1925)

오번선언은 1925년 1월 New York 주 Auburn에 있는 Auburn Theological Seminary(오번신학교) 강당에 모인 목사들은 총회가 결의한 다섯 가지 기본 교리를 반드시 믿을 필요는 없다는 내용의 결의를 했다. '어번'이라는 곳에서 선언했기 때문에 '어번선언'으로 알려지게 되었다.

오번선언은 1923년 12월 26일에 공적으로 등장(총 6항), 1925년 1월 9일에 작성되어 149명의 목사들이 서명했고, 동년 5월 2일 총회에서 1,274명의 목사들이 동참했던 양심 선언사건이다. 교단(PCUSA) 내 이를 지지하는 목사가 14%나 되었다.

1910년에 PCUSA 교단 총회에서 결정한 다섯 가지 교리 1. 성경의 무오성 2. 예수님의 동정녀 탄생 3. 예수님의 대속의 죽음 4. 예수님의 육적인 부활 5. 그리스도의 기적들의 사실성의 교리들을 '성경과 웨스트민스터 신앙고백의 본질적 내용'이라고 선언하였다(예수 그리스도의 육체적 재림).

오번선언은 이 다섯 가지 사실을 믿지 못한다는 양심선언이다. 즉 이 다섯 가지를 믿지 못하면 목사 임직을 하지 못 하는 것은 부당하다. 이를 믿는다고 고백하지 안해도 목사 안수를 달라는 개인의 양심선언이다. 그리스도인의 자유는 개인의 양심의 자유가 아니라 성경말씀 안에서의 자유이다.

1924년과 1925년 미국 북장로교회의 보수신학의 마지막 보루였던 프린스턴 신학교에서는 자유주의자들을 포용한 중부대서양 신학교 협의회와 관계를 단절하고, 보수적인 복음주의 학생연맹 결성에 참여하는 문제로 갈등과 논쟁이 일어났다. 메이천과 다수의 학생들과 운영이사회는 보수주의적 강경 입장을 취하여 학생회의는 환영하였으나, 교장 로스 스티븐슨은 불만했고 동료 교수들과 특히 학생처장 찰스 어드만, 그리고 재단이사회는 스티븐슨의 온건하고 포용적인 입장을 지지하였다.

이에 1929년 메이천을 비롯하여 로버트 딕 윌슨, 오스왈드 앨리스, 코넬리어스 반틸은 프린스턴 신학교를 떠났고 다른 이들과 함께 웨스트민스터 신학교를 설립하였다. 또한 이 영향으로 미국에 많은 독립교회들과 작은 새 교단들이 생겨났다. 1930년에 조직된 미국 근본주의 독립교회 협의회(IFCA), 1932년의 정규 침례교회 총회(GARBC), 1936년의 미국 장로교회(Presbyterian Church of America), 1937년, 성경 장로교회(Bible Presbyterian Church)와 페이스(Faith) 신학교를 세웠다. 1939년, 미국 장로교회는 정통 장로교회(Orthodox Presbyterian Church)로 그 이름을 바꾸었다.

1940년대에 '신복음주의'(New Evangelicalism)라는 운동이 일어났다. 1947년에 풀러신학교가 설립되고, 1948년 풀러신학교의 학장 해롤드 오켕가(Harold Ockenga)의 강연에서 '신복음주의'라는 말을 처음 사용하였다. 신복음주의는 개혁파가 아니다. 1951년에는 20개국의 복음주의자 협회들이 모여 세계복음주의협의회(WEF)를 형성하였다. 1956년에는 신복음주의의 대변지와도 같은 크리스챠니티 투데이(Chritianity Today)지가 창간되었다.

자유주의 신학은 이러한 교리의 부정과 진화론과 성경의 고등비평에 대항하여 성경의 근본적 교리들을 변호해야 하며 개혁파 신학 즉 기독교의 근본 교리인 성경의 절대권위, 하나님의 절대주권, 성경적 성화, 삼위일체 하나님, 예수 그리스도의 이성일인격, 이신득의, 인간의 전적부패, 무조건적 선택, 제한적 속죄, 불가항력적 은혜, 궁극적 구원의 복음과 오직성경 오직예수 오직은혜 오직믿음 오직 하나님께 영광, 이 복음을 사수해야 한다.

제4절 1967년 신앙고백서

1956년 총회에 택사스주의 아마릴로 노회로부터 웨스트민스터 소요리문답을 알기 쉬운 용어로 고쳐 달라고 제안한 데서부터 시작된 것이다. 총회는 이에 도웨이(Edward A. Dowey)를 위원장으로 신앙고백서를 만들기로 했지만 도웨이는 웨스트민스터 문서들만을 연구한 것이 아니라 다른 문서들도 고려해 넣었다. 그는 개혁파교회와 직접적인 상관이 없는 바르멘 선언을 내포시킨 것이다.[99] 그리고 웨스트민스터 신앙고백서를 전부 반대하는 것이 아니고 현대사조에 맞추어 좀 수정하자는 것이다. 과거 신앙고백서는 당시 사람들에게 적당하였으나 오늘 시대에는 우리에게 맞는 신앙고백을 만들어야겠다는 것이다. 또 자유주의 신학교에서 훈련을 받은 학생들이 목사 안수를 받을 때 믿는 것은 아니지만 믿는다고 선서를 해야 하기 때문에 양심상 가책을 받기 때문이다. 이 새신앙고백서는 16세기 종교개혁에 뿌리를 박고 있는 미국교회의 신앙의 뿌리를 끊으려는 것이다.[100]

신앙고백서는 제3부로 되어 있으며. 제1부 : 하나님의 화해. 제1장 우리 주 예수 그리스도의 은총. 1. 예수 그리스도. 2. 사람의 죄. 제2장 하나님의 사랑. 제3장 성령의 교제. 1. 새 생명. 2. 성서. 제2부 : 화해의 직

---

99 김의환,「도전 받는 보수신학」(서울: 서광문화사, 173), pp. 209-210.
100 라보드,「바른 신학」(서울: 성광인쇄사, 1972), p. 147.

무. 제1장 교회의 사명. 1. 방향. 2. 형식과 직제. 3. 계시와 종교. 4. 사회에서의 화해. 제2장 교회의 장비. 1. 설교와 가르침. 2. 찬양과 기도. 3. 세례. 4. 주의 만찬. 제3부 : 화해의 성취로 되어 있다. 화해라는 말이 특징이며 화해를 위한 신앙고백서라 할 수 있다.

1976년 신앙고백서의 특징은 미국 연합장로교회가 처음으로 만든 고백서로(제179총회, 1967, 5, 22) 본 신앙고백서는 니케야 신조와 사도신경과 스코틀랜드 신앙고백서와 하이델베르크 요리문답과 제2 스위스신앙고백서와 웨스트민스터 신앙고백서와 바르멘 선언을 포함했다. 지금까지 웨스트민스터 신앙고백서를 유일한 고백으로 인정하다가 시대에 맞는 새로운 고백서를 만들었는데, 바르멘 신학 선언서에 의하여 본 교회는 인도를 받는다는 것이 많은 논란과 문제가 제기 되었다. 이는 칼 바르트의 바르멘 선언을 지양하고 전통적인 신앙고백서에서 벗어나려고 했기 때문이다. 이는 정통적 신앙고백서라 할 수 없으며 화해를 위한 고백이라 할 수 있다. 박형룡 박사는 "서문의 내용은 이 신앙고백서의 내용을 보충하는 것임을 암시하려한다. 또 우리 교계에서 이 새로운 고백서를 지지하는 인사들도 이것은 구신앙고백서의 보충이요, 반대가 아니라고 변명한다. 그리고 박 교수는 본 고백서는 기독교를 하나의 인생문화의 산물인 인조종교로 보며(제2부 3항), 기독교를 이교들과 동등으로 보고 범 종교를 지향하며(제2부 3항), 성경의 참된 영감과 무오성을 부인하고(제1부 2항), 예수의 신성을 약화시키거나 속죄 교리를 부인한다(제1부 1항). 그리고 그리스도와 인간의 화목교리를 인간 대 인간의 화목으로 변경시켜 교회의 사회복음의 의무를 강조한다"(제1부 1항)[101]라고 하였다.

박윤선 박사는 "이 신앙고백서는 혼합주의의 산물임을 지적하면서 그것은 W.C.C.라는 것을 가지고 모든 교파들을 통합하려는 것이라고 비판하였다."[102] 김의환 박사는 웨스트민스터 신앙고백과 전혀 다른 입장에 서 있는 1967년 신앙고백서의 신학 사상적 배경에 대해. ① 신정통주의 영향을 받았으며 특별히 성경관에 대해서 하나님의 말씀의 본 의미는 성육신 하신 하나님의 말씀이라고 함으로서 웨스트민스터 신앙고백서와 차이점을 가진다. 본 고백서는 성경은 하나님의 말씀이라는 말과 달리 성경은 말씀에 대한 표준적 증거(Normative witness)에 불과하다는 것이다. 성경을 하나님 말씀 자체로 보지 않는다. ② 사회복음주의 영향으로 새신앙고백서의 주제는 화목이다. 화목에 대한 전통적 개혁주의 입장은 화목이란 먼저 하나님께서 그리스도의 대속적 죽음을 통하여 죄인인 우리를 당신에게 화목케 한 후 신인관계의 화해를 근거로 이웃과의 횡적인 화해를 말한다. 그러나 새신앙고백서는 인간 상호간의 화해와 사회복지문제를 중요시하고 있다. 양자 간의 차이는 성경관의 차이와 구원관의 차이다. 성경을 틀림없는 하나님의 말씀으로 믿느냐, 아니면 계시의 규범적 증거로써의 유오한 성경관을 받아들이느냐이다. 화목의 그리스도의 속죄사역에 근거한 대속적 구원 은총에서 오는 하나님과 죄인 사이, 그리고 구원받은 죄인과 이웃 사이의 관계로 보지 않고 다만 사해동포주의

---

101 조경현, 「1960년 이후 합동측 통합층의 정체성 변화이해」 「기독교사학연구원 제5집」 (서울: 동방문화인쇄사, 1997), p.116.(재인용: 박형룡, 신구 신앙고백서의 대하여, 신학지남, 1967년 8월 138호, p. 6.
102 전게서, p. 117.(재인용, 박윤선, 1967년 신앙고백서는 어떤 것인가? 신학지남, 1967, 9, p. 14.)

(四海同胞主義)에서 오는 이웃 봉사로 보는 것은 잘못이다.[103]

라보드 박사는 말하기를 기독관은 그리스도의 신성과 인성의 두 성품에 대하여 구별하지 않고 인성에 치우치며, 그리스도를 삼위일체의 한 분이라든가 동정녀 탄생, 무죄성을 구체적으로 언급하지 않고, "모든 사람의 구주"(the saviour of all men)로 제한적 속죄를 부정하고 있다.[104] 구원관에 있어서 예정, 선택, 유기, 칭의 등의 교리를 찾아볼 수 없고, "하나님의 사랑이란 제목 밑에 두었다. 그리고 그리스도의 보혈은 언급하지 않고 하나님께서 이스라엘 중에서 예수를 일으키셨는데, 그 이유는 새로운 인류의 개척자가 되기 위하여 라는 것이다. 이것은 소위 사회복음주의라는 것이다."[105] 교회관은 그리스도의 속죄를 통하여 하나님이 사람에게 화목 되시고, 다음에 사람이 하나님에게 화목 됨을 의미하고 그 부산물로 사람끼리 화목이 기대되는 것이다. 그런데 본 고백서는 사람끼리 화목만을 주장하고 이는 모든 종교, 사상, 인종과의 화해를 주장하며 사회 개량이 교회의 사명이라는 것이며 은혜의 방편인 말씀의 증거, 기도, 성례는 무의미하며 다만 교회의 비품 혹은 장비로 생각하고 있다.[106] 종말관은 예수님의 재림, 천국, 부활을 말하지 않고 막연히 "그리스도의 통치" "하나님의 최후의 승리"란 말을 사용하고 있다. 이 고백서는 성경을 떠난 인간의 두뇌의 산물이며 적그리스도와 공산주의를 합한 사단적 혼

---

103 김의환, 「도전 받는 보수신학」, pp. 211-219.
104 라보드, p. 149.
105 전게서, p. 149.
106 전게서, p. 150.

돈이요, 독소를 섞은 자유주의 신앙의 총결산이요 배교적 운동인 것이다.[107] 반면 서남동 교수는 긍정적으로, 이종성 박사는 몇 가지 단점을 지적하면서 긍정적이며, 장신대 이영헌 교수는 찬성한다는 입장의 글을 썼다.[108] 67년 신앙고백서는 웨스트민스터 신앙고백서의 정신을 퇴색시키고 복음주의 자들에게 새로운 길을 열어 주었다.

제5절 한국기독교장로회 신앙고백서(1972)

"우리는 이렇게 믿는다. 그러므로 이렇게 산다."하는 것이 그리스도인의 떳떳한 태도이다. 아무리 산업사회의 조직체 속에 매어 산다 할지라도 그리스도인의 자유는 결코, 그 조직체를 절대화하지 않는다. 시대에 따라 믿음에 대한 설명이나 강조점이 달라지고 믿는 사람의 세속에 대한 태도는 달라진다 할지라도 현실에 무조건 따르는 것이 아니다. 목숨 걸고 고백할만한 신앙내용을 갖지 않는 그리스도인은 그 수가 많아도 두려울 것이 없다. 카타콤 속에서도 로마 제국과 맞섰던 초대 신도들이야말로 삶과 죽음 전체로 자기 신앙을 고백한 참 그리스도인이었다.

---

107 전게서, p. 150.
108 조경현, p. 119.

우리가 신앙고백서 제정을 시도한 것도 초대 신도들과 같은 역경에서도 그들과 같이 단호하고 용감하게 대결할 수 있게 되기 위함이다. 다른 사람들의 신앙을 심판하려는 것이 아니라 우리 자신들의 신앙생활을 훈련하기 위함이다.

1972년 제57회(9월 28일) 총회에서는 그 제출된 안을 만장일치로 채택하고 본 교단의 신앙 선언으로 공포하게 되었다.

특징으로는 제1장 삼위일체 하나님과 성서, 삼위일체 하나님, 성서가 증거 하는 하나님 성서의 본질, 성서의 권위와 해석. 제2장 창조와 세계 하나님의 창조, 섭리와 예정, 자연과 인간, 자연을 통한 하나님 인식, 일반적 진리의 주님. 제3장 인간의 죄, 인간의 본성, 남녀, 육체적 생명과 영혼, 우주적 악과 죄, 보편적 윤리능력, 율법의 의미, 예수 그리스도의 계명. 제4장 예수 그리스도의 속량, 예수 그리스도의 생애, 그리스도의 인격, 그리스도의 생활, 그리스도의 고난과 죽음 그리스도의 높아지심. 제5장 성령의 삶 성령, 성령의 활동, 사랑의 삶, 성령의 은사, 제6장 교회와 선교 교회의 본질, 교회의 직능과 질서 교회와 선교, 교회의 역사. 제7장 역사와 종말 하나님 나라의 역사, 역사 안에서의 그리스도인의 생활, 역사의 종말과 완성으로 구성되어 있으며 특징으로는 개혁파 신조에서는 성경을 서론으로 규정하고 있으나 신론에서 시작한 것과 제2장에서 자연과 인간의 관계를 현재적으로 규명한 것과 예수 그리스도에 대해서 중점적으로 규명하고 있다. 제5장 성령론에서 성령의 은사에 대한 고백과 제6장 교회와 선교에 대해 고백함으로 구조는 웨스트민스터 신앙고백서(1903)의 영향을 받은 것이라 할 수 있다.

신앙고백서는 한국교회의 최초의 신앙고백서란 점에서 높이 평가 할 수 있다. 자연과 인간과의 유기적 관계와 우주적 악과 죄를 현대적으로 고백한 것과 선교에 대한 고백은 높이 평가 할 수 있다. 그러나 서론에서 본 신조는 정통적 신조를 받아들인다고 하면서, 우리는 사도신경, 니케야 신조, 칼케돈 신조, 아우구스브르그 신조, 헬베틱(제1스위스) 제1신조, 웨스트민스터 신조, 바르멘 선언, 한국장로교의 12신조 등 역사적 교회의 신조들을 이어받으면서 다음과 같이 우리의 신앙을 고백한다고 했지만, 루터의 아우구스부르그 신앙고백서와 칼 바르트의 바르멘 선언을 받아들임으로 역사적 개혁파 교회의 전통에 어긋나며 삼위일체론은 양태론적 단일신론에 가깝고(1장) 성경에 대한 영감도 역사적 개혁파교회의 영감론과 다르며, 또 성경은 각 시대에 구체적 정황에 살던 예언자와 사도들의 글이며 당시의 신앙공동체에 준 설교와 지시로서 하나님의 말씀이었다. 성경의 권위에 대해서도 무오성을 주장하지 않고 해석에 있어서도 "성서의 말씀에 의하여 질문을 받고 또 질문을 함으로써 그 진리와 만나는 것을 의미한다."라고 했다. 또 성경을 성서로 바꾸므로 성경의 경전적인 의미를 상실하게 되었다. 그리고 미국의 1967년 신앙고백의 영향을 받은 것으로 이해된다. 제2장 섭리와 예정에서 일방예정을 말하고 있다. 이는 칼 바르트의 일방예정을 영향 받았다고 할 수 있다.

기독론에 있어서 그리스도의 무죄 성을 규정하지 않는(4장) 것은 역사적 개혁파교회와 다르다. 선교에 대해서 구원이라는 말을 찾아 볼 수 없다. 그러므로 한국기독교장로회 신앙고백은 역사적 정통개혁파 교회의 신앙고백서의 노선을 벗어난 신복음주의적 신앙고백서라 하겠다.

제6절 대한예수교장로회 대신 교회선언(1974)

대신교단의 선언은 시대적 요청에 의한 것이기도 하지만 자신의 잘못을 돌아볼 줄 아는 교단임을 천명한 것이다. 한국교회의 많은 분파가 있었지만 자신의 아픔을 솔직히 시인한 교단은 없다. 대신교단은 자신의 잘못을 솔직히 시인하고 바른 신앙과 신학을 만 천하에 공포했다. "지난 13년간의 모든 것을 청산하고 다시 대한예수교장로회로 개칭하고 돌아와 대신 측 교단으로 발전하였습니다. 본 교단이 그간 I. C. C. 계 성경장로회에 있었던 관계상 아직도 성경장로회로 오인하시는 분들이 계시므로 이 지면을 통하여 재삼 밝혀 두는 바입니다. 본 교단은 장로교회 정통의 본류를 따라 발전 중에 있사오니 격려하시고 많은 협력과 배전의 지도편달을 바라면서 다음과 같이 본 교단의 신앙노선과 사명을 간략하게 설명코자 합니다"라고 말하고 있다.[109]

---

109 최순직, 「선언문 초안」, p. 2-3.

교회선언을 발표할 시대적 상황은 자유주의와 보수주의가 양극화되어 있었다. 한국기독교장로회에서는 1972년 제57회(9월 28일) 총회에서는 제출된 '신앙고백서'안을 만장일치로 채택하고 본 교단의 신앙 선언으로 공포하게 되었다. 신앙고백서 서론에서 "하나님께서는 영원한 구원의 계획에 따라 예수 그리스도를 통하여 세상을 구원하시고 모든 사람 가운데 그를 믿는 자를 불러내어 교회를 세우시고 선교와 속량의 사업을 계속하신다. 한국에서 부름 받은 우리는 사도들의 신앙을 계승하여 교회를 이루고 겨레의 고난을 나누어지고 그리스도의 복음을 전 할 수 있게 된 것을 감사한다. 그러나 아직도 우리 주변에는 그리스도를 받아 드리지 않는 많은 영역이 있기 때문에 우리는 믿는 바를 밝히고 선교에 힘써야 한다. .... 우리는 사도신경, 니케야 신조, 칼케돈 신조 아우구스브르그 신조, 헬베틱 제1신조, 웨스트민스터 신조, 바르멘 선언, 한국장로교의 12신조 등 역사적 교회의 신조들을 이어받으면서 다음과 같이 우리의 신앙을 고백한다."[110]

본 신조는 정통적 신조를 받아드린다고 하였지만 루터의 아우구스부르그 신앙고백서와 칼 발르트의 바르멘 선언을 받아 드리므로 역사적 개혁교회의 전통에 이탈한 신앙의 노선을 공포한 이후 보수교단으로써 개혁파 정통신학을 근본으로 하는 교회선언을 발표한 것은 대단히 고무적인 것이라 할 수 있다. 대신교단은 선언문을 통해 신앙과 신학의 일치를 증거하며 역사적 정통 개혁파 신앙을 근거하고 있다.

---

110 한국기독교장로회, 「헌법」, p. 11.

대한 예수교 장로회(대신) 총회는 제7회(1972년 4월 6-7일)에서 만장일치로 통과하였다.

교회선언의 특징은 본 교단의 노선에서 신학적 교리적 입장에서 "우리는 신율적 복음주의(神律的 福音主義) 입장이다. 신율적 복음주의란 신·구약성경이 통일적 계시진리(啓示眞理)로서의 하나님의 도덕률법(道德律法) 임을 믿는 복음주의를 의미한다. 그러므로 우리는 카톨릭교회의 성례주의와 자유주의 교회의 율법경시주의와 하나님의 율법을 도덕율법으로 보지 않고 단순히 죄와 구속(救贖)의 관계에서만 이해하려고 하는 신정통주의적 복음주의 입장과는 다르다."고백하며 또 "우리의 神學은 어느 個人信仰의 學的 表明이 아니고, 敎會性을 本質로 한 敎會信條의 學的 釋明으로 본다. 單, 칼빈 한 사람의 神學이 아니고 聖經의 眞理를 世世의 歷史的 敎會가 信條, 또는 敎會 神學者들의 著作形態로 告白하여 온 眞理 理解이다. 이는 敎會史 中에 하나의 線을 따라 歷史的으로 展開되어져 왔다. 共同信條(世界信條)로부터 어거스틴, 루터, 칼빈, 베자를 거쳐 十七世紀의 改革派 神學者들 또는 改革派 諸信條에 依하여 表明되어지고 더욱 十九世紀 以後에는 C, 하지, B. B. 워필드, A, 카이퍼, H, 바빙크, J. C. 메이첸 等에 依하여 展開 辯證 되어온 것이다. 그러나 固定된 槪念이나 體系라는 것이 아니다. 改革主義學은 歷史的으로 展開되어온 것이고, 또 새로운 展開의 餘地가 남아있는 것이다. 信條敎會로서 敎會一致性을 위하여 敎理的 規準을 維持하는 한편 하나님의 말씀에 偉反되는 것이 있다고 確證되는 경우에는 얼마든지 그것을 公的으로 表明할 수 있는 自由가 있으며, 敎會는 거기에 關한 비판을 하나님의 말씀에 비추어 論할 수 있고, 是正할 수 있다고 본다."고(본 교단 노선 교리 5번) 했다. 개혁파교회의 정통노선을 따르며 신률주의적 복음주의란 말과 신앙과 생활의 일치와 하나님 중심의 문화건설을 고백한 것을 특징으로 볼 수 있다.

역사적 정통개혁파교회의 노선은 신조적 노선과 정통신학의 노선이 있다. 두 노선이 하나의 노선으로 이어져 와야 하는 것이다. 자유주의자들은 기독교의 역사는 있으나 역사성은 없다. 교회선언은 역사적 정통신조를 부정하는 시대에 역사적 개혁파교회의 신조를 이어온 선을 분명히 하고, 개혁파 신앙을 고수한 정통개혁파 신학자들의 노선을 이어 오고 있다. 특별히 웨스트민스터 신앙고백서의 정신을 그대로 이어온 것이라 할 수 있다. 내용면에 있어서 제신조와 비교할 때 구체적인 면이 부족한 것이 아쉽다고 할 수 있다. 그러나 시대적으로 신학이 혼탁한 때에 한국교회에 최초의 역사적 개혁파 정통성을 이어온 교회선언이라는 데 높이 평가 할 수 있고, 오늘의 대신의 신앙의 정체성을 유지한 원동력이라 할 수 있다. 개혁파 신학의 약점인 신앙과 생활의 일치와 하나님 중심의 문화건설을 강조한 것은 오늘의 시대에 높이 평가 할 수 있다. 교단의 정체성에 대해서 신율적 복음주의로 규정하므로 역사적 개혁파교회의 본류임을 선언하고 있다.

제7절 로잔협약(Lausanne Covenant, 1974)

1974년 7월 16일에서 25일에 스위스의 로잔에서 세계 복음주의 신자 대회가 열렸다. 여기서 「로잔협약」이라는 이름으로 복음주의 신자들이 신앙하는 바를 공동으로 천명하였다.

특징으로는 1. 하나님의 계획 2. 성경의 원리 3. 예수 그리스도의 특이성과 보편성 4. 복음전도의 본질 5. 그리스도인의 사회적 책임 6. 교회와 복음전도 7. 복음전파를 위한 활동 8. 복음주의 노선에 따른 교회들 9. 복음의 전파는 강박한 일 10. 복음전파와 문화 11. 교육과 교회지도 12. 영적인 전투 13. 자유와 박해. 14. 성령의 능력(종말론)으로 구성되어 있다. 선교에 중점을 둔 협약이다.

복음의 원리가 빈약하고 방법론에 치우치고 있다. 복음의 근본원리인 성경론, 신론, 기독론을 조금 언급했지만 인간론과 구원론은 없다. 종말론은 규명하지 않고 교회론에 치우치고 있다. 신학적 구조는 정통개혁파 구조를 따르지 않고 있다.

제8절 성경 무오에 대한 시카고 선언
(The Chicago Statement on Biblical Inerrancy, 1978)

역사적 기독교란 성경이 증언하는 언약의 종교다. 성경이 기록된 그 날부터 성경을 정확무오한 하나님의 말씀으로 믿는 사람과 부정하는 사람으로 양분되어 있다. 웨스트민스터신앙고백은 성경의 무오성으로부터 시작된다. 칼발트의 성경의 역사와초역사의 분리, 불트만의 성경의 비신화화 몰트만의 하나님 없는 기독교, 양식사학파 편집사학파 전승사학파 구속사학파 고등비평, 진화론 등이 성경의 무오성을 부정하게 됨으로, 개혁파 신학자 워필드(B. B. Warfield)의 전통을 따라 성경의 완전 무오설을 취한 반면에, 제임스 오르(James Orr)의 전통을 따라 성경의 제한적 무오설을 강조했다. 이것이 바로 성경무오에 대한 시카고 선언이다.

이것은 성경 무오설에 대한 논쟁의 촉발제가 되었다. 특히 신복음주의 운동 전개의 주축이었던 풀러(Fuller) 신학교를 중심으로 강력한 영향력을 발휘하였다. 이에 대해 전통적 복음주의자 중에는 성경에 내한 역사적 비평연구를 전면적으로 거부하면서 성경 완전 무오설을 복음주의와 비복음주의를 구분하는 척도로 삼으려하였다.

이 선언문 작성에 쉐퍼(Francis Schaeffer), 보이스(James Boice), 가이슬러(Norman Geisler), 아쳐(Gleason Archer), 스프라울(R. C. Sproul), 패커(J. I. Packer)와 같은 당대 저명한 복음주의 신학자들뿐 아니라 많은 목회자들이 참여했다.

서문은 성경의 권위는 우리 시대와 다른 모든 시대의 교회에 있어서 핵심적인 문제다. 예수 그리스도를 주와 구세주로 고백하는 사람들은 기록된 하나님의 말씀에 겸손하고 신실하게 복종함으로써 그리스도의 제자 됨을 보여 주어야 한다. 우리의 신앙이나 행위에 있어서 성경에서 일탈하는 것은 우리 주님에 대한 배반이다. 성경의 전적인 진실성과 신빙성에 대한 인식은 성경의 권위를 올바로 이해하고 고백하기 위한 필수 사항이다. 이하 생략

선언의 요약으로 1. 그분 자신이 곧 진리이시며 진리만 말씀하시는 하나님은 창조주와 주님과 구주 및 심판자 되시는 예수 그리스도를 통하여 잃어버린 사람들에게 그분 자신을 계시하시려고 성경을 감동하셨다. 성경은 그분 자신에 대한 하나님의 증언이다. 2. 성경은 하나님 자신의 말씀으로서 성령에 의해서 준비되고 감동을 받은 사람들에 의해서 쓰여졌다. 성경은 관여하는 모든 내용에 있어서 전혀 틀림이 없는 신적인 권위인 것이다. 성경이 주장하는 모든 것은 하나님의 교훈으로서 믿어야 한다. 성경이 요구하는 모든 것은 하나님의 명령으로서 순종해야 한다. 성경이 약속하는 모든 것은 하나님의 약속으로서 받아들여야 한다. 3. 성경의 신적 저자 성령님은 자신의 내적인 증거로 우리에게 성경이 믿을 만함을 입증해 주시고 우리 마음을 열어 그 뜻을 깨닫게 해주신다. 4. 성경은 전체적으로 또한 축어적(蓄語的)으로 하나님이 주신 것으로서 그 모든 가르침에 오류(誤謬)와 틀림이 없다. 하나님의 창조 역사와 세계사의 사건들 혹은 하나님의 감독 아래서 성경책들이 기원된 것에 관한 증거는

개인들의 삶 속에서 역사하시는 하나님의 구원하시는 은혜에 관한 증거 못지않게 오류와 틀림이 없다.

주장과 거부의 조항들

제1조

주장 : 우리는 성경이 권위 있는 하나님의 말씀으로 받아들여져야 함을 주장한다.

거부 : 우리는 성경의 권위가 교회나 전통이나 그밖에 다른 인간적인 원천에서 나온다는 주장을 거부한다.

제2조

주장 : 우리는 성경이 성문화된 최고 규범으로서 하나님이 우리의 양심을 구속하시는 방편이 되며 교회의 권위는 성경의 권위에 종속된다고 주장한다.

제3조

주장 : 우리는 기록된 말씀 전체가 하나님이 주신 계시라고 주장한다.

거부 : 우리는 성경이 단순히 계시에 대한 증언에 불과하다든지, 하나님과의 만남을 통해서만 계시가 된다든지, 그 타당성이 사람의 반응에 의존한다는 등의 주장을 거부한다.

제4조

주장 : 우리는 인간을 자기 형상대로 창조하신 하나님이 계시의 수단으로 언어를 사용하셨다고 주장한다.

거부 : 우리는 인간의 언어가 우리가 가진 피조물의 속성으로 인해 너무 제한되어서 하나님의 계시를 위한 도구로서는 부적합하다는 주장을 거부한다. 우리는 또한 죄로 인한 인간의 문화와 언어의 타락이 하나님의 감동하심을 방해했다는 주장을 거부한다.

제5조

주장 : 우리는 성경에 나타난 하나님의 계시는 점진적이라고 주장한다.

거부 : 우리는 후대의 계시가 전대의 계시를 성취할 수는 있다고 믿지만 이전 계시를 수정하거나 그것과 상치된다는 주장은 거부한다. 우리는 또한 신약이 완성된 후에도 어떤 규범적 계시가 주어졌다는 주장을 거부한다.

제6조-18조 생략

제19조

주장 : 우리는 성경의 절대 권위, 불오성, 무오성에 대한 고백이 기독교 신앙 자체의 건전한 이해를 위해 필수적이라고 주장한다. 우리는 또한 그러한 고백이 그리스도의 형상을 더욱더 닮아 가는 결과로 이어져야 한다고 주장한다.

거부 : 우리는 구원을 위해 그런 고백이 꼭 필요하다는 주장을 거부한다. 우리는 더 나아가 무오성을 부인해도 성도 개인이나 교회에는 아무런 영향이 없다는 주장도 거부한다.

주장과 거부의 조항으로1조에서 19조까지 성경의 무오성에 대한 선언으로 되어있다.

제9절 우리의 신앙고백(마스터스 개혁파총회, 2023)

마스터스개혁파총회는 2023년 2월 22일(사단법인 제255호)에 제주도로부터 법인 인가를 받고 새롭게 출범한 신생교단이다. 이 총회는 성경무오성을 바탕으로 개혁파 정통의 역사성을 계승하는 한편, 성경적인 규범과 기준을 이탈한 한국교회를 바로 세우기 위해 헌법을 비롯한 낙후된 제반 법규와 규정들을 재정비하며, 나아가 한국인 선교사들에 의해 신학교육을 받았지만 안수 없이, 그리고 소속 없이 활동하는 해외 사역자들의 현실적 문제를 해결하고, 그들에게 개혁파신학교육을 이수하기 위한 목적을 가지고 출범했다. 특히 이 사역을 수행하기 위해 총회는 10개의 시스템을 구축하는 것을 사역의 목표로 정하고 있으며, 총회의 신앙의 정체성을 표방하기 위해 다음의 신앙고백을 공표했다.

「우리의 신앙고백」

하나. 우리는 니케아 등 고대신조와 유럽 3대 일치 신조(하이델베르그 요리문답, 벨직신앙고백서, 도르트신조)와 웨스트민스터 5대 표준 문서(신앙고백서, 소요리, 대요리문답, 정치 및 예배모범)를 믿고 따른다.

둘. 우리는 성경만이 인간을 구원하시려는 유일하고 무오한 하나님 말씀이자 진리의 원천이며 하나님의 신실한 언약의 진술임을 믿는다.

셋. 우리는 오직 하나님의 은혜의 믿음을 통해 오직 예수 그리스도 안에서만 구속이 있고, 예수 그리스도만이 구원의 길임을 믿는다.

넷. 우리는 교회 안에서 성령의 증거와 조명하심으로 설교와 성례를 통해서 하나님의 은혜를 체험한다고 믿는다.

다섯. 우리는 구원 받는 주의 백성으로서 안으로는 칭의에 걸맞는 성화를 이루고, 밖으로는 복음전도와 이웃사랑을 실천하는 일이 제일의 의무라고 믿는다.

이 선언문의 특징은 첫째, 신학적 정통성을 개혁파 전통인 신조와 신앙고백서 위에 두며, 둘째, 성경을 훼손하려는 모든 시도에 저항하기 위해 다시 한 번 성경의 무오성을 공개적으로 주창하였으며, 셋째, 종교 다원주의와 포스트모더니즘 등 현대주의의 발호에 따라 기독교의 구원론을 파괴하려는 사악한 무리의 공격을 예상하고 오직 예수만이 그리스도이시고 예수만이 구원의 길임을 천명하고, 넷째, 나아가 이론의 여지가 없는 교회 안에서 하나님의 은혜의 방편을 진술했으며, 마지막으로 그리스도인의 내적 의무와 외적 의무를 간략하게 진술함으로서 구원 받은 백성의 윤리적 기준을 설정하고 선언한 것이다.

무엇보다도 이 선언은 21세기 들어 한국교회 안에서 최초로 공표된 것으로서 특히 18세기 이후의 선언문에서 볼 수 없는 칭의와 성화를 사랑의 실천적 과제로 제시하여 역사적 의의를 구현하고 있다.

세상은 점점 더 악해지고 종교다원주의 시대로 흘러가며 인본주의 사조와 자유주의 사상의 물결과 성경비평학을 중심으로 상황윤리와 교회 부흥이라는 허울 좋은 미사어구로 인간을 유혹하고 교회를 세속화시키고 혼합주의로 변질되어 가고, 하나님 절대권위와 성경의 무오성을 부정하고 대적하고 있다. 그리고 오염된 사상으로 이제 교회는 신앙고백서의 시대는 지나갔으며 반(反) 신앙고백서 시대로 변하도록 했다. 역사적 정통기독교회의 공동고백인 신조는 사라지고 개인적으로 자유를 존중하는 개인 신앙고백주의로 흘러가고 있다. 역사적 정통개혁파 신앙은 역사적 사도적 정통교회의 신앙을 복사하는 신앙이 아니라 하나님 말씀을 바르게 이해하려고 노력하고 역사적 정통기독교회의 신조와 신앙고백서의 전통을 배우고 참고하면서 오늘의 교회가 처한 환경 속에서 하나님의 뜻을 이루고 하나님의 말씀에 순종하는 윤리적 삶을 삶으로 인간의 삶의 목적인 하나님께 영광을 돌리며 기쁨의 삶을 살게 하는데 있는 것이다. "복음진리의 정통노선은 교회역사의 과거 현재 미래에 대한 끊임없이 진행한다. 때때로 이단 사설이 교회에 침입함에 불구하고 진리의 영은 교회를 떠나지 않고 조명하신다."[111]

역사적 정통기독교회의 신조와 사상은 어떤 신학자 한 사람의 주관적 학적표명이 아니라 기독교회가 역사를 통하여 고백해온 신앙의 터, 즉 하나님의 절대주권과 성경의 절대권위를 믿는 사도적 신앙의 터 위에서 성경을 연구하며 진리 체계를 세워온 고백이다. 진정한 기독교회의 정체성은 교본사를 통해서 확인되어야한다. 우리는 역사적 정통기독교회의 신조를 통하여 교회의 역사성을 이어 가야하며 사도적 신앙고백 위에 기독교의 본질을 규명하며 보존하여야 한다.

그러므로 지금까지 보존되어온 정통신앙과 신조적 고백을 전수하며 끊임없이 도전해 오는 비기독교적 신앙고백과 선언들의 사상과 자유주의 사상의 공격을 방어하고 역사적 정통기독교회 성경적 기독교회를 수립하는 일을 주님 오시는 날까지 사명을 다해야 한다.

한국교회는 이제 사회의 변두리에서 자리 잡고 있는 교회가 아니라 사회의 중심에 위치한 기관으로 사회에 크게 영향을 미칠 수 있는 세력을 가지고 있다. 뿐만 아니라 이제 한국교회는 세계 속의 중심적 역할을 해야 할 역사적 사명을 가지고 있는 것도 사실이다. 특별히 세계교회에서 개혁파신앙과 신학을 선도해 나가야 할 우리 장로교회는 다시 한 번 정신을 차려야 하겠다. 지금 이단자들과 잘못된 사상의 물결이 우는 사자

---

111 박형룡, 「교의신학-교회론」 (서울: 은성문화사, 1973), p. 41.

처럼 삼킬 자를 찾고 있다. 사도적 정통기독교회가 역사적 신조를 통해 교회를 지키고 진리를 사수했던 것처럼 오늘의 교회를 사수해야 할 것이다. 우리는 역사적 정통신조의 정신에 입각하여 시대에 맞는 다양한 신앙고백의 표준을 개발하고 시대적 상황에서 성경을 바르게 이해하고 성경에 맞는 윤리적 생활과 바른 고백을 가르쳐야 한다.

제6부

종말세대

The Aga of the End

St. John on the Island of Patmos

종말(終末)에 대한 연구는 가장 발전(發展)되지 못한 부분이라 말할 수 있다. 종말론(Eschatology) 연구는 앞으로 연구 발전시켜야 할 연구 분야(研究分野)이다. 종말에 대한 관심은 기독교에만 국한된 것이 아니다. 철학과 이방종교에서도 표현방법과 양식은 달라도 종말을 말하고 있다. 또한 토속종교와 샤머니즘에서도 종말을 말한다. 그러나 이들의 종말에 대한 이해는 기원을 삭제한 무의미한 종말일 뿐이다. 기독교의 종말론은 이들과 차원이 다르다.

그러므로 제대로 된 종말론을 이해하지 못하면 성경적 기독교를 올바르게 이해할 수 없다. 기독교의 종말론은 신적작정(divine decrees)에 의한 종말적 완성의 교리를 말한다. 하나님이 시작하였으니 하나님이 종결 지으신다는 '시원적 종말'을 의미한다.

다만 종말에 대한 성경적 규정은 선언적이며 암시로 되어 있기 때문에 교리사적으로 종말에 대한 특별한 논쟁이 없었다. 그러기에 특별한 교리적 틀도 없다. 다시 말하면 교리사적으로 분명한 규정이 없다. 이에 기독교 이단들이 가장 많이 다루고 침범하는 세계가 바로 종말론이다. 지금도 이단 사이비들은 종말론으로 사람들을 미혹하고 있다.

제1절 중간상태의 발전

사도시대의 교부들은 중간상태에 대하여 생각하지 못한 듯하다. 교부들은 단지 경건한 사람은 죽는 즉시 준비된 영광(glory)의 자리에 들어가지만 악인은 죽음과 동시에 지옥의 형벌을 받게 된다는 초보적 지식을 가졌을 뿐이다.

최초의 순교자인 저스틴(Justin Martyr)은 "경건한 사람의 영혼은 가장 좋은 곳에 있지만, 악인의 영혼은 가장 나쁜 곳에 있어 거기서 심판의 날을 기다리고 있다"고 하며 "사람이 죽으면 하늘로 올라간다"고 말하는 사람은 이단(異端)이라고 비난하였다.

이레니우스(Irenaeus), 터툴리안(Tertullian), 힐러리(Hillary), 암브로스(Ambrose), 씨릴(Filling), 어거스틴(Augustine)과 같은 교부들의 의견에 의하면 죽은 사람은 음부에 내려가서 거기서 심판 날까지 또는 깨끗하게 될 때까지 남아 있다고 했다.

죽음 이후에 대해 좀 더 진전된 논의는 터툴리안에게서 발견된다. 그는 그리스도가 음부로 내려가셨다는 것은 선조 림보(Limbus Patrum)로부터 구약 성도들을 구하기 위해서라고 해석하였다. 그리고 선(善)한 행실의 공적 교리가 우세하게 되었을 때 열심히 선(善)을 쌓아 올리는 사람은 즉시 천국에 들어갈 수 있는 자격이 있다고 가르쳤다. 음부(陰府)에는 의인(義人)의 수가 적어지고 마지막에는 악인(惡人)들만 남아 있게 될 형벌의 장소이며 이것을 '지옥'(gehenna)으로 부른다고 했다.

오리겐(Origen)은 "그리스도는 전 시대의 의인들을 음부로부터 낙원(樂園)으로 옮겼기 때문에 그때부터 낙원은 모든 죽은 성도가 머물 곳이 되었다"고 가르쳤다.

암브로스, 에브라엠, 어거스틴과 후대의 희랍 교부들과 라틴 교부들은 중간상태에 연옥의 불이 있다는 사상을 가졌다.[112]

제2절 연옥설의 발전

그레고리(Gregory the Great)는 "어떤 가벼운 죄를 사함 받는 데는

---

112 L. 벌코프, 「기독교교리사」, p. 272.

심판 전에 연옥이 있다는 것을 믿을 것이다"라고 하였다. 연옥(Purgatory)의 위치는 일반적으로 지옥에 가까이 있는 음부의 구역이라고 생각하였다. 여기서 조금 떨어진 곳에는 유아 림보(Limbus Infantrn)가 있는데 스콜라 신학자들은 이곳에 세례를 받지 못하고 죽은 어린아이들이 갇혀 있으나 고통은 당하지 않고 있는 곳이며 천국에서 영원히 떠나 있는 곳이라고 하였다. 또 지옥에서 더 떨어진 곳에는 낙원이나 아브라함의 품이라고 하는 선조림보가 있는데 구약의 성도들은 그리스도가 음부에 내려 가시기까지 이곳에서 머물러 있었다는 것이다.[113] 연옥설은 비성경적 신비주의이며 이단이다.

제3절 연옥에 대한 비판

1945년에 트렌트회의(Council of Trent)는 연옥 교리를 엄하게 결의했다. 그리고 이 교리와 연관하여 속죄의 표를 판매하는 악습이 생겼다. 그러나 위클리프(Wycliffe John), 허스(Huss), 루터(Luther)와 개혁자들은 연옥을 반대했다.

스말칼트 신조(The Smalcald Articles)는 연옥(purgatory)을 가리켜 "용의 꼬리에서 나온 해가 있는 새끼 우상"이라 했고, 영국의 39개 신조는 "로마교회의 연옥설은 무익하게 만들어진 동정적(同情的)인 이론이며

---

113 전게서, p. 272.

성경을 근거하지 않는 이론이다"라고 하였다.[114] 연옥교리는 개혁파에서는 비성경적이며 미신적이므로 부정한다.

제4절 천년왕국

1. 초대교회의 천년왕국

초대교회(初代敎會)의 신자들은 예수 그리스도의 재림(再臨)을 기다리도록 가르침 받았다. 그들 가운데는 그리스도의 재림이 속히 임하기를 열망했다. 초대교회의 교부들은 계시록 20:1-6절을 문자적(文字的)으로 해석하여 제1차 부활과 제2차 부활이 있다고 보았으며 그 중간(中間)에는 천년왕국(The Millennium)이 있다고 믿었다. 그러나 천년왕국설은 점차 식어졌다.

2. 중세기의 천년왕국

중세(mediaeval ages)기는 일반적으로 천년왕국설을 이단(異端)으로 보았다. 10세기에 와서 세계 종말(終末)이 가까이 왔다는 사상(思想)이 퍼졌다. 심판(審判)과 지옥(地獄)의 형벌(刑罰)에 대해서 진노의 날(Dies Irae), 종말적 그림이 난무했고 단테 신곡(Divine Comoedia)은 지옥의 형벌을

---
114 전게서, p. 274.

강하게 각인시켰다.

3. 종교개혁 시대의 천년왕국

종교개혁(The Reformation) 시대는 천년왕국설(Millennialism)이 반대(反對)를 받았다. 루터(Luther)는 "심판 날에 앞서 그리스도의 지상 왕국이 있으리라고 생각하는 것은 꿈에 지나지 않는다"고 했다. 아욱스부르그 신앙고백(The Augsburg Comfession Art. XVII)은 "죽은 자의 부활(resurrection)이 있기 전에 경건한 자는 세상 나라를 차지하고 악인이 어디에서나 억누름을 당한다고 하는 류의 유대 사상을 퍼트리는 자"를 정죄했다. 제2 스위스신앙고백서는 "더욱이 우리는 심판 날이 오기 전에 지상에 황금시대가 있으며, 경건한 자는 세상 나라를 차지하지만, 그들의 원수는 발밑에 밟히리라고 하는 유대인의 꿈을 정죄한다."라고 기록하고 있다(The Second Heletic Confession Chapter XI).[115]

4. 17세기 천년왕국과 후천년기설

17세기는 다른 형식의 천년왕국설(Millennialism)이 나타났다. 루터파(Lutheran) 학자들과 개혁파 학자들은 그리스도의 지상 천년 통치를 거절하고 천년왕국의 영적 개념을 더 옹호했다. 세계의 마지막인 예수 그리스도의 재림이 있기 전에 그리스도가 영적으로 교회(敎會)

---

115 전게서, p. 276.

에 임재함을 비상할 정도로 경험하게 되며, 또 종교적 깨우침이 계속하여 일어나게 될 시간이 있을 것이라고 보았다. 이것이 바로 전천년설(Premillennialism, 천년왕국 전 재림설)과 후천년설(Post- millennial theory, 천년왕국 후 재림설)의 초기 형식이다.[116]

5. 19세기 천년왕국

18, 19세기에 와서 천년왕국설(Millennialism)은 다시 환영을 받았다. 벵겔학파와 에르랑게학파가 그 중심이었다. 호프만, 델리취, 오벌렌, 로테, 엘리옷, 커밍, 빅클스트뤼트, 보나르스 알포드, 잔(Hofmann, Delitzch, Auberlen, Rothe, Eliott, Cummimg, Bickerstrth, The Bonars, Alford, Zahn) 등이 대표적인 학자들이다.

자유주의(Liberalism) 진영에선 새로운 형식(form, 形式)의 후천년기설이 나타났다.[117] 후천년설은 천년왕국 후에 예수님이 재림한다는 사상이다.

6. 무천년기설

무천년기설(Amillennialism)은 문자적이고 가시적인 지상의 천년왕

---

116 전게서, p. 277.
117 전게서 p. 277.

국(The Millennium)을 부정하며 예수 그리스도의 초림에서 재림까지의 기간을 천년왕국이라 보고 있다. 계시록의 1,000년을 문자적으로 보지 않고 상징적으로 본다. 무천년기설은 필로(Philo)와 오리겐(Origen) 등을 통해 교회(教會)에 점진적으로 들어온 다음 어거스틴(Augustine)에 의해 체계화(體系化)된 사상(思想)이다.

무천년기설은 주의 재림 이전에 문자적 천 년기라는 세월이 있다는 성경적 근거가 없으며 또한 주의 재림 후에 천 년기가 있다는 성경적 근거도 없다고 본다. 무천년기설은 천년기설에서 말하는 것과 같이 재림 전에 기독교 황금기가 없다는 것에 동의하며 후천년기설에서 말하는 재림(再臨)에 이어 세계의 종말(終末)이 오며 최후의 심판(審判)과 영원한 세계가 온다고 보는 점에 대하여 동의한다.

무천년기설에서 그리스도의 재림 징조들과 최후심판은 다음과 같이 이루어진다.
1) 그리스도의 재림 전에 배교와 적그리스도의 출현이 있다.
2) 재림이 가까울수록 사단의 세력이 최고도에 달한다.
3) 재림에 의하여 적그리스도의 세력은 멸절되며, 재림 때에 신자와 불신자의 부활이 동시적으로 이루어진다.
4) 모든 사람은 백보좌 심판을 받고 그후 새 하늘과 새 땅이 전개된다.

무천년기설은 계시록 20:1-6절의 천년에 대한 말을 문자적으로 보지 않고 상징적으로 보는 것이다. 천년왕국(The Millennium) 시대가 문자적으로 실제로 존재하는 것이 아니라 예수 그리스도의 탄생으로부터 재림 때까지 기간을 상징하는 것이라 한다. 무천년기설은 천년왕국에 대해 성경적 근거가 충분치 못하므로 하나님의 나라는 현재적이며 미래적이라고 하며, 현재의 하나님의 나라가 미래의 완전하고도 영원한 나라로 이어진다고 보는 것이다(사 9:7, 단 7:14, 눅 1:33, 히 1:8, 28, 벧후 1:11, 3:12-14, 계 11:15).

그리고 요한계시록에 언급하고 있는 종말적 사단의 활동은 역사(歷史)를 통하여 어느 시대든지 있는 사건(事件)들로 그리스도의 재림을 예고하는 징조들로서 그리스도의 재림 때까지 반복적으로 있을 수 있는 사실로 본다. 그리스도의 재림 후에 천년이라는 세월이 별도로 있는 것이 아니라 그리스도의 재림으로 영원한 하늘나라가 완성된다는 것이다.

세대주의 전천년기설(Dispensational Premillennial theory)에서는 그리스도의 공중 재림과 휴거와 7년 대환란과 천년을 사이에 두고 신자와 불신자의 이중 부활을 주장하지만 무천년기설은 이를 부정한다. 그리스도의 재림은 단회적이며 7년 동안의 혼인 잔치의 휴거는 성경에 근거를 찾을 수 없으며 부활도 단회적이며 성도가 홀연히 변화하여 영화롭게 되는 것이다(고전 15:51-52).

또 역사적 전천년기설은 하나님의 최후의 심판이 두 번 있을 것을 말하나 무천년기설은 최후의 심판은 그리스도의 재림과 동시에 한번 있는 것으로 본다(계 22:12, 마 16:27, 25:31-32, 유 14, 살전 1:7-10). 또 그리스도의 재림 후 천년 후에 영원한 나라가 이루어질 것을 말하나 무천년기설은 그리스도의 재림으로 더불어 영원한 하늘나라가 이루어지는 것으로 본다.

무천년기설은 네덜란드와 미국의 개혁파 신학자들의 공헌에 힘입었다. 아브라함 카이퍼(Abraham Kuyper), 보스(Geehardus Vos), 피터스(Albertus Pieters), 해밀톤(Floyd E. Hamilton), 머레이(George L. Murray), 루트거스(William H. Rutgers), 와인개든(Martin J. Wyngaeden), 매스링(William Masselink), 그리어(William J. Grier) 등이 노력했다."[118] 그리고 보수적인 기독개혁교회와 정통장로교회(Orthodox Presbyterian Church)도 같은 입장을 견지했다. 또 이 견해는 가장 보수적이요 학구적인 두 신학교, 즉 칼빈신학교와 웨스트민스터신학교에서 유능하게 해설하고 있다."[119]

역사적으로 무천년기설은 어거스틴(Augustine)으로부터 칼빈(Calvin), 루이스 벌콥(L. Berkhof), 후크마(Anthony A. Hoekema), 헨드릭슨(William Hendriksen), 최순직, 조석만 등으로 이어지고 있으며 웨스트민스터 신앙고백서(The Westminster Confession)는 무천년기설을 지지하고 있다.

천년왕국(The Millennium)을 지배적 종교의 관점에서 이해하여서

---

118 박형룡, 「교의신학 내세론」 (서울: 백합서원, 1975), p. 235.
119 전게서, p. 235.

는 안 된다. 역사적(歷史的) 기독교는 시대를 계시 진리(眞理)로 선도하는 주체적 종교(main consitituent religion)로서 사랑의 섬김이다. 천년 동안 왕이 되어 시대를 지배하는 것이 아니라 섬김으로 통치하는 종이다. 후천년기설, 전천년기설, 세대주의 전천년기설, 무천년기설 중 주체적 종교로서 무천년기설이 가장 성경적인 종말론이라 할 수 있다.

그런데 지금까지 천년왕국에 대해서 구체적으로 표현된 일이 없기 때문에 이것은 교회의 교의로서 생각할 수 없다. 그러나 현대 신비주의 이단자들은 성경적 종말과 예수의 육체적 재림을 부정하고 영적으로만 오신다고 주장하기도 한다. 또 예수가 직접 오시지 않고 대리인을 보내며, 시한부(년, 월, 일, 시) 종말론을 강조하여 사람들에게 공포심을 주며 자기들에게만 와야 구원(장소 구원)을 받는다고 주장한다. 나아가 가시적인 장소 재림으로 지상천국을 강조하고 자신들이 왕이 되어 세상을 지배한다고 강조한다. 또한 현실을 부정하고 재림신앙 때문에 세상일을 포기하고 집단적인 공동체와 폐쇄적인 삶을 주장한다.

제5절 웨스트민스터신앙고백서의 종말에 관하여

1. 제32장 사후 상태와 사자의 부활

죽음은 죄의 형벌이다. 죽음이 성도에게도 형벌일까요? 성경은 아니라고 부정한다(계 14:13). 죽음은 형벌이 아니라 축복이요, 그 영혼이 완전히 거룩하여 안식과 영광중에 들어가는 것이다. 성도의 죽음은 천국(天國)의 입문(入門)(눅 23:43)이다. 성도들은 그리스도로 말미암아 구속의 은총을 받아 주님이 대신 우리의 죄의 형벌을 받으시고 그리스도의 의를 우리에게 전가시키시고 의롭다고 선언하여 죄와 모든 죄책에서 행방 되였다. 그럼에도 불구하고 왜 죽어야만 하는가? 단죄 받아야 할 조건들이 없는데 형벌을 줄 수가 있을까? 없습니다. 그런데 하나님은 왜 죽음의 무시무시한 체험을 거치도록 하셨을까요?

① 택한 백성들의 성화를 위해서다(히 12:23). ② 죽음을 통해서 오만한 자를 겸손하게 하시기 위해서다(롬 8:18). ③ 육욕을 극복하게 하며 속된 것을 생각지 말고 영적 성장을 촉진시키기 위해서다(롬 8:18). ④ 안식을 주시기 위해(계 14:13). ⑤ 고향을 가게 하시려고(빌 3:20). ⑥ 낙원으로 인도하기 위해(눅 23:43). ⑦ 세상의 고난과 고통과 악과 상관없이 영육이 다 같이 누리는 축복 상태를 주시기 위해(계 21:3-4)서다.
참조: 웨스트민스터 대요리문답 제84-85, 87문, 소요리문답 제37문

1) 제1조. 죽은 후 부활까지 중간기

1. 사람의 몸은 죽은 후에 흙으로 돌아가 썩어버리지만 ① 그들의 영혼은 죽 거나 자는 것이 아니라, 죽지 않는 본질을 가지고 있으므로 죽

은 후에는 곧 그것을 주신 하나님께로 돌아간다. ② 의인의 영혼은 완전히 거룩하게 되어 지극히 높은 하늘에 영접되어 거기서 그들의 몸이 완전히 구속되기를 기다리면서 ③ 빛과 영광가운데서 하나님의 얼굴을 뵈옵지만, 악한자의 영혼은 지옥에 던짐을 받아 거기서 고통과 극심한 어두움 가운데서 대심판의 날까지 갇혀 있다. ④ 성경은 그들의 몸을 떠난 영혼의 대해서 이 두 장소 외에 아무 것도 인정치 않는다.

① 창 3:19, 행 13:36 ② 눅 23:43, 전 12:7 ③ 히 12:23, 고후 5:1, 6, 8, 빌 1:23, 행 3:21, 엡 4:10, 요일 3:2, 롬 8:23 ④ 눅 16:23, 24, 행 1:25, 유 1:6, 7, 벧전 3:19.

중간기는 별세에서부터 부활 때까지의 기간을 중간기라 한다(살전 4:14-16).

인간의 생애를 구분하면, ① 날 때부터 죽을 때까지의 단계를 육신의 생애 ② 죽음에서 부활 때까지를 안식의 생애(육체 없이) 중간상태 ③ 몸과 영혼이 부활하여 가지는 최종적인 영원한 생애로 구별 할 수 있다. 성도의 영혼은 거룩한 가운데서 완전함을 입어 지극히 높은 낙원에 영접되어 육체의 완전한 구속을 기다리며 영광중에 하나님의 얼굴을 우러러 보게 되고 악인들의 영혼은 음부로 던짐을 당하며 거기서 고통과 완전한 어두움 속에 머물러 대심판 날까지 있게 된다.

안식과 교통(交通)은 원칙상으로 이 세상과 저 세상과 천국과 지옥은 서로 교통하지 못한다(욥 7:9-10, 삼하 12:23, 눅 16:19-31). 성경 중에 특별한 사명을 위해 기적적으로 살아난 사람들이 있는데 이는 예외적 사건이다. 죽었든 영혼이 다시 오는 경우는 성경에 없다. 삼상 28:1-25에 사울이 무당을 통해 사무엘을 불려낸 기사가 있다. "루터와 칼빈"은 이 사건은 하나님의 허락 하에 이루어진 사단의 역사라고 했다.

신명기 18:9-11, 출애굽기 22:18, 이사야 8:19, 레위기 20:6 등은 죽은 자와 교통을 금하며 초혼자는 죽이라고 했다. 무당에게 묻는 것은 반역적 범죄 행위이다. 거룩한 말씀밖에 넘어가지 말라(고전 4:6)라고 했다. 로마 카톨릭에서 말하는 연옥, 선조림보(구약성도) 유아림보는 성경에 근거하지 않는 이교적인 것이다. 이 세상과 저 세상 그리고 천국과 지옥은 서로 교통하지 못한다.

2) 제2조. 죽은 자의 부활

2. 세상 끝 날에 살아있는 자는 죽지 않고 변화될 것이다. ① 모든 죽은 자들은 모두 다른 성질을 가지고 있으나 질적으로 다른 것이 아닌 바로 그 몸으로 부활하여 그들의 영혼에 다시 영원히 결합될 것이다. ②
① 살전 4:17, 고전 15:51, 52 ② 욥 19:26, 27, 고전 15:42-44.
부활이란 말은?

"다시 일어선다"란 뜻이다. 사람이 죽은 후에 가는 곳이 둘인 것처럼 부활 때에도 두 가지 형태로 나타난다. 악인들은 심판의 부활로 멸망의 날을 기다리고 성도는 영광스러운 생명의 부활로 나타날 것이다. 육체는 무덤에서 일으켜 지고 영혼과 다시 통합하여 부활의 초점인 육체와 영광스러운 축복된 생명을 부여받게 대는 것이다(고전 15:42-44). 악인은 반대로 육체와 영혼의 재통합으로 영원한 형벌을 받고 형벌에 처해진다(요 5:29).

① 부활의 시기(고전 15:23, 살전 4:16)는 그리스도의 재림과 세계종말과 때를 같이 하고, 최후의 심판직전이다(고전 15:23, 살전 4:16, 요 6:34-40, 11:24. 요 5:27-29, 계 20:11-15). ② 신체적 부활의 성질(빌 3:21, 1요 3:2)은 부활의 몸은 전혀 새로운 피조물은 아니다. 부활의 몸은 현재의 몸과 유사한 관계를 유지할 것이다. 부활의 몸은 본질과 신분이 동일한 몸이 될 것이다. 그 특성이나 능력은 다를 것이다. 하나님은 우리를 무에서 새로운 몸을 만들지 않을 것이며 어떤 비슷한 몸으로 우리를 만드 시지 않을 것이다. 하나님은 우리를 옛것에서 새로운 것으로 만들 것이며 썩지 않고 불멸하도록 하기 위해 옛것을 새로이 부활시킬 것이다.

3) 제3조. 불의한자와 의로운 자

3. 불의한 자들의 몸은 그리스도의 능력으로 말미암아 치욕을 당하기 위해 부활한다. 의로운 자들의 몸은 그리스도의 영으로 말미암

아 영광을 얻기 위해 부활해서 그리스도 자신의 영광스러운 몸을 닮게 된다.

① 행 24:15, 요 5:28, 29, 고전 15:43, 빌 3:21, 요일 3:2.

불의한 자의 구별은 부활 후에 의인과 악인의 심판이 있다(전 12:14, 고후 5:10, 요 5:22-27, 행 10:4, 딤후 4:1). 신자들은 사죄의 은총을 받아 상을 받게 될 것이다. 신자는 자신의 죄로 인하여 심판은 받지 아니 한다(요 5:24). 신자는 이미 자기의 범죄에 대하여 그리스도께서 십자가에서 심판을 받으셨다(사 53:5-6). 불의한 자는 음부에서 죽은 영혼이 심판 때까지 갇혀 있는 것이다(마 11:23, 눅 16:19, 계 20:14).

개혁파 신학은 다음과 같은 사실을 부정하다.
① 죽은 후에 영혼이 부활하기까지 잔다.
② 영혼과 육체가 최후심판까지 의인과 불의한 자가 같은 운명 또는 같은 상태에 있다.
③ 죽은 후에도 구원받을 수 있는 기회가 예비 되어있다.
④ 부활은 현재의 몸과는 아무런 동일성이 없는 전연 별개의 것이다.
⑤ 부활체는 천적인 별개의 피조물이라고 생각하는 것.
⑥ 단순한 영혼불멸이나 범신론에 말하는 개물성을 상실하고 자연으로 돌아가 자연과 일치된다.
⑦ 존재 그 자체를 상실한다.

2. 제33장 최후의 심판

최후의 심판이란 예수 그리스도의 재림과 동시에 있을 우주적 궁극적 심판을 의미하며 개인과 지상에 있는 삶의 모든 행위에 대한 심판이다. 하나님이 주신 종교명령과 문화명령을 역사 속에 어떻게 수행했느냐에 따라 심판하는 것이다. 그리고 그리스도의 재림과 동시에 시행되는 대심판은 믿음의 택한 백성들에게는 찬양과 영광과 환희의 부활이 있겠지만 악인들에게는 영원한 멸망의 공포와 심판의 부활이 있게 되는 것이다.

참조 : 웨스트민스터 대요리문답 제88-90문, 소요리문답 제38문.

1) 제1조. 최후의 심판

1. 하나님은 예수그리스도로 말미암아 의로써 세상을 심판하실 날을 정하시고 ① 그에게 성부의 모든 권세와 심판을 맡기셨다. ② 그 날에는 배교한 천사가 심판을 받을 뿐만 아니라 ③ 이 세상에 살았던 모든 사람들이 자기들의 생각과 말과 행실을 진술하여 그들의 몸으로 선을 행했던지 악을 행했던지 간에 그들의 행한 일에 따라서 보응을 받기 위해 ④ 그리스도의 심판대 앞에 서게 될 것이다. ① 행 17:31 ② 요 5:22, 27 ③ 고전 6:3, 유 1:6, 벧후 2:4 ④ 고후 5:10, 전 12:14, 롬 2:16, 14:10, 12, 마 12:36, 37.

최후의 심판은 그리스도의 재림으로 이루어지는 우주의 궁극적 종말을 말한다. 성도들은 사죄의 은총을 받아 상을 받게 될 것이다(요 5:24). 악인은 영육 간에 받는 심판으로 심판의 대상은 세상이며(계 18:10), 왼편 염소의 심판이며(마 25:41), 긍휼히 없는 자의 심판이며(약 2:13), 행위대로 하는 심판이다(롬 2:6). 이들은 예비 된 영원한 불 못에 들어가는(계 18:8) 지옥의 형벌(계 14:20)이다.

백보좌 심판의 대상은 창세 이후로 죽은 자들(계 20:5)이 자신의 행위대로(롬 14:12, 벧전 4:5) 생명책에 기록된 대로(계 20:12) 심판 받으며 의인들은 생명책에 기록된 대로 상급을 받는다(눅 14:14).

2) 제2조. 심판의 목적과 최후의 상태

2. 하나님이 이날을 정하신 목적은 선민의 영원한 구원에 있어서 그의 자비의 영광을 나타내시고 악하고 불순종하는 ① 버림받은 자들의 파멸에 있어서, 그의 의의 영광을 나타내시기 위한 것이다. ② 그때부터 의로운 사람은 영생에 들어가서 주님 앞에서 오는 충만한 기쁨과 소생을 얻을 것이지만 ③ 하나님을 모르고 예수그리스도의 복음을 순종하지 않은 악한사람들은 영원한 고통의 던짐을 받아 주님 앞에서 그의 능력의 영광으로부터 오는 영원한 파멸로써 벌을 받게 될 것이다. ④

① 롬 9:23, 마 25:21 ② 롬 2:5, 6, 살후 1:7, 8, 롬 9:22 ③ 마 25:31-

34, 행 3:19, 살후 1:7 ④ 마 25:41, 46, 살후 1:9, 사 66:24.

3) 제3조. 심판 날에 대한 대망과 자세

3. 그리스도는 모든 사람으로 하여금 죄를 범하는 것을 막으시며, 역경에 처한 신자들에게 더 큰 위로를 주시기 위하여 심판 날이 있다는 것을 우리가 확신하기를 원하셨다. ① 동시에 그 날을 모든 사람에게 감추어 두어서 모든 육적 안전을 버리고 주님이 언제 오실지 모르므로 항상 깨어있어 언제든지 "주 예수여 어서 오시옵소서"라고 할 수 있도록 준비하게 하셨다. ②

① 벧후 3:11, 14, 고후 5:10, 11, 살후 1:5-7, 눅 21:27, 28, 롬 8:23-25 ② 마 24:36, 42-44, 막 13:35-37, 눅 12:35, 36, 계 22:20.

시한부 종말을 배격하고(살전 5:1-2, 행 1:7) 주님이 재림하시면 변화와 부활 후에 의인과 악인의 심판이 있다. 전도서 12:14, "하나님은 모든 행위와 모든 은밀한 일을 선 악간에 심판하시리라" 했고, 이는 우리가 다 반드시 그리스도의 심판대 앞에 드러나 각각 선 악간에 그 몸으로 행한 것을 따라 받으려 함이니라(고후 5:10). 그 심판은 그리스도께서 할 것이다(요 5:22-27, 행 10:4, 딤후 4:1). 의인은 완전한 구원으로(계 21:7) 새로운 영광의 몸을 입고 부활한 성도는 현재의 자리에 그대로 있지 않고 영광스러운 하늘나라의 유업을 받게 되며 하늘의 영광을 누리게 되는 것이다(고전 15:12). 새 하늘과 새 땅은 낙원의 회복이요 새로운 영적 환경 새로운 물질로 갖추어진 신천신지(천국)로 성도를 위하여 마련된 곳이다. 그곳 천국에서 세세토록 기쁨과 즐거움으로 살아간다. 불신자들은 영과 육이 영원히 불 못, 지옥에 들어가 영원히 고통을 받는다(계 20:14).

마무리 글

CONCLUSION

결론적으로 전도서 기자는 역사(history)의 반복성을 말하고 있다(전 3:15). 신본주의 사상(神本主義思想)은 영원하지만 인본주의 사조(人本主義思潮)는 다른 옷을 입고 반복한다. 우리는 교리사를 통해 인본주의 사조를 방어한 신앙의 선진들의 태도를 본받고 현재의 자신을 성찰(省察)하고 미래를 볼 수 있는 역사적 안목(眼目)을 기독교 교리사(History of Christian Doctrines)를 통해 깨달아야 한다.

역사적 개혁파교회의 위대성은 신앙고백(信仰告白)의 내용(內容)인 교리를 가지고 있다는 것이다. 그 내용은 어느 한 사람의 신앙과 신학 사상의 특별한 내용과 주장이 아니라 성경적이며 우리 모두(공동)가 고백해야 할 고정된 성경적 진리 체계의 내용이다.

역사적 정통기독교회는 성경을 뿌리로 교리와 더불어 성장해 왔다. 신조(信條)와 교리(敎理) 없이는 성경적 신앙과 생활의 순결(純潔)과 바른 사상을 지켜나갈 수 없고 교회의 정체성(identity)을 나타낼 수 없다. 만약 교리와 신조(creed)가 없다면 모두가 성경을 자의적으로 해석하고 주관적 믿음을 가짐으로 교회는 혼돈에 빠지고 만다. 역사적 정통기독교회의 신앙과 역사는 영원 전 삼위일체 하나님으로부터 시작하여 예수 그리스도의 성육신(incarnation)을 전환점으로 새로운 고백 중심의 교회로 발전되었다(마 16:16).

우리는 교리사(history of doctrines)를 통해 개혁파 정통신앙(正統信仰)과 신학(神學)이 어떠한 역사성(歷史性)을 가지고 있으며 비정통적(非正統的) 신앙과 신학이 어떤 형태(形態)로 모양새를 변형(變形)해 가고 있는지를 알 수 있다. 역사적 교리(歷史的 敎理)의 진리체계를 모르면 성경(Scripture)과 전혀 관계없는 모양새의 신학을 가지게 될 것이다. 과거와 같이 현재도 미래도 바른 신학적 기준(standard)이 없다면 성경적 기독교회(聖經的 基督敎)는 존재하지 않을 것이다. 교리사는 신앙(信仰)과 신학(神學)의 객관적(客觀的) 틀을 성경적으로 우리에게 제시해 주는 진리 체계의 투쟁의 역사이다.

역사적 기독교 교리는 그 시대마다 특색을 가지고 있다. 고대교회의 신조처럼 간단명료한 교리가 있는가 하며, 종교개혁 이후에 생겨난 신앙고백서는 공적인 교회의 표준을 삼기 위해 학문적이며 신학적인 형식으로 만들어진 교리이다. 교리사는 그 시대마다 교회에 부닥쳐 오는 문제들로부터 성경(Scripture)의 진리와 성경적 교회 수립을 위해 진리의 방어자의 자세로 인본주의(humanism)와 이단자(Heresis)들과의 교리적 논쟁의 역사이다. 인본주의와 이단자들은 언제나 성경 진리에 대하여 비판적이며 도전적이요 공격적인 데 반해 사도적 정통기독교회는 성경의 진리를 믿고 성경으로 방어하고 정통 기독교 사상을 논증하고 변호하기 위해서는 언제나 하나님 말씀인 성경에서 근거를 찾고 그 어떤 인간적 사상과 타협하지 않고 오직 성경주의로 일관되게 유지하고 있다.

교리적 투쟁은 역사적 정통기독교회가 진리 보수(保守)를 위해 잠자지 않고 깨어 있음을 보여주는 것이다. 그리고 깊은 내성과 엄숙한 고백에 근거하여 다양한 역사적 견해가 있다는 것은 진리에 대한 깊은 의식과 열정과 사랑이 있다는 증거이다. 역사적 정통기독교회는 성경적 교회를 수립하기 위해 끊임없이 이단과 싸우는 전투적 교회로 승리하는 교회로 역사성을 이어오고 있다.

세상은 점점 더 악해지고 인본주의 사조와 자유주의, 종교다원주의 사상의 물결과 상황윤리와 교회부흥이라는 허울 좋은 미사여구로 교회를 유혹하고 세속화시키고 삼위일체 하나님과 하나님의 절대 권위와 성경의 무오류성을 부정하고 대적하고 있다. 역사적 정통개혁파 신앙은 사도적 정통교회의 신앙을 복사하는 신앙이 아니라 하나님 말씀을 바르게 이해하려고 노력하고 역사적 정통기독교회의 신조와 신앙고백서와 교리적 전통을 배우고 참고하면서 오늘의 교회가 처한 환경 속에서 하나님의 뜻을 이루고 하나님의 말씀에 순종하는 윤리적 삶을 통해 인간의 삶의 목적인 하나님께 영광을 돌리며 기쁨의 삶을 누리게 하는 데 있는 것이다.

필립 샤프(Phillip Schaff)는 "신조들은 기독교 교회의 이정표요 지계석이다. 신조들은 그 시대의 신앙에 대한 구체화요 종교적인 논쟁 속에서 일어난 가장 값진 산물이다. 신조들은 지금도 기독교회의 신학적 사고와 공적인 가르침을 현시, 또는 제어하고 있다"라고 했다.[120]

성경은 "주 예수 그리스도의 이름으로 너희를 권하노니 다 같은 말을 하고, 같은 마음과 같은 뜻으로 온전히 합하라(고전 1:10)"고 했다.

개혁파 신앙인들은 역사적 기독교회가 이어온 신조와 신앙고백서와 정통교리와 신학 노선을 따라 전성경신앙신학(The Wholly Biblical Belief Theology)과 성경의 신앙화(From Bible to Christian Faith), 신앙의 신학화(From the Faith to Theology), 신학의 생활화(From Theology to Innovated Life), 생활의 문화화(From the Life to Christian Cultural Impact), 문화의 영광화(From the Cultural Impact to glory of God), 영광은 다시 성경으로(From the glory to Bible, again)를 위해 같은 말을 하며, 같은 마음과 같은 뜻을 가져야 한다.

끝으로 개혁자 칼빈(Calvin)의 말을 빌려 마무리하고자 한다.

"우리가 하나님의 영광을 위해 신중히 행동하였음은 분명하기 때문에 하나님 앞에서나 일에 있어서 책할 데가 거의 없다고 확신한다. 결과가 어찌 되었든 우리가 지금까지 해온 일과 시작한 일에 대해 조금도 후회하지 않는다. 성령께서 우리의 확실한 증인이시다. 우리의 전파하는

---

120 박일민, 「신조학」(서울: 기독교문서선교회, 1993), p. 8.

진리는 하나님의 영원한 진리임을 우리는 알고 있다. 우리의 헌신적 활동을 통해 이 세상이 구원받기를 소원한다. 거룩한 신앙고백에 충실하려는 사람들은 모두가 죽음을 각오한다. 그러나 우리는 죽음에 있어서조차 승리할 것이다. 왜냐하면 죽음이란 우리에게 있어 보다 좋은 생명으로 이르게 하는 확실한 길이기 때문이다. 우리의 피는 지금 사람들로부터 조롱받는 하나님의 진리를 퍼뜨리는 씨앗이 되는 것은 너무도 분명히 확신하기 때문이다."[121]

아멘.

---

[121] 김동현 역, 「종교개혁의 필요성에 관하여」(서울: 솔로몬사, 2002), p. 181.

참고문헌

1. 김동현 역,「종교개혁의 필요성에관하여」,서울:솔로몬사, 2002.
2. 김의환,「도전받는 보수신학」, 서광문화서, 1973.
3. 노명길,「한국의 종교운동」, 서울: 고려대학교출판부, 2006.
4. 라보드,「바른신학」, 서울: 성광인쇄사, 1972.
5. 박상경,「조직신학」(상), 서울: 예루살렘, 2006.
6. 박일민,「신조학」, 서울: 기독교문서선교회, 1993.
7. 박형룡,「교의신학 교회론」, 서울: 은성문화사, 1973.
8. 박형룡,「교의신학 내세론」, 서울: 백합서원, 1975.
9. 서철원,「교리사」, 서울: 총신대학교출판부. 2005.
10. 이성주,「현대신학」(II), 서울: 문서선교성지원, 2001.
11. 이종전,「개혁파신앙이란무엇인가」, 인천: 아벨서원, 2000.
12. 정성구,「칼빈주의연구」, 서울: 한국칼빈주의연구원, 1992.
13. 조선출 편,「기독교대사전」, 서울: 대한기독교서회, 1971.
14. 최더함,「개혁교회 가이드북」, 서울: 리폼드북스, 2023.
15. 하문호,「기초교의신학 구원론」, 서울: 삼영서관, 1983.
16. E.H. 클로제,「기독교교리사」, 서울: 기독교문서선교회, 2002.
17. L. 벌코프,「기독교교리사」, 서울: 세종문화사, 1975.
18. 한국기독교장로회,「헌법」
19. 박상경,「신조와신앙고백서」, 부천: 창조인쇄소, 2007(실라버스).
20. 최순직,「선언문초안」.

기독교교리사

2023년 10월 31일 초판 발행

저 자	박상경
발행인	최더함
출판사	리폼드북스
주 소	서울 은평구 진관3로 33(1-35호)

디자인	추하늘
인쇄소	진흥인쇄

copyright ⓒ 리폼드북스, 2023, Printed in Korea
ISBN 979-11-968712-8-4

정 가   28,000원

* 이 책은 신저작권법에 의하여 국내에서 보호를 받는 저작물입니다.
  출판사의 협의 없는 무단 전재와 무단 복제를 엄격히 금합니다.
* 잘못 만들어진 책은 구입한 곳에서 교환해드립니다.